La integración en Europa

WOODHOUSE COLLEGE LIBRARY	
RECEIVED 14/2/00	NUMBER R118665018
LOCATION SPA	Class HSt P 946.3 MON

La integración en Europa
Del Plan de Estabilización a Maastricht

Pedro Montes

EDITORIAL TROTTA

COLECCION ESTRUCTURAS Y PROCESOS
Serie Economía

© Pedro Montes Fernández, 1993

© Editorial Trotta, S. A., 1993
Altamirano, 34 - 28008 Madrid
Teléfono: 549 14 43
Fax: 549 16 15

Diseño
Joaquín Gallego

ISBN: 84-87699-82-0
Depósito Legal: M-35594/93

Impresión
Cosmoprint S. L.
Los Naranjos, 8
San Sebastián de los Reyes
Madrid

CONTENIDO

Introducción 11

Parte I
LA ECONOMIA ESPAÑOLA EN LA EUROPA DEL LIBRECAMBIO

1. Del Tratado de Roma al Acta Única 19
2. La apertura exterior 45
3. En las puertas de la CE 61
4. La entrada en la CE 81

Parte II
LA CONSTRUCCION DE LA EUROPA NEOLIBERAL

5. El Mercado Único europeo 117
6. Hacia la unidad monetaria 133
7. Ante el Mercado Único y la unidad monetaria 159
8. Conclusiones y perspectivas 187

Bibliografía 201
Índice 205

La unión constituye la fuerza. Es una noción elementalísima de dinámica contra la cual nada tendríamos que oponer si no hubiera tontos y pillos (los tontos y los pillos distan mucho menos entre sí de lo que vulgarmente se piensa) que pretenden acomodarla a sus propósitos y que propugnan el acercamiento y la unión de elementos heterogéneos, dispares y contrapuestos que sólo pueden unirse para estrangularse.

(Antonio Machado. Juan de Mairena)

Le Nouvel Observateur: En su opinión, ¿cuál es el valor de la izquierda que habría que promover con más urgencia?
Marguerite Duras: La lucha de clases.
Le Nouvel Observateur: ¿Perdón?
Marguerite Duras: Aparte de restablecer la lucha de clases, no veo otro...

(Le Nouvel Observateur, 2 de abril de 1992)

INTRODUCCION

El interés del tema de este libro —me gustaría poder escribir que el interés del libro— es fácil de justificar. La entrada en el Mercado Común fue el acontecimiento más decisivo en la evolución de la economía española en los últimos tiempos, antes incluso de que se consumase la adhesión en 1986, pues en los años previos la política económica tuvo como perspectiva, lejana o próxima, la incorporación a la CE. El acuerdo negociado representó un cambio sustancial en las relaciones internacionales del capitalismo español, desde el momento en que en el transcurso de unos pocos años tuvo que desmantelarse toda la protección frente a los países comunitarios y reducirse frente al resto del mundo, cuando la economía española se había desarrollado históricamente al amparo de unos niveles de protección muy altos, que determinaron en buena medida sus debilidades y deficiencias.

La apertura exterior según los términos del acuerdo suscrito hubiera bastado para definir un nuevo período económico. Sin embargo, al tiempo que tuvo lugar la ampliación de la CE con los países de la Península Ibérica, la integración europea cobró un nuevo impulso con la aprobación del Acta Única y el posterior proyecto de implantar una moneda única, al cual está dedicado el Tratado de Maastricht. La incorporación en aquellos momentos de cambios intensos en el Mercado Común supuso para la economía española tener que hacer doblemente rápido y profundo el proceso de apertura exterior. Y significó también una gran perdida de autonomía en la política económica, tanto porque la integración en el mercado europeo impedía distanciarse de los criterios políticos dominantes en los países comunitarios como porque en algunos terrenos la Comunidad desarrollaba una política común.

Con la entrada en la CE, la economía española rompió un pasado que la mantuvo alejada de los fenómenos de integración económica de los países europeos y emprendió un futuro vinculado plenamente al proyecto de construcción europea, el cual, aunque indefinido en sus objetivos finales y harto complicado en su ejecución, tiene ya trazado como próxima etapa la implantación de la moneda única. Por todo ello, la importancia de la incorporación a la CE estuvo fuera de duda en el momento en que aconteció, se confirmó y reforzó después con la creación del Mercado Único y las contundentes repercusiones que la apertura exterior tuvo sobre la economía y cobró trascendencia ante las implicaciones del proyecto de la unidad monetaria.

Las páginas que siguen mezclan partes descriptivas y analíticas con elementos de valoración de los asuntos que abordan. No pretenden dar una versión neutral de la integración europea y de las consecuencias para la economía española de su incorporación a la CE, sino que se interpretan sin perder de vista los diferentes objetivos que tienen las clases sociales y los conflictos que se libran entre los distintos sectores económicos dentro de un país y entre países. Ni la Europa del Mercado Común fue neutra económica y socialmente, ni lo será la Europa de Maastricht, ni lo fueron los cambios que han tenido lugar en el proceso de la integración europea a lo largo de su ya dilatada historia. Este proceso, aunque siempre estuvo dirigido e impulsado por los sectores dominantes del capital europeo, se inició cuando el capitalismo atravesaba la fase expansiva de una onda larga, con predominio de políticas keynesianas, y continuó después, a partir de los primeros años de la década de los setenta, con la economía internacional sumida en una onda larga depresiva aún no superada, originando un avance de la ideología neoliberal que ha acabado por impregnar la política de todos los Estados y el proyecto de la unidad monetaria. En las primeras etapas, no existió un alto grado de incompatibilidad entre los intereses del capital por lograr la integración europea y los de los trabajadores —dominaban las políticas expansivas de demanda y eran objetivos poco menos que constitucionales el pleno empleo y la construcción del «Estado del Bienestar»—. Sin embargo, a partir del cambio de tendencia de la economía internacional, el proceso de integración condujo y fue aprovechado para reforzar las políticas de rigor y austeridad aplicadas por los gobiernos para remontar la crisis, confrontándose objetivamente dicho proceso con los intereses de la clase obrera.

En la medida de lo permitido, el libro se mantiene dentro del campo de la economía, aunque resulta imposible no adentrarse en aspectos sociales y políticos. Y esto es tanto más inevitable cuanto más próximos están los acontecimientos o cuando se refieren al futuro de la integración europea. Como he dicho, no está escrito asépticamente, y el autor tiene algunas tesis que defender y algunas opiniones que expresar. Entre ellas, quiero referirme a dos que forman parte del esqueleto del libro.

La primera atañe a la entrada española en la CE. Los rasgos de la economía española al producirse la entrada y los resultados económicos en los años posteriores ponen de manifiesto que no estaba en condiciones de digerir sin graves quebrantos una apertura exterior tan rápida como la impuesta por el acuerdo de adhesión y el desarrollo del Acta Única. La debilidad de sus estructuras productivas, sus carencias económicas y sociales y su baja productividad amenazaban con convertir la integración en un calvario económico ante la imposibilidad de resistir la competencia de los países dominantes europeos. Desde los primeros momentos de la incorporación al Mercado Común fueron evidentes las dificultades que tendría la economía para afrontar el nuevo contexto exterior, aunque quedaron transitoriamente ocultas por la recuperación que tuvo lugar coincidiendo con la entrada en la CE. En los primeros cuatro años después de la adhesión, el comercio exterior se deterioró tan profundamente que la economía española pasó a tener el déficit comercial más alto comparativamente entre los países industriales y una de las posiciones más débiles en la balanza de pagos. En los años siguientes, a pesar de adentrarse la economía en una depresión, no fue posible corregir esos desequilibrios. El país se acabó colocando en una posición en extremo delicada, registrándose simultáneamente un alto nivel de paro, un retraso económico considerable con respecto a los principales países europeos, una estructura productiva muy débil para soportar la competencia, unos márgenes muy estrechos para un política autónoma y un déficit exterior abrumador. A medio plazo el desequilibrio exterior es insostenible e impide adoptar una política expansiva para generar empleo, reducir la brecha de productividad con la CE e impulsar el crecimiento económico para aproximarse a los niveles de renta comunitarios. Tal situación, sin embargo, no ha minado el fervor europeísta del gobierno socialista ni su afán por aplicar lo más rápidamente posible el Tratado de Maastricht. Parte de un diagnóstico equivocado de las causas del déficit exterior y está aplicando una política errónea, centrada en mejorar la competitividad a través de deprimir la economía, reducir los salarios y forzar la flexibilización del mercado de trabajo hasta límites económicamente contraproducentes y socialmente intolerables.

La segunda, se refiere a Maastricht y lo que implica. Frente a los que ven en el Tratado un paso necesario y deseable para la integración europea, el autor considera que la Europa que surgirá de Maastricht creará un espacio en el que los países más potentes acabarán minando económicamente a los más débiles, por el papel decisivo de la competencia como regulador de la economía y la falta de medios de los países atrasados para superar su falta de competitividad al desaparecer la posibilidad de alterar el tipo de cambio de las monedas. No están previstos mecanismos compensatorios, no existirá un presupuesto comunitario equivalente al de los estados actuales y los fondos de cohesión social son transitorios e insignificantes con respecto a las macromagnitudes comunitarias.

Por otro lado, la lucha por los mercados brindará una justificación y una coartada permanente a los gobiernos para implantar políticas sociales regresivas y la política económica se atendrá a los criterios y necesidades de los sectores dominantes del capital europeo, con un Banco Central que no tendrá otra preocupación que la estabilidad de los precios. La Europa de Maastricht, en suma, no es un objetivo deseable ni para los países más débiles ni para los trabajadores de toda la Comunidad Europea. Y si es cuestionable el objetivo, no lo son menos los medios para alcanzarlo. El cumplimiento de los requisitos de Maastricht exigirá la adopción de políticas de ajuste y austeridad, lo que dista de responder a las necesidades de los pueblos europeos en unos momentos de grave recesión internacional y después del acoso y el retroceso sufrido por el «Estado del Bienestar» en muchos países, según las recetas neoliberales para salir de la crisis y mejorar la competitividad.

Considerando las agudas diferencias que existen entre los países europeos en cuanto a desequilibrios económicos y posibilidades de beneficiarse de la Europa del mercado y la moneda únicos y la política recesiva que entraña su puesta en vigor, no es sorprendente que el Tratado de Maastricht tuviese un nacimiento difícil y que haya tenido desde el primer momento dificultades enormes para sobrevivir. Los acontecimientos ocurridos a lo largo del año siguiente de su firma, desde el rechazo del pueblo danés, la apretada victoria del «sí» en Francia y la resistencia del Parlamento Británico pasando por la crisis del Sistema Monetario Europeo, las discordias sobre los fondos de cohesión y la agravación de la recesión internacional, revelan nítidamente que no están dadas las condiciones políticas y económicas para seguir adelante en los términos y plazos previstos en el Tratado. La unión monetaria es proyecto inmaduro, elaborado precipitadamente con la intención de que no perdiese fuerza la idea de Europa entre los pueblos, ante los muchos efectos nocivos que la construcción de la Europa del capital esta teniendo sobre ellos. Por supuesto, el gobierno socialista español, permaneció impasible a las adversidades del Tratado y sigue apostando, si cabe con más fe que nunca, por la Europa ultraliberal diseñada en Maastricht.

El libro consta de dos partes, aunque no hay solución de continuidad entre ellas. La primera se dedica a la integración de la economía española en la Europa del librecambio representada por el Mercado Común. En el primer capítulo se analiza la historia de la CE desde el Tratado de Roma hasta el Acta Única, que, como se ha indicado, surgió en el momento de la adhesión española. Se trazan las líneas generales de la integración europea, se examinan sus fases, se desentraña su naturaleza y se repasan los problemas que debieron superarse. El objetivo del capítulo es describir el marco al cual se iba a integrar la economía española, con las tensiones y contradicciones que se daban en su seno, porque determinaron en gran medida el contenido del acuerdo y, por consiguiente, las condiciones en que tuvo lugar la entrada en la CE. El capítulo segundo se dedica a repasar brevemente la historia y consecuencias de la apertura exterior de la economía española desde el Plan de Estabilización de 1959 hasta las vísperas de la entrada en la CE. Ajeno al proceso de integración europeo, aislado políticamente, el Estado español no tuvo más remedio que plantearse en un momento dado salir de la autarquía y normalizar sus relaciones económicas internacionales. El peso y la proximidad obligó a establecer vínculos privilegiados con la CE, firmándose con ella el Acuerdo Preferencial de 1970, y siempre se consideró que la economía española no tenía otra perspectiva que la integración en la Comunidad. En una fecha tan lejana como 1962, el gobierno español solicitó la apertura de negociaciones para la asociación. El tercer capítulo analiza la evolución y la política económica en los años previos a la adhesión, concentrándose en los aspectos relacionados con la preparación para dicha adhesión, entre los que la crisis industrial ocupó un lugar destacado. El objetivo principal del capítulo es resaltar las diferencias entre las principales economías comunitarias y la economía española a fin de ponderar la capacidad de esta última para afrontar el rigor competitivo de la CE. El cuarto y último capítulo de esta primera parte está dedicado a la entrada en la CE. Se describe y se valora el acuerdo de adhesión, se analizan las consecuencias de su aplicación en el comercio exterior y en la balanza de pagos, se comenta el significado y circunstancias de la incorporación de la peseta al Sistema Monetario Europeo como un nuevo paso en la vinculación de la economía española a las instituciones comunitarias, y se concluye con una valoración del impacto y los problemas que causó la entrada en la CE.

La segunda parte se ocupa del proyecto de la unidad económica europea a partir del estadio alcanzado con el Mercado Común, en el que el Estado español, fuera de algunas diferencias por su reciente incorporación, participó plenamente. Las trayectorias separadas de la economías comunitaria y española confluyeron en 1986 y desde entonces el proceso de integración fue común. Todos los países habían aplicado políticas parecidas durante la crisis, y a esas alturas el keynesianismo había sido desplazado totalmente por neoliberalismo, que acabó imponiéndose como doctrina de la construcción de Europa y reforzándose en la medida en que la internacionalización de las economías auspició las políticas de austeridad en los países para hacer frente a la competencia exterior. Esta segunda parte, por tanto, describe la construcción de la Europa neoliberal.

El capítulo cinco analiza el contenido y significado del Acta Única, cuyo desarrollo concluyó con la implantación del Mercado Único a partir de 1993. El capítulo seis se ocupa de la otra vertiente del nuevo impulso que registró la integración europea a partir de 1986: la creación de la moneda única. Después de revisar la importancia que para la Europa comunitaria tiene la estabilidad monetaria, se analiza a fondo el Tratado de Maastricht, cuyo objetivo fundamental es preparar las condiciones y crear las instituciones que permitan la adopción de una moneda única en 1997, o como más tarde en 1999. El capítulo no pasa por alto las dificultades existentes, ni las contradicciones del proyecto ni el significado e implicaciones del mismo. El capítulo siete está dedicado a examinar la política económica que se ha tratado de llevar a cabo en el Estado español para acomodarse a la Europa del Mercado Único y al proyecto de unidad monetaria. La mejora de la competitividad y el cumplimiento de las condiciones de convergencia de Maastricht han orientado la política del gobierno en los últimos años, con éxitos muy limitados y con efectos económicos y sociales muy perniciosos. El último capítulo pasa revista a la compleja situación de la economía española y al cúmulo de problemas que han surgido al desarrollo del Tratado de Maastricht —el rechazo social, las discrepancias entre gobiernos, las divergencias económicas entre países, la crisis del Sistema Monetario Europeo, etc.—, que han estado a punto de hacerlo saltar por los aires, pesando sobre el mismo grandes incertidumbres. Las perspectivas sobre la integración europea, con las que concluye el capítulo y el libro, no son halagüeñas, entre otros motivos porque se intenta avanzar hacia la unidad monetaria en medio de una grave recesión que tiende a agravarse por las políticas dirigidas a cumplir los requisitos aprobados en Maastricht. El caso español es uno de los más dramáticos, al combinar una economía de las más débiles de la CE y hundida en una profunda depresión con una voluntad política firme de no despegarse de los principales países, lo que ha conducido a la aplicación de una política económica en extremo rigurosa y de un acusado carácter antisocial.

Algunas de las ideas desarrolladas en estas páginas ya han visto la luz en otros libros, en artículos o en informes para los sindicatos, preparados en más de una ocasión conjuntamente con Jesús Albarracín, con quien tendría una deuda contraída si no fuera porque ambos compartimos el afán de contribuir a que la izquierda tenga un discurso propio sobre los problemas de la economía española y la integración europea. Los tiempos que corren no son favorables para las posiciones progresistas, pero tampoco son fáciles para el capitalismo, por lo que los debates ideológicos no están cerrados ni la historia ha llegado a su término, constituyendo una tarea revitalizar el pensamiento de la izquierda, que se ha plegado con más frecuencia de lo deseable y a veces con más entusiasmo del necesario a proyectos que nada tienen que ver con los intereses y aspiraciones de los pueblos.

La moneda única no es una panacea contra los problemas económicos y sociales de los países comunitarios y, después de todo, si Europa ha podido vivir hasta el final del siglo XX sin una única moneda, bien podrían esperarse los años necesarios para que la unificación monetaria no fuese un acto atropellado y destructivo sino el broche de oro —nunca mejor dicho hablando de monedas— de una integración sustentada en un mayor grado de armonía entre las economías y levantada con criterios democráticos y solidarios. Este libro, sin embargo, no intenta ofrecer una alternativa de política económica ni bosquejar una posible senda para la construcción europea, sin perjuicio de que las críticas que se deslizan a lo largo de sus páginas sugieren algunas propuestas. El autor consideraría cubiertos sus objetivos si alimenta el debate en las filas de la izquierda y si contribuye a reforzar la oposición a tantos disparates como se están cometiendo en el nombre de Europa.

Manuel Montes, Miguel Romero y Rosario Segura han tenido la amabilidad de leer el manuscrito y de aportar sugerencias que el lector sin conocerlas agradecerá.

Madrid, marzo de 1993

Parte I

LA ECONOMIA ESPAÑOLA EN LA EUROPA
DEL LIBRECAMBIO

1

DEL TRATADO DE ROMA AL ACTA UNICA

El marco económico e institucional del capitalismo español a partir de 1993 será el determinado por el Mercado Único, que representa la culminación de un largo y tortuoso proceso de integración económica de los países europeos, cuyo origen se remonta a principios de los años cincuenta, poco después de concluida la Segunda Guerra Mundial, y cuyo primer acuerdo fundamental fue el Tratado de Roma, firmado en 1957, por el que nació el Mercado Común Europeo. A su vez, la entrada en vigor del Mercado Único está concebida como una etapa intermedia y necesaria para llevar a cabo un proyecto de integración más profundo de los países comunitarios, cuyo alcance final está aún indeterminado, sobre todo en el terreno político, pero que tiene ya en el campo económico trazado el horizonte de la unidad monetaria, según se acordó en Maastricht en diciembre de 1991.

El Tratado de Roma tuvo como antecedente la unión aduanera y económica alcanzadas por Bélgica, Holanda y Luxemburgo a partir de 1948, conocida como el Benelux, y estuvo precedido de la constitución de la CECA (Comunidad Europea del Carbón y del Acero). Creada en 1952 por los seis países que originariamente suscribieron el Tratado de Roma —los del Benelux, más Alemania, Francia e Italia—, la CECA representó el primer acuerdo multilateral de la posguerra y el embrión de integración europea, al formarse una unión aduanera para el carbón y el acero y traspasarse los poderes de la regulación de estos productos a las instituciones supranacionales nacidas del mismo. Pero el paso decisivo de la integración económica europea estuvo determinado por la creación del Mercado Común Europeo.

El objetivo fundamental del Tratado de Roma fue crear una unión aduanera para permitir el libre intercambio de mercancías. En sucesivas etapas debían alcanzarse los rasgos que definen una unión aduanera: la eliminación de los derechos arancelarios y la supresión de los contingentes, impuestos y demás barreras que restringían el comercio libre entre los países miembros y la adopción de unos derechos aduaneros comunes —la Tarifa Exterior Común— frente a terceros países. El tratado contempló también la paulatina eliminación de los obstáculos que impedían la libre circulación de los servicios, de los capitales y de los trabajadores y estableció algunos acuerdos para avanzar en la armonización de las economías y en la coordinación de las políticas económicas.

Desde entonces, la CE no sólo extendió sus fronteras —de los seis países firmantes del Tratado de Roma se pasó en sucesivas ampliaciones a los doce que actualmente forman la Comunidad— sino que, a partir de la unión aduanera, se fue articulando una cada vez más compleja política de integración económica y de desarrollo de instituciones comunitarias, que puso las bases para la constitución del Mercado Único y para propulsar el proyecto de unidad monetaria y económica. Pero tales avances estuvieron sembrados de escollos, de crisis, de retrocesos y de confrontaciones, urdiendo una historia complicada cuyos orígenes últimos son las contradicciones en que se movían las clases dominantes de los países comprometidos, en unas condiciones económicas que cambiaron profundamente a lo largo de los últimos decenios.

1.1. *Naturaleza de la integración*

Las razones políticas no fueron ajenas a los intentos de impulsar la unidad europea. Tras los desastres vividos en el continente en la primera parte del siglo como consecuencia de la competencia sin cuartel que libraron las distintas burguesías por el acaparamiento de los mercados y el dominio de los países coloniales, y estando recientes la desolación económica y el horror de la Segunda Guerra Mundial, fueron muchos los políticos europeos interesados en comprometer en un proyecto común a los países occidentales, principalmente a Francia y Alemania, que eliminase los potenciales riesgos de nuevos conflictos bélicos. No obstante, para explicar el surgimiento y desarrollo del Mercado Común es imprescindible recurrir a los factores económicos y, más concretamente, a las dificultades de conciliar el desarrollo de las fuerzas productivas y la naturaleza del capital a concentrarse e internacionalizarse con la existencia de los Estados nacionales, en una situación caracterizada por una hegemonía económica indiscutible de Estados Unidos.

La intensa expansión económica de los años de la posguerra puso pronto de manifiesto las restricciones que la existencia de Estados imponían al desarrollo capitalista. La estrechez de los mercados nacionales impedía llevar hasta sus últimas consecuencias las ventajas de la producción en gran escala, al tiempo que las inversiones necesarias para producir competitivamente y atender a unos mercados ampliados requerían de unos desembolsos de capital e implicaban unos riesgos que escapaban en muchos casos a las posibilidades aisladas de muchos países europeos. En unas condiciones como las de los años cincuenta, por un lado, de rápido avance tecnológico[1] (y por consiguiente de rápida obsolescencia y riesgos acusados para el capital) y de implantación de la producción en gran escala que requerían enormes inversiones, y, por otro, de debilidad relativa de las economías europeas frente a la hegemonía económica norteamericana y a la pujanza de Japón, el capitalismo europeo se vio forzado a superar los obstáculos que la existencia de los Estados nacionales levantaban al desarrollo económico y a dotarse de un marco institucional favorable para competir con los otros bloques capitalistas.

Para ello, era preciso arrumbar los mercados relativamente pequeños y protegidos de cada país para constituir una extensa y unificada área comercial. Y era necesario también facilitar la concentración del capital europeo, no sólo permitiendo y fomentando la libre circulación y la concentración de capitales, sino garantizando una alta rentabilidad a las inversiones a través de preservar mercados, acaparar contratos y recibir subvenciones y ayudas de los Estados, sólo que a la escala supranacional impuesta por el desarrollo del capitalismo. En ausencia de la ampliación del marco operativo que para el capital representó el Mercado Común, los países europeos habrían quedado a los pies de los caballos de la lucha que se libró entre los bloques económicos, en un período caracterizado por la intensificación de la competencia internacional y la concentración del capital. Cabe afirmar que el nacimiento del Mercado Común y su posterior evolución estuvieron dominados por las necesidades del gran capital, el vinculado a los monopolios, oligopolios y multinacionales, que encontraron en las fronteras nacionales límites a la expansión y concentración exigidas por las leyes del desarrollo capitalista, en unos momentos de aceleración y cambio tecnológicos sin precedentes.

No obstante, conviniendo a los intereses de los sectores hegemónicos de la burguesía de cada país la supresión de las barreras comerciales, la internacionalización de los mercados y la concentración del capital, cada burguesía nacional gozaba de las ventajas particulares que les proporcionaba su propio Estado. De ahí que tuvieran que debatirse entre renunciar a esas ventajas garantizadas y aceptar otras más acordes con el signo de los tiempos, pero menos seguras, pues las clases dominantes dejaban de disponer de los resortes y protección que les brindaban sus Estados en la salvaguardia de sus intereses, muchas veces enfrentados a los de otros países.

Por otro lado, la ampliación de los mercados, la eliminación de barreras al comercio, implicaban un marco más competitivo para todas las economías europeas, y la competencia siempre tiene víctimas entre las empresas más débiles económicamente y las menos dotadas de capital y

---

1. La onda larga expansiva del capitalismo tras la Segunda Guerra Mundial incorporó una revolución tecnológica a través de un proceso masivo de inversiones y una planificación sin precedentes de la investigación científica y técnica, que se convirtió en una actividad económica más, a la que se dedicaban grandes recursos y de la que obtenían rendimientos económicos las empresas y países que lograban estar en cabeza de la innovación tecnológica.

tecnología. Del mismo modo, la concentración del capital es por esencia un proceso que barre y destruye a los capitalistas más pequeños. De ahí también que, dentro de cada país, fueran muchos los sectores opuestos a los compromisos y retos que significaba el Mercado Común, todo lo cual explica su conflictiva historia, en la que los motivos económicos son decisivos. Los países miembros tuvieron que defender intereses complejos y atender a situaciones internas muy diferentes, pues no todos ellos tenían la misma capacidad y estructura productivas, ni estaban en igualdad de condiciones para afrontar la unión aduanera, ni partían del mismo grado de protección de sus mercados. Es decir, no todos ellos obtenían las mismas ventajas ni se perjudicaban en igual grado, sin perjuicio de que para todas las economías, sobre todo en momentos de fuerte expansión, la creación de una zona de libre comercio, regida por la competencia, instauraba un marco más propicio para el desarrollo económico: estímulos a la renovación tecnológica, mejoras de productividad, reducción de costes, diversificación de productos, concentración del capital, etc.

No es por casualidad que en la historia del Mercado Común los períodos de expansión económica fueron las fases en que se amplió territorialmente y en las que se intensificó la integración, en tanto que en los períodos de crisis y recesión se agudizaron los conflictos en el seno de la Comunidad y cobraron vigor las tendencias nacionalistas. Dentro de esa contradicción permanente que tuvo que ir superando la integración europea, generada por el conflicto entre los sectores económicos interesados en la apertura y los sectores que la temían, la expansión económica realzaba los inconvenientes de las fronteras y permitía diluir más fácilmente las tensiones y resistencias que provocaba el proceso, mientras que en los períodos de estancamiento y agudización de los problemas internos de los países se acentuaban los problemas de una apertura exterior difícil de soportar y asimilar por algunos. En tiempos de bonanza económica los gobiernos, incluso, pudieron dedicarse a diseñar y propagar las ventajas de la Europa sin fronteras, en tanto que, en tiempos de depresión, las dificultades no dejaron margen nada más que para tratar de mitigarlas. Contar prolijamente las vicisitudes de la construcción de la Europa comunitaria hasta nuestros días es un objetivo que escapa a esta obra, pero sí deben señalarse los hitos del proceso de integración y los escollos más importantes que debieron superarse, porque configuraron los rasgos del Mercado Común al que se vinculó el capitalismo español en 1986 y porque las cláusulas del acuerdo de adhesión reflejaron nítidamente las dificultades y discrepancias que recorrían a la CE en los años en que se negoció.

1.2. *La unión aduanera*

Desde la puesta en marcha del Mercado Común, la tarea prioritaria fue avanzar hacia la unión aduanera. Se partía de una situación complicada,

Cuadro 1.1.

EL PROCESO DE LA INTEGRACION EUROPEA

1948   CREACION DEL BENELUX. Firma del Tratado por el que Bélgica, Holanda y Luxemburgo crean una unión aduanera y económica entre los tres países.

1952   CREACION DE LA CECA. Firma del Tratado por el que la RFA, Francia, Italia y los países que componen el BENELUX crean la Comunidad Económica del Carbón y del Acero (CECA). Se trata de un acuerdo multilateral para formar una unión aduanera para el carbón y el acero, traspasándose los poderes de regulación de estos productos a las instituciones supranacionales que se constituyen con la CECA.

1957   CREACION DE LA CE. Firma del Tratado de Roma por el que se constituye la CE, extendiendo lo acordado en la CECA para el carbón y el acero al resto de las mercancías. Se establecen unas etapas para eliminar los derechos arancelarios y los contingentes entre los países miembros y adoptar una Tarifa exterior Común frente a terceros países.

1962   POLITICA AGRICOLA COMUN. Con el objetivo de salvaguardar los intereses de los sectores agrícolas, se acuerda una Política Agrícola Común (PAC) cuyos objetivos son: garantizar la unidad del mercado y el precio para los distintos productos agrícolas, preservar el mercado comunitario de productos agrícolas mediante mecanismos proteccionistas y financiar toda esta política por el conjunto de la Comunidad.

1968   Se culmina el Mercado Común con la supresión total de todos los derechos arancelarios intracomunitarios.

1970   CREACION DEL PRESUPUESTO COMUNITARIO. La Comunidad se dota de un presupuesto autónomo, sustituyendo a las contribuciones financieras de los Estados que hasta entonces alimentaban sus arcas. El presupuesto se nutre con los ingresos que se obtienen con los derechos proteccionistas sobre los productos agrícolas y la Tarifa Exterior Común y con una participación en el IVA recaudado por cada país.

1972   SE INSTITUYE LA «SERPIENTE MONETARIA». Ante la quiebra del sistema de cambios fijos para las distintas monedas nacionales, que había funcionado desde el final de la Segunda Guerra Mundial, y para paliar los inconvenientes que esto suponía, los gobiernos comunitarios se comprometen a mantener el tipo de cambio de sus monedas con una oscilación máxima del 2,25% sobre el tipo central (Italia, el 6%) y a no permitir una variación de mas del 4,5% del conjunto de las monedas con respeto al dólar.

1973   AMPLIACION DE LA CE A 9 MIEMBROS, con el Reino Unido, Irlanda y Dinamarca.

1979   CREACION DEL SISTEMA MONETARIO EUROPEO (SME). Mediante un acuerdo de los Bancos Centrales europeos, el SME sustituye a la «serpiente europea». Se crea el ECU como unidad de cuenta, formado por una «cesta» de la monedas comunitarias, se fija una banda del 2,25% en torno al cambio central (definido ahora en relación al ECU) y los gobiernos de los países se comprometen a mantener su moneda dentro de esta banda y a colaborar en la corrección de desajustes transitorios y especulativos. El SME deja establecido que el proyecto de la unión económica en Europa debe sustentarse en un régimen de paridades fijas.

1981   AMPLIACION DE LA CE A 10 MIEMBROS. Grecia se adhiere a la Comunidad.

1985   PARLAMENTO EUROPEO. Primeras elecciones por sufragio universal.

1986   AMPLIACION DE CE A 12 MIEMBROS. El Estado español y Portugal se adhieren a la Comunidad.

1987   Entrada en vigor del «ACTA UNICA», por la que a partir del 1 de enero de 1993 existirá un mercado único en todo el territorio de la Comunidad, con libertad de movimientos para las mercancías, los servicios, los capitales y las personas.

1992   ACUERDOS DE MAASTRICHT, por los que se establecen los plazos y las condiciones para la creación de la Unión Política y la Unión Económica y Monetaria (UEM).

con niveles y mecanismos de protección muy diferentes entre los países. Los derechos arancelarios no eran homogéneos, existían otros gravámenes que cumplían el mismo papel de proteger los mercados nacionales y se practicaba con generalidad una política de apoyos a las exportaciones, aparte de que el comercio sufría las rigideces de un sin fin de restricciones administrativas y cuantitativas que impedían la libre circulación de mercancías. El Tratado de Roma acordó que los derechos aduaneros entre los países firmantes del tratado se eliminarían en un período mínimo de doce años y máximo de quince, dividido en tres fases. En las dos primeras, debían lograrse reducciones del 30%, hasta eliminarse los derechos intracomunitarios al final de la tercera. Igual tratamiento recibieron los impuestos con efectos equivalentes a los derechos arancelarios en la protección del mercado interior y los contingentes de importación, en tanto que las subvenciones a la exportación debían quedar suprimidas al final de la primera etapa, por ser un resorte que distorsionaba grandemente la competencia. Por lo demás, el Tratado contempló la posibilidad de acelerar el desarme arancelario cuando la situación general y la de los sectores afectados lo permitieran.

En cuanto al establecimiento de la Tarifa Exterior Común o TEC, la segunda condición de la unión aduanera, se aplicaron reglas parecidas al desarme interno. En un período de doce años, dividido en tres fases, con posibilidades de acelerarlo, cada país reduciría gradualmente sus aranceles particulares para adaptarlos a la tarifa común. Los derechos fijados por la TEC no fueron muy elevados, estimándose en un nivel medio entre el 7 y el 9% (según métodos de cálculo), si bien la intensidad de la protección difería según los productos: eran bajos para las materias primas, excepto para los productos agrícolas que, como se verá, siempre gozaron de una alta protección en el seno de la CE, intermedios para los productos semielaborados y altos, en torno al 15%, para los bienes de equipo y otros productos industriales.

Todo lo concerniente a la puesta en marcha de la unión aduanera se llevó a cabo con suma fluidez, hasta el punto de que la supresión total de los derechos intracomunitarios se alcanzó en 1968, antes de la fecha prevista. El comercio entre los países de la CE aumentó intensamente desde el primer momento —un 18% acumulativo en los cinco primeros años— y, contándose con una actitud bastante colaboradora por parte de los países miembros, se avanzó en eliminar muchas de las trabas que perturbaban el desarrollo del comercio libre, al margen de los derechos aduaneros. En los primeros años de existencia del Mercado Común las expectativas en el terreno de los intercambios se superaron ampliamente, sin que ello signifique que hubieran desaparecido las incertidumbres sobre el alcance y el futuro del proyecto de la integración europea ni que el proceso estuviese exento de enfrentamientos y problemas, como los suscitados por la política agrícola y los temas presupuestarios.

El desarrollo de la unión aduanera representó un estímulo al crecimiento económico, la productividad y el comercio internacional, como consecuencia de las ventajas inherentes a la ampliación de los mercados, la producción en gran escala, la reducción de costes y la división del trabajo a escala internacional. No obstante, sería una simplificación atribuir a la creación de la CE el período de prosperidad que vivieron los países de la CE en aquellos años, pues fue el conjunto de la economía capitalista la que gozó de un período de expansión prolongado, cuyo inicio fue anterior a la entrada en funcionamiento del Mercado Común. Por otro lado, el dinamismo de la CE en aquellos años iniciales no fue ajeno al declive que empezaba a mostrar la economía de los Estados Unidos, puesto de manifiesto por los problemas de su balanza de pagos. Los fuertes aumentos de las importaciones norteamericanas sirvieron de estímulo a las economías de la CE, en tanto que el desequilibrio exterior americano favoreció las balanzas de pagos de la CE, permitiendo a los países europeos mantener una política expansiva sin las trabas que imponen los déficits exteriores.

Cabría concluir que el Mercado Común en los primeros años de su existencia potenció el buen momento que atravesaba el capitalismo, inserto en una onda larga expansiva, pero al mismo tiempo su creación fue fruto de la presión que el crecimiento de las fuerzas productivas y las necesidades del capital ejercían para ampliar los mercados y poner en práctica una política supranacional, beneficiándose en su desarrollo de las buenas condiciones económicas predominantes. La prosperidad mitigó la oposición de algunos sectores económicos y algunos grupos sociales a la eliminación de la protección de los mercados interiores y al avance de la competencia, sin perjuicio de que perdurasen focos de resistencia, como los alimentados por los sectores agrícolas.

1.3. *La política agrícola común*

La cuestión agrícola fue una fuente de problemas desde la constitución del Mercado Común, no sólo para los países miembros por la diversidad de intereses que puso en juego, sino también para el resto del mundo por el proteccionismo y la desconsideración hacia los intereses de otros países, incluidos los del Tercer Mundo, que han caracterizado la política agrícola de la Comunidad durante toda su existencia.

Entre los sectores retardatarios de la integración europea, entre los que actuaron con más fuerza y condicionaron más estrechamente la evolución del Mercado Común y la política comunitaria, el agrícola fue el de mayor importancia, siendo siempre un foco de discordia y de conflictos. El sector representaba en términos de población activa y PIB porcentajes muy diferentes en cada uno de los países miembros originales, determinando en conjunto una situación de sobrecapacidad productiva en la mayoría de los productos y bastante incapaz de soportar la competencia externa, bien porque el nivel de productividad era más bajo que el de los grandes países exportadores, como Estados Unidos, Nueva Zelanda o Australia, bien porque sus precios no podían competir con los de los países del Tercer Mundo. Ligados los sectores agrícolas en algunos países a fuertes núcleos del poder económico y político, con influencia electoral decisiva en muchos casos, la defensa de los intereses de los agricultores de cada país fue una rémora pesada en la negociación y puesta en marcha del Mercado Común.

Sobre el papel, el tratamiento que recibieron los productos agrícolas fue semejante al de los productos industriales en cuanto a la eliminación de las barreras al comercio libre, pero fueron tantas las excepciones, los períodos especiales, las garantías y condiciones impuestas al desarme arancelario y a la supresión de contingentes, en suma, fue tal la casuística de los acuerdos, que pronto se vio que el mercado común agrícola no avanzaría sin un cambio radical de orientación que permitiera eliminar las reticencias de los principales países productores a cambio de salvaguardar generosamente los intereses de los sectores agrícolas. Con ese fin, nació en 1962 la Política Agrícola Común, conocida con la sigla PAC, una política intervencionista en sus fundamentos, proteccionista en sus objetivos y contradictoria con los principios y fines del Mercado Común.

La PAC se sustentó sobre tres puntos básicos u objetivos: en garantizar la unidad de mercado y precio para los distintos productos, en preservar la preferencia comunitaria y en la solidaridad financiera entre los Estados.

El primero de los objetivos se logró fijando precios de garantía para un conjunto amplio de productos, bastante altos para garantizar la renta a las explotaciones marginales y por encima de los precios en los mercados exteriores. Con una política de precios indiscriminados como la aplicada, los pequeños agricultores obtienen unas rentas mínimas de supervivencia, en tanto que los grandes propietarios, respaldados por una demanda ilimitada a los precios de garantía y produciendo con menores costes y mayor productividad, obtienen unas rentas injustificadas. Esta política tuvo como secuela adicional el estimular la sobreproducción —los precios no actúan como indicador del exceso de oferta—, lo que condujo a la Comunidad a tener que acumular grandes *stocks* de muchos productos (lagos de vino y montañas de mantequilla), agravando los problemas presupuestarios que aquejaron a la Comunidad desde la entrada en vigor de la PAC.

Las preferencias comunitarias, el segundo de los objetivos, fueron una consecuencia inmediata de la política de precios de garantía. Desde el momento en que se fijan precios más altos que los del mercado mundial, es preciso preservar rígidamente el mercado comunitario por muy diversos mecanismos proteccionistas. Los derechos aduaneros impuestos a la importación de los productos agrícolas, conocidos como *prélèvement*, son el principal de estos mecanismos, con objeto de impedir que los precios de importación sean más bajos que los garantizados por la PAC. Estos recargos, que son variables según la diferencia que en cada momento existe entre los precios en los mercados mundiales y los precios regulados, aísla a la Comunidad de las oscilaciones que los precios de los productos agrícolas sufren en dichos mercados.

Pero la política agrícola de la CE no sólo tiene esta vertiente proteccionista, contradictoria con el librecambio aplicado para el resto de los sectores y con los principios que supuestamente inspiran su funcionamiento, sino que cobró un aspecto ofensivo, con prácticas abusivas de *dumping*, a través de subvencionar directamente a los exportadores o a través de vender la propia Comunidad sus productos acumulados a precios más bajos que a los que fueron adquiridos. La CE, como resultado de una política que induce una intensa sobreproducción, se ve obligada a forzar y distorsionar los precios de los productos agrícolas en los mercados mundiales, practicando una política agresiva contra los intereses de los otros importantes países productores y contra los países del Tercer Mundo, cuyas principales exportaciones se concentran en esos productos. Esta actuación ha sido una fuente histórica de conflictos y agravios en el comercio mundial y todavía ha sido el principal escollo en la última negociación de desarme multilateral (la Ronda Uruguay) para liberalizar a escala internacional los intercambios comerciales y de servicios. Las posiciones de la CE fueron bastante intransigentes, a pesar de los perjuicios que su política causa a los países del Tercer Mundo y de chocar con los principios constitutivos de la Comunidad, lo que demuestra que el librecambio sigue siendo una doctrina que se defiende cuando reporta ventajas[2].

El último de los ejes de la PAC es la solidaridad financiera. Quiere esto decir simplemente que el sostenimiento de la costosa política agrícola lo sufraga el Presupuesto Comunitario, sin que las aportaciones al mismo dependan de los beneficios que cada país deriva de la PAC. Los conflictos presupuestarios suscitados por la PAC han sido consustanciales con la CE y se examinan en el apartado siguiente. Baste como introducción indicar que la política agrícola absorbe la mayor parte de los gastos del Presupuesto comunitario y que, a través del desigual trato que reciben los países, se producen intensas transferencias entre ellos, que no guardan relación con sus niveles de renta *per cápita* sino con el peso y las características de sus producciones agrarias.

1.4. El Presupuesto comunitario

Como no podía ser de otra forma con algo tan directamente vinculado con el poderoso caballero en una unión surgida por motivos económicos, el Presupuesto de la Comunidad constituye uno de los capítulos más turbulentos de su historia, habiendo enconado en muchas ocasiones las relaciones entre los países miembros, hasta el extremo a veces de poner en peligro la continuidad de la Comunidad. Exponente fiel del conflicto de

---

2. Lo afirmado en el texto no se contradice con el hecho de que la Comunidad firmase algunos acuerdos importantes con los países del Tercer Mundo, como el «Convenio de Yaundé» en 1963 con países africanos o como el «Convenio de Lomé» en 1975 con países de África, el Caribe y el Pacífico, porque dichos acuerdos respondieron sobre todo a la salvaguardia de los intereses coloniales que mantenían todavía algunos países comunitarios en amplias zonas del mundo.

intereses que se libra en su seno, el tema presupuestario ha sido un arma arrojadiza en manos de unos y otros, utilizada para negociar otros muchos aspectos polémicos y para modular el ritmo de la integración, que ha sido también un asunto abierto a debate, dadas las desigualdades existentes entre los países miembros y la asimetría de las ventajas e inconvenientes que cada uno deriva del proyecto común.

En 1970, la Comunidad se dotó de un embrión de presupuesto autónomo, sustituyendo a las contribuciones financieras de los Estados que hasta entonces alimentaban sus arcas. Las dificultades presupuestarias han sido una constante de la Comunidad por la razón antedicha del peso desproporcionado de los recursos destinados a sostener la PAC y porque a medida que se fueron ampliando los campos de intervención comunitaria, en particular los de apoyo a zonas y países atrasados para cerrar la brecha de las diferencias económicas (la contrapartida que esos países reclamaban a la apertura creciente de sus mercados en favor de los más desarrollados), surgieron siempre entre los gobiernos discrepancias sobre la cuantía de los fondos, cómo distribuirlos y cómo financiarlos.

Desde sus orígenes, los principales recursos del Presupuesto de la CE fueron, por un lado, los derechos aduaneros frente al exterior, o sea, las exacciones reguladoras de los productos agrícolas o *prélèvement* y los derechos arancelarios de la Tarifa Exterior Común y, por otro, la participación en la base imponible del IVA recaudado por cada país. Los ingresos derivados de la protección del mercado comunitario siempre tuvieron el inconveniente de que dependían del volumen del comercio extracomunitario y de los precios en los mercados mundiales en el caso de los productos agrícolas (recuérdese que los *prélèvement* tienen la función de igualar esos precios con los internos garantizados por la PAC), por lo que proporcionan unos ingresos inestables. Progresivamente, además, el aumento de estos ingresos tendió a frenarse, ya que la protección arancelaria se fue reduciendo como consecuencia de los acuerdos de la CE con otras zonas y países y de los compromisos contraídos en las rondas de desarme multilateral. Por ello, y ante la presión de los gastos por la extensión de la PAC y la ampliación a otros campos de las ayudas comunitarias, la otra fuente principal de los ingresos del Presupuesto comunitario, la participación en el IVA, tuvo que experimentar fuertes crecimientos, cobrando un peso preponderante con el tiempo.

Pudiéndose valorar esta fuente de ingresos como neutral entre países, puesto que el IVA, al gravar el consumo, refleja de un modo aproximado la capacidad económica de los Estados miembros, sin perjuicio de su carácter regresivo interno, se acordó en 1970 que el Presupuesto comunitario participara con un máximo del 1% de los ingresos recaudados en cada país por este concepto. La entrada en vigor del acuerdo se pospuso hasta 1979 para dar tiempo a adaptar y homogeneizar los sistemas fiscales y todavía entonces la aplicación fue parcial por la resistencia que opusieron algunos países. En ese año, el porcentaje se fijo en el 0,78, pero ya en 1984 se había llegado al 1%, año que coincidió con una crisis presupuestaria aguda en el seno de la CE, que tuvo una vez más a la política agrícola como desencadenante y que se resolvió con algunos reajustes en las contribuciones de los países y una elevación hasta el 1,4% en la participación del IVA.

En 1984, los ingresos del Presupuesto de la CE representaban aproximadamente el 1% del PIB de los países miembros y el 2,6% de los presupuestos de los Estados. Del total de ingresos, la participación por IVA suponía el 57%, los derechos de aduana el 31%, los *prélèvements* agrícolas el 8%, correspondiendo el 4% restante al impuesto sobre la producción y consumo de azúcar, una exacción específica de la CE con un peso declinante. Por países, las aportaciones guardaban una equilibrada relación con el PIB respectivo de cada economía, aunque hay que tener en cuenta que esta proporción, en apariencia objetiva, no resultaba progresiva, ya que las aportaciones no reflejaban los diferentes niveles de renta *per cápita* de cada país.

En todo caso, los conflictos presupuestarios que jalonan la historia comunitaria se originaron sobre todo en la vertiente de los gastos, por razón de que el FEOGA (Fondo Europeo de Orientación y Garantías Agrícolas), a través del cual se ejecuta la política agrícola de la CE, absorbía la parte del león del Presupuesto. Dividido en dos secciones, la de «garantía», encargada del sostenimiento de los precios agrícolas y de los mercados, y la de «orientación», destinada a financiar políticas estructurales, los gastos del FEOGA representaron durante años más de dos tercios de los gastos del Presupuesto de la CE, con el agravante de que la inmensa mayoría de los fondos se canalizaba por la sección de «garantía», contribuyendo a reproducir cada año e incluso a agravar la situación excedentaria de la agricultura europea. Concretamente, en 1984, los gastos del FEOGA se elevaron al 67% de los gastos comunitarios, de los que, a su vez, la sección de «garantía» absorbió el 96%.

Al distribuirse los gastos agrícolas en función de las estructuras productivas de los países, es decir, del peso de la agricultura en las respectivas economías, independientemente de su nivel medio de renta, los efectos netos del Presupuesto comunitario por países —la diferencia entre las aportaciones y los fondos recibidos— pueden considerarse todo menos ecuánimes (Gran Bretaña es uno de los países más perjudicados desde su integración en la CE) y, comprensiblemente, ha sido una fuente inagotable de conflictos, reactivados cada año con ocasión de la aprobación del Presupuesto y la fijación de los precios de garantía de los productos agrarios.

Por lo demás, ese peso desorbitado de los gastos agrícolas, unido a la oposición de la mayoría de los países a potenciar un Presupuesto comunitario en el que la distribución resultaba en extremo arbitraria, condujo a que los gastos destinados a los fondos sociales y a los fondos regionales recibieran una atención precaria y manifiestamente insuficiente para corregir las desigualdades sociales y territoriales en la CE. La política social de la CE no propició una distribución de la renta entre los Estados miembros ni entre los estratos sociales dentro de ellos, del mismo modo que no cerró la brecha en los niveles de desarrollo, infraestructuras e industrialización entre las regiones de la CE. Sólo en los últimos años se han engrosado significativamente los fondos social y regional, pero, a pesar de ello, los gastos distan de alcanzar un volumen suficiente para llevar a cabo una política eficaz contra las profundas diferencias que se registran dentro de la CE y, por supuesto, la cuantía y distribución siguen ocasionando confrontaciones duras entre los países miembros.

Existen, pues, bastantes razones para que el Presupuesto haya sido uno de los temas más envenenados de la Comunidad. El sistema de financiación nunca estuvo orientado a reducir las desigualdades de los niveles de renta entre los países miembros y los respectivos gobiernos siempre encontraron argumentos para estimar injusta la distribución de la carga fiscal cuando se pretendía aumentar el Presupuesto. Por otro lado, la distribución de los gastos estuvo siempre sometida a las deformaciones y restricciones impuestas por la política agrícola aplicada, una rémora en el desarrollo de la CE que, en última instancia, responde a un pacto político esencial en la constitución del Mercado Común.

Francia y Alemania fueron los países fundamentales en su gestación. El interés político por desactivar potenciales conflictos entre las naciones europeas se centraba en eliminar la hostilidad histórica entre estos dos países, los cuales eran además los de mayor peso económico en Europa occidental. El Mercado Común sólo podía surgir y cimentarse con un acuerdo entre ellos y fue sobre la base de conciliar equilibradamente los intereses de ambos países como se alcanzó el Tratado de Roma. La economía alemana, con un sector industrial pujante y a la cabeza de la innovación tecnológica, era la que más beneficios acabaría extrayendo de la creación de una unión aduanera para los productos industriales, en tanto que Francia, con independencia de su también indiscutible potencial industrial, arrastraba un pesado sector agrícola cuyos intereses había que respetar si se pretendía dar vida al Tratado de Roma. Por ello, a pesar de ser temas conflictivos el de la política agrícola y sus repercusiones presupuestarias, en todo momento se ha salvaguardado el acuerdo básico inicial, como lo prueba el que Alemania, el país que mayores contribuciones aporta al Presupuesto comunitario y el que salda más negativamente sus cuentas con la CE, ha soportado las arbitrariedades manifiestas de la política agrícola. Ese pacto implícito permitió sostener el andamiaje de la construcción europea aún en sus momentos más críticos, aunque ha sido un lastre para el desarrollo del Mercado Común y no dejó de plantear problemas agudos cuando se trataba de ampliar la Comunidad.

1.5. *La ampliación del Mercado Común*

Las razones económicas que impulsaron la creación del Mercado Común —formación de una zona de libre comercio, concentrar el capital, aunar esfuerzos de investigación y renovación tecnológica, rentabilizar enormes inversiones etc.— sustentaron también la conveniencia de ampliarlo, sobre todo después del período de larga e intensa expansión económica vivido por las economías de la CE desde 1957. Sin embargo, la adhesión de nuevos miembros presentaba dificultades crecientes desde el momento en que los aspirantes tenían que aceptar no sólo su participación en una unión aduanera, sino también su pertenencia a una entidad supranacional con instituciones propias, que fue conformando una política económica común en algunos aspectos y avanzando en un proyecto de integración más profundo, y que se regía por unas reglas y una práctica no siempre coherentes con los principios proclamados. A este respecto, la incorporación de Gran Bretaña al Mercado Común es un compendio de las dificultades y tensiones que se suscitaron en la CE en las ocasiones en que se llevó a cabo su ampliación, amplificadas quizás por la relevancia económica y política de ese país y por su pertenencia a la EFTA[3] y la Commonwealth[4].

La conversaciones para la adhesión británica comenzaron a los pocos años de entrar en vigor el Tratado de Roma, hacia 1961, debiéndose superar algunos escollos difíciles. Gran Bretaña mantenía unos aranceles más bajos que la CE por su vinculación a la EFTA, por lo que la Tarifa Exterior Común perjudicaba al resto de los países integrantes de esa organización. Igualmente mantenía unas relaciones comerciales privilegiadas con los países de la Commonwealth, la mayoría de los cuales pertenecían al Tercer Mundo y concentraban sus exportaciones en materias primas y productos agrícolas, de modo que tanto Gran Bretaña —porque los precios de garantía de la PAC eran más altos que sus precios de importaciones— como los países suministradores —dada la protección comunitaria— salían también perjudicados. Ello, unido a discrepancias y desconfianza políticas profundas (la cuestión de la soberanía hizo entonces su aparición y se reprochaba a Gran Bretaña su excesiva dependencia con respecto a Estados Unidos), impidieron que este primer intento culminase en la adhesión, después de un sonoro veto dictado en 1963 por el entonces presidente de Francia, el general De Gaulle.

Sólo diez años después, en 1973, pudo llevarse a cabo la adhesión de Gran Bretaña, junto con la de Irlanda y Dinamarca, después de superarse las desavenencias económicas y políticas, y, justo es decirlo, después de la dimisión de De Gaulle. En el seno de la CE de los «seis», los sectores que alentaban y estaban interesados en la ampliación cobraron fuerza después de una década de acusado crecimiento, en tanto que los proble-

---

3. Sigla que corresponde a la Asociación Europea de Libre Comercio, que agrupaba en sus orígenes a Gran Bretaña, Suecia, Noruega, Dinamarca, Suiza, Austria y Portugal. Estos países constituían una «zona de libre comercio», caracterizada porque entre los países miembros se eliminan los derechos aduaneros y demás restricciones al comercio, pero cada país mantiene respecto a terceros su propio arancel y su régimen sobre el comercio exterior.

4. Integrada por Gran Bretaña y sus antiguas colonias, desde el punto de vista del comercio exterior representaba un área en que el conjunto de territorios integrados se concedían una serie de preferencias aduaneras y comerciales no extensible al resto de los países.

mas que la excesiva protección comunitaria suscitaban a los países de la EFTA se fueron diluyendo por la reducción de aranceles que fue adoptando la CE. En cuanto a la cuestión agrícola, este país asumió la PAC a pesar de los graves perjuicios que entrañaba para su economía.

Para Gran Bretaña, la aceptación de la PAC implicaba hacer una contribución neta al Presupuesto comunitario desde el momento en que su sector agrícola, con débil peso económico, recibiría pocos fondos de las arcas comunitarias. Además, como no dejaron de resaltar los británicos, las transferencias de renta que promueve la PAC entre los países no son sólo las directas a través del Presupuesto, sino también las indirectas derivadas de los altos precios que tienen que pagar los consumidores por los productos agrícolas. Para Gran Bretaña este efecto era bastante importante, ya que a lo largo de su historia, como defensora y beneficiaria del librecambio por la potencia de su industria, había mantenido una política de bajos o nulos aranceles para los productos agrícolas, que le permitieron gozar de unos precios de los alimentos bajos, fuente a su vez de ventajas para la competitividad de su industria. Por último, hay que señalar que los sacrificios que se le exigían por su apoyo al sostenimiento de la política agrícola no tenían la contrapartida que otros países obtenían para los sectores industriales, pues, en el momento de la adhesión, era claro el declive de la economía británica y su debilidad para competir en el marco de la CE.

Todo ello resalta la dureza de las condiciones aplicadas a Gran Bretaña cuando se incorporó al Mercado Común, hecho nada sorprendente si se tiene en cuenta que la cohesión en la CE responde a un equilibrio de intereses que tiende a respetarse frente a los países que aspiran a integrarse en ella. La capacidad negociadora de la Comunidad supera la de las naciones aisladas, lo que se traduce en que los acuerdos de adhesión de nuevos países, contando con las múltiples exigencias que surgen de los Estados miembros, resultan muy descompensados en cuanto a las ventajas que cada parte obtiene y los perjuicios que ha de soportar.

La ampliación de la Europa de los «seis» a la Europa de los «nueve» cerró una etapa de la CE que coincidió con el cambio de tendencia de la onda larga de la economía capitalista. La fase expansiva de la posguerra había tocado a su fin y adicionalmente la primera crisis del petróleo en 1973 vino a sacudir a las economías occidentales, iniciándose un período de débil crecimiento, acusado aumento del paro, decaimiento del comercio mundial y aparición de sobrecapacidad productiva en todos los sectores, en especial en los sectores de la industria tradicional como el acero, el carbón, la construcción naval, el textil, automóviles, etc. Las nuevas condiciones cambiaron el telón de fondo sobre el que hasta entonces se había desplegado la Comunidad y no dejaron de hacer sentir sus efectos, paralizándose transitoriamente el avance hacia fórmulas de integración más intensas en la CE.

En el nuevo contexto económico, pronto se pusieron de manifiesto las diferencias sustanciales de las estructuras económicas de los países miembros para resistir los embates de la crisis y se acentuaron las desigualdades económicas y sociales que recorren a la CE. Gran Bretaña exigió revisar su tratado de adhesión tras la victoria electoral del partido laborista, disconforme con la contribución que se le había asignado al Presupuesto comunitario, reabriéndose un nuevo frente en la polémica presupuestaria. Durante algunos años, el dinamismo de la integración perdió fuerza, empantanados los gobiernos en resolver los problemas de los sectores económicos en crisis y la reconversión industrial, y ocupados en crear las condiciones económicas internas para remontar la recesión y en amortiguar sus secuelas. Las tendencias proteccionistas se reforzaron y los intereses inmediatos nacionales cobraron preeminencia, tratando cada país de desviar hacia los demás los ajustes necesarios, como en el caso de la reducción de los excedentes de capacidad productiva, y de ampliar sus cuotas de mercado mejorando su competitividad por medio de políticas de austeridad. Sólo una vez que se disiparon los peores momentos de la crisis surgieron nuevos impulsos integradores y se reconsideró la ampliación de la Comunidad.

En 1981 la CE extendió sus fronteras con la incorporación de Grecia, más por motivos políticos que económicos. Dada la debilidad de la economía de este país, la CE no sufrió cambios significativos. Distinto alcance tuvo la incorporación del Estado español y de Portugal en 1986, que se inscriben ya en otra etapa de la historia de la CE, en que corrían vientos favorables para el proyecto de la integración de Europa después de varios años de expansión económica. La nueva ampliación de la CE, hasta los doce países actuales, coincidió con la aprobación del Acta Única, por la que se ponía en marcha la creación del Mercado Único, registrándose un cambio cualitativo en la construcción de la unidad económica europea.

Paralelamente al proceso de ampliación territorial de la CE, debe reseñarse que la Comunidad fue a lo largo de su historia un foco de extensión del librecambio (de los productos industriales) en el comercio mundial. En las rondas de negociación para el desarme multilateral en el ámbito del GATT (Acuerdo General de Aranceles y Comercio), impulsó y asumió colectivamente reducciones importantes de los derechos aduaneros, que se tradujeron en disminuciones de la Tarifa Exterior Común, así como la eliminación de otras barreras que restringen los intercambios comerciales. Por otra parte, la CE estableció fórmulas de asociación con algunos países, con vista a una posterior incorporación a la unión aduanera, como ocurrió con Grecia, y firmó buen número de tratados comerciales con otros y con algunas otras zonas económicas, tanto por razones económicas como por razones políticas (algunos de los países miembros mantenían relaciones económicas privilegiadas con sus antiguas colonias, lo que obligó a darles tratamientos favorables para el comercio con la CE). Esos tratados, uno de los cuales fue el firmado por el Estado español en 1970, representaban acuerdos preferenciales por los que ambas partes se reducían los derechos aduaneros, se suprimían contingentes o se ampliaban cupos. Estos acuerdos, en virtud de las normas del GATT que impedían que fuesen discriminatorios con terceros países, acabaron contribuyendo con carácter general al desmantelamiento de las barreras al comercio mundial, sin perjuicio de las ventajas que obtenía el país firmante, pues los acuerdos tendían a favorecer el comercio de aquellas mercancías en las que dicho país era un significativo proveedor.

En suma, uno de los objetivos prioritarios de la CE, ensanchar sus mercados para activar su potencial de crecimiento y aprovechar sus ventajas comparativas en los productos industriales, se fue consiguiendo a través de la ampliación de la unión aduanera y a través de una política activa a nivel internacional para favorecer el comercio mundial.

1.6. Los problemas monetarios

La estabilidad de los tipos de cambio fue un objetivo permanente del Mercado Común porque toda unión aduanera debe evitar hacer de la cotización de las monedas un mecanismo de competencia entre los países y porque el compromiso de mantener estable el tipo de cambio introduce elementos de disciplina económica. Por otra parte, la CE pretendió avanzar en la armonización de sus economías y en la coordinación de las políticas económicas, para lo que era imprescindible un sistema compulsivo de paridades fijas entre las monedas que obligase a los países con mayores desequilibrios a corregirlos sin contar con el resorte fácil de la devaluación para superar los problemas de balanza de pagos y de competitividad provocados por una inflación o un crecimiento excesivos.

En los primeros años de existencia de la CE, la estabilidad de las monedas estuvo suficientemente garantizada por la vigencia y satisfactorio funcionamiento del sistema de tipos de cambio fijos, aunque ajustables, instaurado en 1944 en la conferencia de Bretton Woods. El sistema se sustentaba en los criterios del patrón-oro clásico, por el que cada moneda tenía una paridad fija con respecto al dólar (y a través del dólar con el oro). Los gobiernos se comprometían a mantener la paridad dentro de un margen del 1%, interviniendo en los mercados de divisas y corrigiendo los desequilibrios de la balanza de pagos que hiciesen imposible la cotización por medio de una política económica restrictiva que frenase las alzas de precios y el crecimiento excesivo. No obstante, el sistema contemplaba la posibilidad de un cambio de paridad cuando los desequilibrios de las balanzas de pagos se consideraban fundamentales, es decir, no fácilmente corregibles por medio de una política restrictiva, debiéndose tener en cuenta además que en aquellos tiempos, con un predominio indiscutible de las concepciones keynesianas, el pleno empleo era una aspiración prioritaria de la política económica, al cual se subordinaban otros objetivos cuando se mostraban incompatibles. El sistema tenía como moneda clave al dólar, lo que se correspondía con la aplastante hegemonía económica con la que surgió Estados Unidos tras la Segunda Guerra Mundial y se asimilaba al patrón-oro por la convertibilidad del dólar (frente a los Bancos Centrales del resto de los países) y su vinculación fija con el oro, según la relación de 35 dólares la onza.

El sistema funcionó durante algún tiempo bastante eficazmente y propició un período de acusada estabilidad monetaria internacional, que sólo se rompió en algunos momentos, como en 1967, en que se devaluó la libra esterlina (y la peseta), pero sin poner en tela de juicio al sistema ni sus normas básicas, pues, como se ha indicado, estaba previsto el reajuste del valor de alguna moneda en caso de desequilibrio agudo de la balanza de pagos. El mantenimiento de tipos de cambio fijos y su estabilidad en el seno de la CE estuvieron así amparados por el sistema monetario internacional durante los primeros años de vida de la Comunidad. Las monedas de los seis países miembros mantuvieron una cotización estable y fija desde 1958 hasta 1967, en que al socaire de la crisis de la libra y la inestabilidad que se desencadenó en los mercados de cambios se produjo también un reajuste menor de paridades entre las monedas comunitarias.

A partir de ese año puede fecharse el comienzo del colapso del sistema monetario surgido de Bretton Woods, y no por los problemas de la libra, cuyo papel como moneda de reserva dentro del sistema era ya secundario, aunque mayor del que respaldaba la economía británica, en franco retroceso desde hacía tiempo. Fundado como estaba en la hegemonía de los Estados Unidos y en la estabilidad del dólar, el sistema se fue minando por la pérdida de posiciones de la economía americana y la política económica (y militar) de aquel país. La balanza comercial norteamericana comenzó a resentirse de la competencia exterior, principalmente por el empuje de las exportaciones japonesas, lo que unido a una política económica expansiva, vinculada en parte a los gastos de la guerra de Vietnam, a una política militar avasalladora que sembró el mundo de bases militares bajo la bandera de las barras y las estrellas y a una ofensiva del capital americano que realizó grandes inversiones directas en el exterior, condujo a un cambio drástico de la posición del dólar en el sistema financiero internacional. Lejos quedaban los años inmediatamente después de la Segunda Guerra Mundial en que los dólares eran una moneda escasa, añorada y fiable. Al final de los años sesenta, los dólares inundaban el sistema financiero internacional, y lo que es más importante, los principales países no estaban dispuestos a seguir acumulándolos. Al ser el dólar la principal moneda de reserva del sistema monetario internacional, Estados Unidos tenía una situación privilegiada ya que no estaba sometido a las mismas reglas y restricciones que el resto de los países. Su política interna expansiva, la ofensiva exterior de las empresas americanas y el despliegue militar podían llevarse a cabo sin problemas de balanza de pagos en la medida que los demás países los financiasen acumulando dólares como reservas exteriores.

La abundancia de liquidez (dólares) internacional como expresión exterior de la política y situación norteamericanas y la inflación como reflejo interno fueron haciendo cada vez más irreal la paridad de 35 dóla-

Gráfico 1.1.

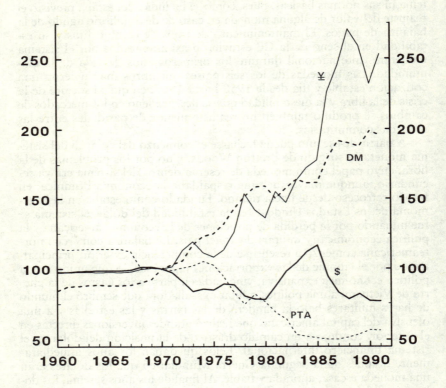

res la onza de oro y socavando el papel del dólar como una moneda fiable en la que mantener activos, lo que acabó originando un período de gran agitación e inestabilidad financiera internacional al final de la década de los sesenta, con el dólar en el centro de todas las tormentas. Durante varios años prevaleció un clima de desconfianza en la moneda americana y de inseguridad en el andamiaje del sistema. El oro subió en el mercado libre, los operadores privados cambiaban sus tenencias en dólares por otras monedas y muchos gobiernos forzaron la conversión de sus reservas en dólares por oro ante las autoridades norteamericanas, todo lo cual agitó el mundo financiero internacional con la fuerza y el modo incontrolado con que suelen comportarse los mercados de divisas cuando se barrunta una crisis, hasta que la hacen inevitable como acabó sucediendo. En agosto de 1971, el presidente Nixon suspendió la convertibilidad del dólar en oro. Con ello se puso fin a una época que significó la caída del pedestal de Estados Unidos como potencia económica indiscutible y la desaparición del sistema monetario internacional diseñado en Bretton Woods.

A partir de aquella fecha, las autoridades norteamericanas dejaron de intervenir en los mercados en apoyo del dólar, lo que condujo a una depreciación del dólar con respecto a la mayoría de las monedas. Cada divisa alteró su valor con la moneda americana no en un porcentaje fijo, sino según las fuerzas libres de la oferta y la demanda y los objetivos de tipo de cambio que se propusieron los respectivos gobiernos. Éstos pasaron a intervenir activamente en los mercados de cambios, no para garantizar ya una paridad fija de las monedas con respecto al dólar o a alguna otra, sino para lograr la cotización con respecto al conjunto de las demás que consideraban conveniente, tomando en cuenta los diversos objetivos de la política económica. Se arrumbó así definitivamente el sistema del patrón-dólar de tipos de cambio fijos (aunque ajustables) y se instaló un sistema generalizado de tipos de cambio flexibles (aunque bastante intervenido), que acabó consolidándose en 1973, después de varios intentos entre los principales países por restablecer las paridades fijas. La voluntad de los gobiernos por recuperar el viejo orden, traducida en algunos acuerdos, no cuajó por la imposibilidad de controlar unos mercados hipertrofiados, sumamente activos por la libertad de movimientos de capital y dominados por la especulación, en una situación de inestabilidad creciente de las economías y de acusados desequilibrios entre los principales países.

1.7. El Sistema Monetario Europeo

El desorden financiero que se desató tras la suspensión de la convertibilidad del dólar afectó al conjunto de las monedas europeas, cuyas cotizaciones empezaron a oscilar con respecto al dólar y entre sí, con más o menos amplitud y más o menos libremente, dependiendo de las intervenciones de las autoridades monetarias en los mercados de divisas. El nuevo régimen de cambios perturbaba el funcionamiento del Mercado Común —complicaciones en la aplicación de la política de precios agrícolas, inseguridad en los precios de las mercancías y servicios, manejo del tipo de cambio como arma competitiva, inestabilidad de los mercados financieros, estímulos a la especulación— y hacía más difíciles los proyectos de coordinación de las políticas económicas y de convergencia económica, ya que al no tenerse que garantizar un tipo de cambio se ampliaban los márgenes para la política económica en cada país (más adelante, en el capítulo 6, al tratarse los problemas de la unidad monetaria, se analizan con detalle estas cuestiones). En este contexto de crisis financiera internacional en la que se vieron atrapadas las monedas comunitarias, se instituyó en 1972 la «serpiente» monetaria, un acuerdo para reducir la inestabilidad y para paliar los inconvenientes de la desaparición del régimen de paridades fijas. Los gobiernos comunitarios se comprometieron a mantener los tipos de cambio con una oscilación máxima del 2,25% sobre un tipo central (6% en el caso de Italia), a la vez que a no permitir una variación de más del 4,5% del conjunto de las monedas con respecto al dólar.

La «serpiente» cumplió sus objetivos en un grado aceptable, sobre todo teniendo en cuenta la inestabilidad internacional y las perturbaciones que la primera crisis del petróleo en 1973 y la recesión posterior ocasionaron en la economía real y en las balanzas de pagos. No obstante, la flexibilidad otorgada por el margen de fluctuación no fue suficiente para resistir las tensiones episódicas de los mercados ni, en última instancia, para que algunos países pudieran respetar los compromisos sobre el tipo de cambio, debido a la diferente situación de las economías, lo que provocó revisiones esporádicas de los tipos de referencia. La «serpiente» respondió a un proyecto político y a las necesidades de la unión aduanera, pero las condiciones reales de cada economía, las desigualdades entre ellas y la incapacidad de algunas para mantenerse competitivamente y lograr un equilibrio suficiente de la balanza de pagos a un determinado tipo de cambio acababan aflorando, forzando una modificación de las cotizaciones. Con todo, como se ha indicado, la «serpiente» impuso un poco de orden y de disciplina cambiaria en unos tiempos difíciles para el sistema monetario internacional y la economía de los países capitalistas, sirviendo de banco de pruebas para proyectar un sistema más firme, cohesionado y cooperativo de estabilidad de cambios, como el instaurado con el Sistema Monetario Europeo (SME).

El SME fue creado en 1979 por un acuerdo de todos los Bancos Centrales de los países miembros de la CE. Sus objetivos eran fomentar la estabilidad monetaria y consolidar un régimen de tipos de cambio fijos a partir de la cooperación entre dichos países y la aceptación de compromisos de intervención en los mercados de divisas. Implicaba una armonización y convergencia de las políticas económicas a fin de garantizar la estabilidad de los tipos de cambio establecidos y supuso un avance importante en el proceso de integración económica al aceptarse compromisos compartidos y levantarse fórmulas de colaboración entre los países participantes.

El principal objetivo del SME era mantener unos tipos de cambio fijos entre las monedas europeas, sin descartar que pudieran revisarse, basándose en los siguientes mecanismos de funcionamiento:

a) Se creó el ECU como unidad de cuenta, formado por una cesta de las monedas comunitarias (cantidades concretas de cada moneda), valoradas a un tipo fijo entre ellas, que componían la «parrilla de paridades». El peso de cada moneda se determinó en función del PIB de los países, el volumen del comercio comunitario y las cuotas con que cada país participa en los fondos de colaboración para la estabilidad del sistema. Cada moneda tenía un valor fijo en términos de ECUS, según la parrilla inicial, llamado el «cambio central».

b) Se diseñó un «indicador de divergencia» para medir la desviación entre el valor de cada moneda en el mercado y el cambio central. En el modo de cálculo de este indicador se trató de corregir la asimetría que entre los países introducía el hecho de que las monedas con mayor ponderación en el ECU podían separarse más de la parrilla de paridades sin afectar tanto a su valor en términos de ECUS, por lo que, en ausencia de corrección, los países más grandes hubieran gozado de un margen más amplio para la fluctuación de sus monedas.

c) Se fijó una banda de fluctuación del 2,25% para cada moneda en torno al cambio central (el 6% para la lira italiana), obligándose los gobiernos a intervenir en los mercados, comprando y vendiendo divisas según la situación lo requiriese, para que sus monedas no sobrepasasen la banda de fluctuación.

d) Se acordó la colaboración de las autoridades monetarias para hacer frente a desajustes transitorios o especulativos contra alguna moneda y se constituyó un fondo (el 20% de las reservas de oro y dólares de cada país) para suministrar financiación a los países necesitados, tanto para hacer frente a dificultades a corto como a medio plazo de la balanza de pagos.

Con el SME la CE dejó nítidamente establecido que la unión aduanera y el proyecto de unidad monetaria y económica tenían que sustentarse en un régimen de paridades fijas. Forzaba a los gobiernos a aplicar una política que hiciese compatible la evolución económica con la paridad adoptada, pero al mismo tiempo admitía y trataba de responder a dificultades transitorias que las monedas podían soportar en un mundo financiero hipertrofiado y especulativo y a los problemas que podían existir a largo plazo contando con las desigualdades económicas entre los diferentes países. La culminación del SME en el establecimiento de una moneda única, como aprobó el Tratado de Maastricht, se reconoció lejana, porque antes era necesario un alto grado de convergencia de todas las economías, en unos momentos en que la irrupción de la segunda crisis del petróleo provocó una nueva recesión en los países europeos y un agravamiento de los desequilibrios económicos.

1.8. *El neoliberalismo en escena*

El nacimiento del Mercado Común y su posterior evolución estuvieron dirigidos por las clases dominantes de los países europeos, siendo nula la participación de los trabajadores y sus organizaciones en el diseño y contenido del proceso de integración. Fuera de algunas menciones formales, más proclamativas que comprometedoras, las cuestiones sociales no tuvieron relevancia en el Tratado de Roma. El Tratado surgió, como se ha indicado, por las necesidades económicas de superar los límites que las fronteras nacionales imponían a la expansión de las fuerzas productivas y a la concentración del capital y todos los esfuerzos se dirigieron a desarrollar la unión aduanera y las condiciones que favorecían su funcionamiento. Y, sin embargo, durante el largo período en que la existencia del Mercado Común coincidió con la onda larga expansiva del capitalismo, entre 1957 y la irrupción de la primera crisis del petróleo en 1973, los trabajadores gozaron de una mejora permanente y sustancial de sus condiciones de vida. Podría afirmarse que durante aquellos años de intenso crecimiento económico no fueron incompatibles los objetivos de la burguesía y los intereses inmediatos de los trabajadores y, en la medida en que el Mercado Común propició dicho crecimiento, se podría argumentar que su creación convino a todas las clases sociales, amortiguando la conflictividad entre ellas.

En los primeros años de existencia del Mercado Común la ocupación creció continuamente a pesar de la reducción de la población activa en el sector primario. El pleno empleo no sólo era una preocupación de la política económica, sustentada en la teoría keynesiana, sino prácticamente una realidad. El nivel medio de la tasa de paro en la CE durante el período 1961-73 fue sólo del 2,2%, una cifra que entraría posteriormente en los límites de la utopía. Los salarios reales experimentaron intensos crecimientos —5% anualmente en el período citado—, mejorando igualmente las condiciones de trabajo en cuanto a seguridad en el empleo, jornada laboral y vacaciones. El «Estado del Bienestar» se consolidó en aquellos años, experimentando una fuerte expansión del Sector Público en todas las economías. Los ingresos públicos en relación al PIB comunitario, a través de sistemas impositivos que buscaban reforzar la progresividad, aumentaron en casi 6 puntos entre 1960 y 1973, en un período de fuerte crecimiento del producto, alcanzando el 37,7% en ese último año. Otro tanto ocurrió con los gastos públicos —aumentaron en 6,7 puntos—, lo que permitió una extensión y mejora de las prestaciones sociales y los servicios públicos. Por indeterminado que fuese el impacto de la creación del Mercado Común en la expansión de la economía, el período fue tan próspero que no fue difícil propagar en los países comunitarios las ventajas de la integración, diluir los conflictos que provocaba y acelerar la entrada en vigor de la unión aduanera.

El escenario cambió radicalmente con la irrupción de la crisis económica a partir de la primera subida brusca del precio del petróleo, sumiéndose el capitalismo en una onda larga depresiva aún no superada, en la que las fases depresivas de los ciclos coyunturales cobraron intensidad y duración y las fases expansivas se debilitaron y acortaron en relación con lo sucedido durante la onda larga de crecimiento. Tal cambio histórico tuvo causas profundas —bajo nivel de paro que favorecía el crecimiento de los salarios, generalización de la revolución tecnológica, aplicación de políticas keynesianas inflacionistas, sobrecapacidad productiva, exacerbacion de la competencia, crisis del sistema financiero internacional—, a las que se sumó la subida del precio del petróleo y otras

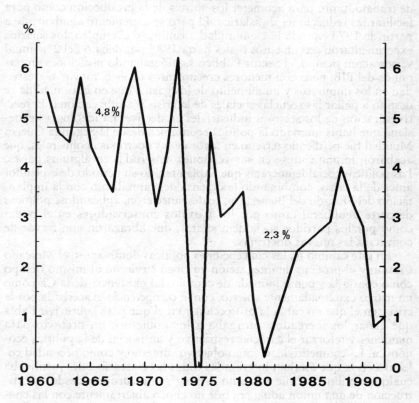

Gráfico 1.2.

EVOLUCIÓN DEL PIB COMUNITARIO
TASAS DE CRECIMIENTO

materias primas, dando lugar a una caída de la tasa de beneficio, determinante de los ciclos económicos en el sistema capitalista. El cambio fue interpretado como una «crisis de oferta» por los gobiernos y los poderes del sistema —exceso de capacidad productiva, inadecuación de la producción y del aparato productivo a la nueva estructura de precios, nivel excesivo de los costes salariales para competir, presión excesiva de los impuestos y las cargas sociales, falta de flexibilidad de la economía y en particular en el mercado de trabajo, nivel insuficiente de los beneficios—, por lo que, paulatinamente, se produjo una reorientación de las políticas económicas. Se implantaron políticas de austeridad tendentes a recuperar la tasa de beneficio reduciendo los salarios y recortando los gastos sociales, se adoptaron medidas monetarias restrictivas para provocar un ajuste que eliminase las empresas menos rentables y productivas, se procedió a la reestructuración de los aparatos productivos y a elevar la productividad a costa del empleo y se flexibilizaron los mercados de trabajo, tanto para acometer los ajustes de la producción como para facilitar las reducciones de salarios. El paro se incrementó agudamente a partir de 1973 en toda la Comunidad, disminuyó el empleo, los salarios experimentaron crecimientos reales hasta 1985 por debajo del 2% anual y, por algún tiempo, el Sector Público siguió ganando posiciones en términos del PIB, pero con menores crecimientos de éste, mayor regresividad en los impuestos y un aumento de los gastos que en gran medida se destinó a paliar las secuelas sociales de la crisis y a subvencionar la reestructuración de los sectores industriales en declive. La ideología keynesiana que había animado la política económica desde la Segunda Guerra Mundial fue perdiendo terreno en favor de las doctrinas neoliberales, que acabaron imponiéndose en sus versiones más rudas en algunos países. Las políticas socialdemócratas que habían tenido su período de esplendor antes de la crisis, combinando la defensa del capitalismo con la implantación del «Estado del Bienestar», se desvanecieron, aplicándose políticas de corte neoliberal tanto por los partidos conservadores en el poder como por los partidos socialdemócratas, que abrazaron con fervor de conversos las nuevas doctrinas.

En este cambio de las concepciones políticas dominantes, el Mercado Común y el proceso de integración europeo sirvieron al mismo tiempo como coartada y como moneda de cambio. La existencia de la CE como un marco extremadamente abierto, con la competencia exacerbada por la crisis, en el que no cabía la protección y en el que para sobrevivir había que ganar los mercados, otorgaba a los gobiernos un pretexto para mantener y reforzar el carácter restrictivo y antisocial de la política económica. La competitividad como objetivo supremo y como necesidad colectiva en la que estaban interesadas todas las clases sociales justificaba cualquier política. Y fue así como la integración europea, desde la construcción de una unión aduanera que no chocó abiertamente con las conquistas de los trabajadores, pasó a ser un proyecto para levantar una Europa neoliberal y conservadora, en franca oposición con los intereses de los mismos.

Por otro lado, los aspectos más negativos de las políticas de austeridad y ajuste eran muy difíciles de imponer y de ser aceptados —de hecho, los retrocesos en las condiciones de vida de los trabajadores con ser importantes fueron limitados, fuera de la gran cuestión del paro—, utilizándose el europeísmo y los hipotéticos beneficios de la integración como talismán para convencer a los pueblos de Europa de que admitieran sacrificios, presentados como coyunturales. Además, teniendo en cuenta la internacionalización de las economías y ante la envergadura de la crisis, se hizo ver que no cabían soluciones aisladas para los países, sino que se requería que una parte sustancial del mundo capitalista escapase a ella, a través de una recuperación de la tasa de beneficio suficientemente intensa y general, a lo que contribuiría la integración europea.

Por último, la crisis del sistema monetario internacional también consolidó el proyecto neoliberal. El funcionamiento de la economía capitalista requiere de un sistema sólido, que estuvo respaldado hasta el principio de los años setenta, como se ha visto, por los Estados Unidos como potencia hegemónica, cuya moneda era aceptada como unidad de cuenta, medio de cambio y depósito de valor. Abandonado ese papel por el dólar con la pérdida de su convertibilidad, la CE respondió a la nueva situación tratando de lograr una estabilidad aceptable entre las monedas europeas con la «serpiente» monetaria y el SME. Pero tal objetivo imponía una cierta convergencia de las políticas económicas, lo que a su vez reforzó la estrategia neoliberal para afrontar la crisis e impregnó de neoliberalismo el proceso de la construcción europea.

1.9. *La CE antes de la incorporación española*

La CE en 1986, antes de la última ampliación con los Estados de la Península Ibérica, había cumplido en un grado aceptable los objetivos del Tratado de Roma como un acuerdo estrictamente económico. La unión aduanera estaba consumada, el mecanismo del SME velaba por la estabilidad cambiaria, las fusiones y acuerdos de empresas europeas eran moneda común, se había producido un intenso crecimiento del comercio intracomunitario y las posiciones de los países integrantes de la CE habían mejorado en el comercio mundial, a costa principalmente de los Estados Unidos, si bien fue Japón la economía más dinámica y la que más se benefició de la internacionalización de las relaciones económicas. La crisis había impulsado la cooperación de los Estados miembros, no sólo decantando estrategias comunes de política económica, sino resolviendo colectivamente algunos de los problemas que planteó, como lo relacionado con la sobrecapacidad productiva y el declive de algunos sectores industriales básicos. Los acuerdos, siempre difíciles a la hora de distribuir ventajas y perjuicios entre los países al sobrevenir la crisis, recordaban la conflictiva historia de la CE, dominada por la confrontación de intereses, algunos de cuyos puntos de litigio —el Presupuesto, la PAC— seguían enquistados, como formando parte de la naturaleza de la CE.

El Mercado Común había multiplicado las relaciones económicas entre los Estados, pero no había producido una convergencia real de las economías ni una política común europea. Los acuerdos se alcanzaban llegando a un punto de equilibrio entre los intereses nacionales, pero en ningún momento la existencia del Mercado Común sirvió para cerrar las diferencias profundas entre las economías de los países miembros, que el marco competitivo contribuía a agravarlas. Los niveles de renta *per cápita* discrepaban acusadamente (el abanico era más amplio que de 1 a 3) y, en general, todos los datos fundamentales para establecer el nivel económico y social indicaban situaciones muy dispares entre los países comunitarios, que además no eran neutras a la hora de determinar los países beneficiarios de la posible ampliación y profundización de la integración europea. En este sentido, en el campo de la integración económica, se había culminado una etapa de la que no cabía esperar que diese mucho más de sí, por lo que los gobiernos europeos, al socaire de la recuperación económica de los años ochenta, aventuraron nuevos proyectos de los que surgió el Mercado Único y la propuesta de unión monetaria aprobada en Maastricht.

La falta de articulación económica de la que adolecía la CE era aún más notable en el campo político. La Comunidad se vio recorrida por el debate de si los Estados debían mantener todas sus funciones y poderes y colaborar entre sí o debilitarse progresivamente cediendo parte de su soberanía a instituciones políticas supranacionales. A pesar de que la integración económica actuaba en favor de esta última alternativa, la CE se fue construyendo preservándose cada Estado su plena autonomía y creándose instancias comunitarias sin poder político, dedicadas a gestionar y a hacer funcionar los acuerdos económicos alcanzados por los Estados miembros[5]. Desde su orígenes, en la CE se abrió una brecha entre el ritmo de integración económica y el ritmo de integración política, que no se ha cerrado nunca y que todavía sigue siendo motivo de enfrentamiento entre los países.

---

5. Los principales órganos comunitarios previstos en el Tratado de Roma eran el Parlamento Europeo, el Consejo de Ministros y la Comisión. Al Parlamento no se le reconocía ningún poder legislativo, que quedaba concentrado, junto al poder ejecutivo supremo, en el Consejo, formado por los jefes de Estado o de gobierno de los países miembros y cuyas decisiones, según la entidad del tema, requieren la unanimidad o la mayoría simple o cualificada. La Comisión es el órgano permanente de la CE, formada por miembros designados por los gobiernos, actúa colegiadamente, representa a la Comunidad, gestiona la máquina administrativa, desarrolla las disposiciones del Consejo y vigila el cumplimiento de las normas comunitarias entre otras funciones.

2

LA APERTURA EXTERIOR

La economía española participó también de la internacionalización de las relaciones económicas de las últimas décadas, incluso con mayor intensidad que otros muchos países dado el aislamiento de que partía, pero las pautas de su apertura y el tipo de vínculos exteriores que sostuvo fueron durante mucho tiempo sustancialmente diferentes a los de las economías europeas, hasta que tras la adhesión a la CE el capitalismo español ligó su destino a los proyectos y avatares de la integración económica europea. En este capítulo se examina con algún detalle el desarrollo de la economía española desde el Plan de Estabilización de 1959 hasta la incorporación a la CE en 1986 desde el punto de vista de los cambios aportados por la progresiva apertura exterior, en la que el propio Plan y el Acuerdo Preferencial con la Comunidad de 1970 son los dos acontecimientos fundamentales.

2.1. *Una panorámica general*

Poco después de concluida la Segunda Guerra Mundial, los países occidentales iniciaron una intensa recuperación económica mientras que el Estado español, marginado políticamente por la dictadura del general Franco, mantuvo durante años una economía primaria y de penuria, al margen del desarrollo económico y tecnológico que estaba teniendo lugar en el resto de los países capitalistas. La expansión de las fuerzas productivas impulsó la creación del Mercado Común en 1957, como se ha visto en el capítulo 1, en tanto que el régimen franquista, por la misma época, tuvo que replantearse los fundamentos del sistema económico, entre ellos las relaciones exteriores, estrangulado después de varias décadas de aislamiento y autarquía y asolado por una grave crisis que amenazaba la supervivencia del régimen. El Plan de Estabilización de 1959 puso fin a un período de dos décadas de aislamiento económico exterior y de intervencionismo extremo, durante las cuales el crecimiento económico, sin ser desdeñable, sobre todo en la década de los cincuenta[1], tuvo más que ver con la reconstrucción del país y su enorme retraso que con un verdadero proceso de acumulación capitalista. El plan reportó ventajas inmediatas por las circunstancias favorables que recorrían la economía mundial y porque las siniestras peculiaridades del régimen español dejaron de ser un motivo de reprobación por el enfrentamiento de los bloques en la «guerra fría» y, sobre todo, dejaron de ser un inconveniente para las inversiones extranjeras, al proporcionar ventajas para la rentabilización del capital por la represión política y la falta de libertades y derechos de los trabajadores. El acuerdo con los Estados Unidos en 1953 para la instalación de bases militares rompió el aislamiento político y proporcionó alguna ayuda económica, abriendo el camino a la normalización de las relaciones internacionales. Aquel mismo año se produjo la entrada en la ONU, en 1958 tuvo lugar la admisión en el FMI y en 1959 la incorporación a la OCDE (entonces llamada OECE).

La apertura exterior de la economía española coincidió prácticamente con la fundación del Mercado Común. Los años siguientes, en los que se fue consolidando la CE con las dificultades y resultados vistos, fueron aprovechados por la economía española para dar un salto espectacular en el crecimiento (el PIB creció a una tasa anual media entre 1961 y 1973 del 7,2%), en la acumulación de capital y en la creación de un sector industrial moderno. La brecha que la separaba de las principales economías occidentales en niveles de renta, industrialización y productividad fue cerrándose. No obstante, la economía española no perdió por ello su carácter dependiente y subordinado de los principales centros del capitalismo, no superó su retraso secular con respecto a las economías europeas y no participó plenamente de la integración económica que estaba teniendo lugar.

A pesar del cambio cualitativo que el Plan de Estabilización representó en la liberalización y desrregulación de la economía y en la aceptación del libre cambio en el comercio exterior, el mercado interior siguió gozando de un alto grado de protección a través de fuertes aranceles y numerosas restricciones cuantitativas a las importaciones. Ello permitió un desarrollo industrial y un crecimiento económico que habrían sido imposibles sin la existencia de barreras proteccionistas, dado el desfase tecnológico y de productividad tan acusados de que se partía, si bien esa apertura controlada y limitada tuvo como secuelas un retraso en la incorporación de las nuevas tecnologías, el mantenimiento de sectores y empresas escasamente productivos y el descuido de muchos de los factores que determinan la competitividad de las mercancías en los mercados abiertos. Una industria incipiente sólo podía crecer preservada de una competencia exterior asfixiante, pero ello iba en detrimento de la creación

---

1. El crecimiento real medio anual de la Renta Nacional en el período 1940-60 fue del 4%, pero en el primer decenio fue sólo del 2%, en tanto en el segundo fue del 6%.

Gráfico 2.1.

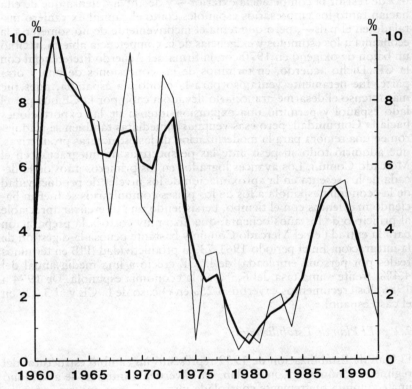

EVOLUCION DEL PIB NO AGRICOLA
TASAS DE CRECIMIENTO ANUALES Y
MEDIAS MOVILES DE TRES AÑOS

de un tejido productivo eficiente y saneado a largo plazo e implicaba marginarse de los avances que estaban experimentando las economías más avanzadas, en un período de fuerte crecimiento, de intensa innovación tecnológica y de creciente liberalización de los flujos comerciales, de servicios y financieros a escala internacional. La economía española se mantuvo al margen de la liberalización y unificación de mercados que estaba teniendo lugar en el seno de la CE, evitó parcialmente los riesgos de la competencia y no participó del proceso de concentración del capital más que con un carácter subordinado. Con el transcurso del tiempo, su posición exterior se fue debilitando, hecho que adquirió enorme importancia al desatarse la crisis económica a partir de 1973 y, posteriormente, ante la perspectiva de adherirse en algún momento a la CE.

Esta política de apertura controlada de los mercados, al mismo tiempo necesaria y contradictoria, que aceptaba el libre cambio pero coexistiendo con una fuerte protección exterior, que tenía la ventaja de preservar el mercado interior para una industria manifiestamente incapaz de resistir la competencia exterior —y de ahí la defensa que de ella hacían tanto los empresarios españoles como el capital extranjero instalado en el país—, pero que tenía el inconveniente de no someter a la economía a los estímulos y exigencias de la competencia abierta, recibió un balón de oxígeno en 1970 con la firma del Acuerdo Preferencial con la CE. Dicho acuerdo, en términos de las concesiones de una y otra parte, fue netamente ventajoso para la economía española, pues fue más intenso el desarme arancelario llevado a cabo por la CE que por el lado español y permitió una expansión intensa de las exportaciones hacia la Comunidad, pero esas ventajas inmediatas también se tradujeron en una rémora para la modernización de las estructuras productivas, que adquirió todo su peso ante las perspectivas de integración en el Mercado Común. Los avances logrados en los primeros años de la década de los sesenta en la aproximación de los niveles de productividad de la economía española a los de los países comunitarios se fueron haciendo más lentos con el tiempo, persistiendo una diferencia apreciable al principio de los años ochenta, que hizo muy costosa la preparación para la entrada en el Mercado Común y bastante penosa la digestión de la integración. En el período 1961-73, la productividad (PIB en términos reales por persona empleada) de la CE creció a una media anual del 4,4%, frente a una tasa del 6,5% en la economía española. De 1974 a 1986, los crecimientos cayeron al 2% en el caso de la CE y al 3,2% en el caso español.

2.2. *El Plan de Estabilización*

El Plan de Estabilización de 1959 representó un cambio estructural del régimen económico. Con el Plan, en la vertiente interior, se abandonó una economía fuertemente controlada y regulada por una economía en que las fuerzas del mercado actuaban más libremente y, en la vertiente exterior, se pasó de una economía cerrada, con un comercio exterior intervenido, a una economía abierta, con un comercio exterior liberalizado, regido por las leyes del mercado, con independencia de altos niveles de protección arancelarias y otras barreras que se mantuvieron.

El período de autarquía abierto tras la Guerra Civil permitió, sobre la base de una protección extrema y unos costes laborales reducidos, el desarrollo de una industria rudimentaria y totalmente incapaz de afrontar la competencia internacional por la ínfima calidad de los productos. El modelo económico de la posguerra estaba agotado al final de los años cincuenta, como se diría en el argot actual. El crecimiento se hacía cada

LA APERTURA EXTERIOR

vez más difícil, atenazada la economía por tensiones inflacionistas crecientes y por un déficit exterior insostenible (las reservas de divisas al final de 1958 estaban agotadas con un nivel de 45 millones de dólares). Era imprescindible conectar la economía española con los mercados exteriores y participar en los circuitos financieros internacionales para obtener suministros fluidos de materias primas y bienes de capital y para lograr recursos financieros exteriores, ante lo cual se planteó la necesidad de realizar un ajuste estabilizador de tipo clásico —no en balde estuvo diseñado por el FMI y la OCDE—, que permitiera soportar y potenciar los beneficios de la apertura exterior. El Plan de Estabilización combinó de ese modo un conjunto de medidas de tipo interno con un conjunto de medidas dirigidas a establecer un nuevo marco de las relaciones económicas internacionales.

El gobierno formado por Franco en 1957, en el que hicieron su entrada destacados miembros del Opus Dei que serían conocidos después como los «tecnócratas», programó un cambio económico radical, tanto para hacer frente a las dificultades del momento como para modificar las bases de funcionamiento del sistema. Tras intensas consultas y gestiones con los organismos internacionales, el gobierno español presentó al FMI y a la OCDE un memorándum, con fecha 30 de junio de 1959, en el que daba cuenta de la situación económica y de los objetivos y política que pretendía implantar con el Plan de Estabilización[2]. La condiciones económicas eran descritas del siguiente modo, con algunos términos que son una verdadera reliquia:

> Desde el final de la guerra de Liberación, la economía española ha tenido que soportar la pesada carga de su reconstrucción, retardada, además, por factores de carácter estructural, insuficiencia de recursos, bajo nivel de renta y ahorro y por otros factores, tales como la dislocación de la capacidad productiva durante el período de hostilidades o el cierre transitorio de los mercados y fuentes de aprovisionamiento normales, que se produjo durante y después de la guerra mundial. Las enormes dificultades a las cuales España ha tenido que hacer frente han exigido una serie de intervenciones en su economía que ha contribuido a aislar su mecanismo económico del de otros países del mundo occidental. Además, España ha tenido que impulsar un proceso de industrialización que ha requerido inversiones públicas y privadas considerables, con objeto de aumentar las oportunidades de empleo y elevar el nivel de vida. Dichas inversiones, junto con los demás gastos públicos que España hubo de afrontar, han sido de tal magnitud, que, a pesar de la Ayuda Americana, han dado lugar a presiones inflacionistas. Los precios se han elevado, y las importaciones han aumentado sensiblemente más que las exportaciones. Las reservas de divisas han disminuido progresivamente, y las restricciones a la importación y los tipos de cambio múltiples introducidos para defender dichas reservas han contribuido a aumentar los obstáculos para el comercio entre España y los demás

---

2. Una exposición detallada del conjunto de disposiciones que configuró el Plan de Estabilización puede encontrarse en el número 70 de la revista *Moneda y Crédito*, de septiembre de 1959. En su sección de documentos incluye el memorándum que el gobierno español remitió al FMI y a la OCDE. Una exposición más sucinta puede verse en Juan Sardá, *Escritos económicos 1960-80*, editado por el Banco de España.

países. Este aislamiento ha hecho posible el desarrollo de ciertas actividades económicas, cuyos costes no siempre han estado a niveles internacionales.

A continuación, el memorándum hacía explícitos los fines de la reforma:

> En la actualidad, alcanzados ya progresos considerables en diferentes campos, y especialmente en el de la producción, el gobierno español estima que ha llegado el momento de orientar la política económica en el sentido de situar la economía española en línea con los países del mundo occidental y liberarla de intervenciones que, heredadas del pasado, no se ajustan a las necesidades de la situación actual. Asimismo, se considera esencial lograr la estabilidad monetaria interior y exterior, estabilizar el valor de la moneda y estimular el ahorro real, que ha de servir de base para desarrollar inversiones productivas.

El resto del documento se dedicaba a detallar el conjunto de medidas que inmediatamente y en los años siguientes se adoptarían. Esas medidas estaban agrupadas en cuatro apartados: las relativas al Sector Público y las relacionadas con la política monetaria, mediante las que se efectuó el ajuste interno, las dedicadas a dotar de flexibilidad a la economía y las destinadas a reformar el sector exterior.

Con respecto al Sector Público, se declaraba la intención de equilibrar el presupuesto, implantando nuevos impuestos sobre la gasolina y las aduanas y conteniendo los gastos públicos: los de carácter general, las subvenciones a empresas públicas deficitarias y las inversiones del INI. Por otra parte, el gobierno se comprometía a no financiar por procedimientos inflacionistas al Estado impulsando la creación de dinero. La política monetaria tenía como objetivo reforzar la política fiscal restrictiva, con topes al crecimiento del crédito, límites al recurso del Tesoro al Banco de España y la implantación de un depósito previo a las importaciones del 25%, de carácter transitorio, que pretendía también amortiguar los efectos que la apertura exterior tendría sobre las importaciones. En las medidas para flexibilizar la economía se manifestaba el propósito de no elevar los salarios si no aumentaba la productividad (el lector avezado ya habrá echado en falta la política salarial en un plan de estabilización) y de eliminar las rigideces derivadas de la legislación laboral (otro tema que parece no haber perdido actualidad). Completaban este apartado la intención de hacer un inventario de todas las intervenciones en materia económica con el fin de suavizarlas, aunque se suprimía de inmediato toda regulación de los precios de los productos cuyas importaciones fueran liberalizadas o estuvieran bajo el régimen de precios libres. En fin, los aspectos más novedosos del Plan y los que mayor carga de profundidad entrañaban para la economía, al poner las bases para una normalización de sus relaciones externas, eran las reformas del sector exterior, que se agruparon en tres apartados: el régimen de cambios, el régimen de comercio y el tratamiento de las inversiones extranjeras.

En relación con el tipo de cambio, se estableció una cotización única de 60 pesetas por dólar, desapareciendo los cambios múltiples que hasta

LA APERTURA EXTERIOR

entonces se aplicaban según el tipo de operación, aunque desde 1957 para la mayor parte de las transacciones ya existía un tipo único de 42 pesetas por dólar. Por tanto, la peseta sufrió una fuerte devaluación, forzada por el desequilibrio de la balanza de pagos y un ínfimo nivel de las reservas y orientada a estimular las exportaciones y a reducir el impacto sobre las importaciones de la liberalización del comercio. Se creó un mercado de divisas en el que intervenían las autoridades monetarias, vendiendo o comprando dólares según las tendencias del mercado, para garantizar el tipo de cambio según las reglas del vigente sistema monetario de Bretton Woods. En cuanto al comercio, se liberalizó una buena proporción de las importaciones, que fue en aumento progresivo, y se fijaron cupos globales para otra serie de mercancías, subsistiendo el comercio de Estado para una serie de productos fundamentales (alimentos, piensos, carbón, petróleo, fibras textiles, azufre, papel prensa), y el comercio bilateral[3]. En 1960, el proceso de liberalización del comercio exterior se perfeccionó con el establecimiento de un nuevo arancel, adaptado a las normas internacionales, pero bastante proteccionista y que tuvo posteriormente una aplicación casuistica de enorme complejidad, que dio lugar a una protección muy dispar y selectiva, no ajena a los intereses de los diferentes grupos de presión.

Por último, se abrieron las puertas a las inversiones extranjeras, reconociéndose el derecho a la repatriación de beneficios y capitales, con algunas restricciones. Salvo para algunos sectores (defensa, información y servicios públicos), al capital extranjero le fue permitido invertir en empresas nuevas o ya existentes, si bien cuando su participación superase el 50% del capital de una empresa era necesaria la autorización gubernamental.

Este paquete de reformas, a pesar de que durante algún tiempo sobrevivió un régimen mixto de economía intervenida y liberalizada, y a pesar de las fuertes restricciones que todavía subsistieron para la libre circulación de mercancías y capitales, revocó el modelo económico surgido de la Guerra Civil para afrontar la reconstrucción y la supervivencia económica y engarzó al capitalismo español con la economía internacional en unos momentos de fuerte crecimiento, de intenso avance tecnológico, de proliferación de los flujos comerciales y financieros entre los países y de inicio de la integración europea. El Plan de Estabilización, como la evolución posterior puso sobradamente de manifiesto, adentró a la economía española en otra etapa sin parangón con la anterior.

2.3. *Apertura y evolución económica en los años sesenta*

En el contexto de una economía mundial instalada en la fase expansiva de la onda larga y con la ventaja de la proximidad física a los países eu-

---

3. En 1962, el comercio libre representó el 55% de las importaciones. En 1970 el porcentaje se había elevado al 68%.

ropeos, uno de los núcleos fundamentales de la recuperación del capitalismo en el período, la economía española logró en muy breve plazo incorporarse al momento favorable del ciclo mundial. El Plan de Estabilización surtió efectos muy rápidos y, desde 1961, se inició una etapa prolongada de intenso crecimiento del PIB y más acusado aún de la producción industrial, bases del despegue económico que experimentó el país durante la década de los sesenta.

El crecimiento sostenido requirió y se apoyó en un fuerte incremento de las importaciones, para aprovisionar de materias primas y bienes intermedios los procesos de producción y para alimentar de bienes de equipo un gran impulso inversor que permitió una renovación y una ampliación sustanciales del capital productivo. De ese modo, el capitalismo español dio un salto en su nivel tecnológico, recuperando en parte el retraso en que lo sumió el aislamiento, y se incorporó al avance tecnológico que estaba teniendo lugar en la economía mundial[4]. El fuerte crecimiento de las importaciones, a su vez, pudo sostenerse gracias a las circunstancias favorables que recorrían la economía mundial.

Para hacer frente al flujo exterior de pagos originado por las importaciones, se contó, en primer lugar, con un desarrollo positivo de las exportaciones de mercancías, favorecidas por la expansión del comercio mundial, la política de fomento (crédito a la exportación), las ventajas comerciales en algunos productos agrícolas y las posibilidades que fue abriendo para los productos industriales la expansión del sector sobre bases tecnológicas competitivas, reforzadas por las diferencias de los costes laborales[5]. En segundo lugar, el país se benefició extraordinariamente del desarrollo del turismo, como un fenómeno social nuevo ligado al crecimiento económico y a la expansión de los medios de transporte[6]. La proximidad geográfica con la próspera Europa representó en este caso una gran ventaja para el país, oportunamente explotada. Por último, como partida compensatoria de las importaciones, destacaron los ingresos provenientes de las remesas de emigrantes, que tuvieron gran auge a lo largo de toda la década. Las migraciones masivas a los países europeos fueron un aspecto social relevante durante aquellos años, hasta que sobrevino la crisis en que cambiaron de signo, porque proporcionó a los

4. De 1960 a 1970, las importaciones de mercancías pasaron de 697 millones de dólares a 4.300 millones, creciendo a una tasa anual acumulativa del 20%.

5. De 1960 a 1970, las exportaciones de mercancías pasaron de 750 millones de dólares a 2.500 millones, con un crecimiento anual acumulativo del 12,5%, que fue mucho más intenso en la segunda parte de la década, cuando se hicieron notar los efectos de la acumulación en los años precedentes. De 1965 a 1970, la tasa anual acumulativa de las exportaciones fue del 19%. No obstante, pese a este evolución favorable de las exportaciones, se fue abriendo una brecha en el saldo de la balanza comercial, que pasó de un ligero superávit en 1960 a un déficit de 1.900 millones de dólares en 1970. En ese año, las exportaciones eran equivalentes al 57% de las importaciones.

6. Los ingresos por turismo en la balanza de pagos registraron un agudo incremento a partir de 1960 (sobre todo en los primeros años de la década), pasando de 300 millones de dólares en 1960 a 1.700 en 1970. En aquel año, dichos ingresos representaban el 42% de los pagos por importaciones de mercancías. En 1970, pese al intenso aumento de éstos a lo largo de la década, los ingresos por turismo representaban todavía el 39% de los mismos.

países receptores una mano de obra barata y abundante en momentos de pleno empleo y porque para la economía española, aparte de las remesas, sirvió de válvula de escape a una situación que en otras condiciones hubiera provocado un paro insostenible. El crecimiento del sector industrial y de servicios no era capaz de absorber la mano de obra que despedía el sector primario, en el que estaban embalsados los excedentes laborales y el cual también se vio arrastrado a una ola de mecanización[7].

Así, gracias a estas circunstancias excepcionales en que se llevó a cabo la apertura de la economía, el período de crecimiento más intenso del capitalismo español y el que produjo una potenciación más aguda de los intercambios de mercancías y servicios con el resto del mundo estuvo exento de graves tensiones en el equilibrio exterior. El déficit de la balanza de pagos por cuenta corriente, es decir, el saldo del intercambio de bienes y servicios más las transferencias, no fue durante la década nunca superior al 1,5% del PIB, salvo en 1966 y 1967 en que representaron el 2,1%. Ello obligó a medidas estabilizadoras (en la perspectiva de hoy muy relativas: el PIB creció en 1967 en un 4,2% y en 1968 en un 5,7%) y a una devaluación de la peseta del 14%, fijándose un nuevo tipo de cambio oficial en 70 pesetas por dólar, coincidiendo con la devaluación de la libra en 1967. En 1970, la balanza por cuenta corriente volvió a registrar un superávit.

Junto a la intensificación de los intercambios de mercancías y de servicios durante la década, las relaciones financieras con el exterior fueron cobrando importancia desde una situación de muy débiles vinculaciones externas. A partir de 1963, los ingresos en la balanza de pagos por la rúbrica de capitales a largo plazo comenzaron a tener cierta entidad, canalizándose a través de distintas vías y respondiendo a razones diversas. Así, los ingresos de capital privado a largo plazo —los ingresos con destino al Sector Público tuvieron poca importancia durante el decenio— pasaron de 330 millones de dólares en aquel año a 1.200 millones en 1970, tras un crecimiento ininterrumpido. En una economía sedienta de capital, las inversiones directas, los créditos comerciales y los préstamos a empresas (las inversiones en inmuebles tuvieron menor alcance) permitieron la implantación de algunas multinacionales y procuraron recursos para acometer proyectos de inversión que incorporaban un avance tecnológico considerable, sustentado materialmente en las fuertes importaciones de bienes de equipo.

Las condiciones legales, económicas y políticas fomentaron las inversiones extranjeras en nuestro país. Tras la liberalización de 1959, el proceso recibió un nuevo impulso en 1963, eliminándose algunas restricciones vigentes. La legislación propició las inversiones exteriores y ga-

---

7. De 1960 a 1970, las transferencias privadas corrientes de la balanza de pagos pasaron de 100 a 680 millones de dólares, cifras que representaban aproximadamente el 15% de los pagos por importaciones en ambos años. Durante los nueve años que fueron de 1965 a 1973, la emigración asistida a Europa por el Instituto Español de Emigración fue de 726.000 personas, lo que suponía el 10% de los asalariados de la economía y casi la mitad del aumento de la población en edad laboral en ese período.

Gráfico 2.2.

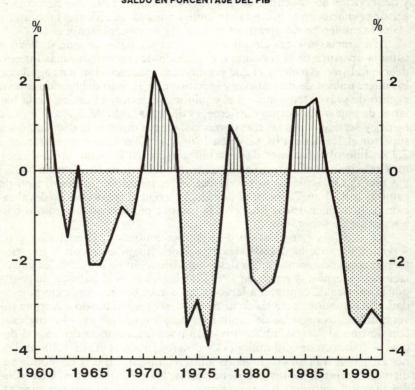

BALANZA POR CUENTA CORRIENTE
SALDO EN PORCENTAJE DEL PIB

rantizó la transferibilidad de los beneficios, en divisas y sin limitación de los capitales invertidos, así como de las plusvalías obtenidas por enajenaciones. En lo que se refiere a las condiciones económicas y políticas, el mercado en rápida expansión, el bajo costo de la mano de obra, la protección del mercado interior, la proximidad a la CE, las múltiples ventajas fiscales, el bajo índice de presión fiscal, la estabilidad del tipo de cambio, la estabilidad política, la represión del movimiento sindical, etc., estimularon decisivamente las inversiones extranjeras por la alta rentabilidad que proporcionaban al capital[8].

8. Durante la década, el origen de las inversiones autorizadas provino en su mayor parte de los Estados Unidos, entonces la primera potencia económica en inversiones exteriores, y en menor medida

LA APERTURA EXTERIOR

El balance económico de la década de los sesenta, inaugurada con el nuevo régimen económico instaurado con el Plan de Estabilización de 1959, no pudo ser más positivo, al margen de las consecuencias sociales y con independencia de los problemas que aparecieron con el cambio de tendencia de la economía mundial en los primeros años setenta, que inevitablemente revelaron la debilidad y el retraso histórico de la economía española. Se logró un intenso crecimiento económico y se dio un salto enorme en la industrialización del país, sustentado en un gran avance tecnológico y de la productividad. Se registró una internacionalización acusada de la economía que no produjo tensiones graves en el sector exterior, ni provocó una dependencia exterior asfixiante, ni estranguló el desarrollo de la producción interna. Antes al contrario, la apertura aportó recursos, tecnología y capitales de los que el sistema estaba ávido, y alguna dosis de competitividad en los mercados, aunque la protección frente a las importaciones a través de los derechos arancelarios, contingentes y otras barreras proteccionistas fue bastante acusada a lo largo de la década, sin perjuicio de los paulatinos retoques liberalizadores que durante la misma se fueron adoptando.

2.4. *El Acuerdo Preferencial con la CE*

La década de los setenta y primeros años de los ochenta fue, desde el punto de vista económico, considerablemente más complicada que la anterior. El capitalismo español se sumó con éxito a la fase expansiva del ciclo mundial pero, cuando sobrevino el cambio de tendencia en los años 1973-74, se pusieron de manifiesto sus debilidades estructurales comparadas con los países más desarrollados y sus deficiencias para competir, sufriendo más duramente la crisis. El tamaño de las empresas, el nivel tecnológico, la dependencia de materias primas importadas, la estructura sectorial de la producción, la escasez de mercados exteriores consolidados, su comparativa baja productividad, etc., determinaban una situación de inferioridad de la economía española que constituía una rémora importante para afrontar las nuevas condiciones de la economía internacional, caracterizadas por un exceso de capacidad productiva a escala mundial y una exacerbación de la competencia. Hay que tener en cuenta que el desarrollo en los años sesenta se había logrado, entre otras razones y entre otras condiciones, porque se había preservando el mercado interior con una alta protección y, por tanto, al margen del contraste y las tensiones estimulantes procurados por la competencia de las mercancías extranjeras.

Sin embargo, a pesar de las apreciables desventajas objetivas para afrontar la crisis, el capitalismo español gozó a partir de 1970 de las ven-

de Suiza, Alemania y Francia. Para las cien primeras grandes empresas españolas, el capital extranjero representaba en 1970 el 24% del capital total, con amplias diferencias sectoriales que oscilaban desde el 53% del sector de material eléctrico o el 48% del sector químico al 4% de la siderurgia y la nula implantación en los sectores naval, de minería y papel.

tajas del Acuerdo Preferencial firmado con la CE. Este acuerdo representó un avance sensible en las difíciles relaciones que el Estado español mantenía con la CE (derivadas en parte, pero no sólo, del régimen dictatorial que se padecía), aunque no clarificó las perspectivas de las relaciones futuras con la Comunidad. La adhesión se postergó indefinidamente, siendo largo y complejo el trayecto que culminó en el acuerdo de integración de 1986, después de experimentar el país transformaciones políticas importantes y de hacer concesiones económicas considerables.

El Acuerdo Preferencial con la CE tuvo un contenido meramente comercial, concretándose en reducciones arancelarias mutuas y en la eliminación de algunas restricciones cuantitativas al comercio exterior. En su momento fue polémico por las dificultades de valorar las concesiones que se hacían ambas partes aunque, vistos posteriormente sus efectos, hay que admitir que resultó bastante beneficioso para la economía española. Por parte de la CE, se produjeron reducciones arancelarias para los productos industriales españoles entre el 60 y el 70% de la Tarifa Exterior Común, con algunas excepciones en que la reducción se limitó al 40%. Los productos agrícolas se sometieron también a un régimen excepcional, y si bien no se les otorgó ventajas para superar las barreras proteccionistas que levantaba la Comunidad en defensa de su agricultura, se equipararon los productos españoles a las condiciones más favorables de los países mediterráneos con los que la CE mantenía acuerdos preferenciales. Por parte española las concesiones tuvieron mucha menos importancia. Las reducciones arancelarias fueron del 60% para una lista de productos y del 25% para otras dos, pero la reducción media fue sólo del 27% de los derechos realmente aplicados según la ponderación de las importaciones en aquellos años. Otro grupo de bienes quedó exento de toda reducción y se mantuvieron la mayoría de los contingentes con cláusulas de crecimiento anual.

En conjunto, teniendo en cuenta que los niveles de protección de la CE eran considerablemente más bajos que los españoles, que las reducciones arancelarias eran más extensas y profundas por parte de la Comunidad, que las excepciones y contingentes eran más amplios en el caso español y que el ritmo de desarme era más rápido por parte de la CE, el acuerdo resultó netamente favorable para la economía española. Y no sólo por sus cláusulas, sino también porque impulsó las exportaciones sin abrir perceptiblemente el mercado interior, ocasionando una sustitución de importaciones a favor de la CE más que un incremento de las mismas. Aunque no fue fácil valorar el alcance de las rebajas arancelarias otorgadas por ambas partes, sobre todo si se entraba a distinguir entre los conceptos de protección nominal y de protección efectiva, entre tarifas declaradas y aplicadas, los resultados históricos de la aplicación del acuerdo confirmaron lo ventajoso del mismo[9].

---

9. En los quince años transcurridos entre 1970, año de la firma del Acuerdo Preferencial, y 1985, el año previo a la integración en la CE, el crecimiento medio acumulativo de las exportaciones

2.5. Las exportaciones alivian la crisis

La importancia del Acuerdo Preferencial con la CE y su incidencia tan favorable en las exportaciones adquirieron todo su valor al sobrevenir la crisis económica. En las adversas circunstancias económicas que predominaron a partir de los primeros años setenta, las exportaciones desempeñaron un papel positivo en un doble aspecto: en el de contribuir a mantener la demanda y la actividad en un período de hundimiento de la demanda interna y en el de corregir la trayectoria negativa de la balanza de pagos, alterada contundentemente por las elevaciones del precio del petróleo en 1974 y 1979.

Desde 1975 la economía entró en una prolongada recesión que hizo caer drásticamente las tasas de crecimiento del PIB y de todos los componentes internos de la demanda. En esas condiciones, la pujanza de las exportaciones, tanto más valiosa cuanto que la depresión se extendió al conjunto de las economías y al comercio mundiales, fue uno de los datos más favorables de la evolución económica, contribuyendo al crecimiento en la medida limitada en que podían hacerlo por su peso relativo en la demanda global. En la década transcurrida entre 1976-1985, el PIB creció en términos reales sólo en un 17%, mientras las exportaciones de mercancías crecieron en términos reales en un 153%, de modo que de aquel crecimiento las 3/4 partes se explican por el incremento de las exportaciones. En términos monetarios, las exportaciones pasaron del 6,8% del PIB al 15,4% entre esos años.

Por otro lado, la contribución de las exportaciones de mercancías a cerrar la brecha del déficit comercial y el déficit de la balanza por cuenta corriente fue de gran trascendencia, hasta el punto de que en los años 1984 y 1985 el déficit comercial alcanzó las cotas más bajas en términos del PIB de las últimas dos décadas y se obtuvieron unos superávits de balanza corrientes próximos al 2% del PIB. Durante el período, el impacto de las subidas del precio del petróleo en 1974 y en 1979[10] originaron un empeoramiento abrupto del déficit comercial y del saldo de la balanza corriente, pero después de cada uno de estos años, la trayectoria favorable de las exportaciones (combinada con la depresión económica y el débil crecimiento real de las importaciones) permitió recomponer el

---

de mercancías fue del 24%, aumentando las dirigidas a la CE más rápidamente que las dirigidas al resto del mundo, de modo que, del total, las exportaciones a la Comunidad pasaron de representar el 46% en 1970 al 52% en 1985. El crecimiento de las exportaciones a la CE reflejó, por otra parte, un aumento de la participación de los productos españoles en las importaciones comunitarias. Esa evolución favorable de las exportaciones a la CE se sustentó además en unos resultados muy positivos de los productos industriales, y determinó un cambio en el saldo comercial con la Comunidad, por el que se transformó el tradicional déficit en un superávit a partir de 1983. En 1985, el superávit fue de 269 mil millones de ptas., particularizado en un saldo positivo con todos los países a excepción de Alemania.

10. Entre 1973 y 1974 el saldo del comercio exterior de productos energéticos empeoró en 139 mil millones de pesetas, equivalentes al 2,7% del PIB de este último año. Entre 1979 y 1980 el deterioro fue de 384 mil millones, el 2,5% del PIB de este año.

Gráfico 2.3.

APORTACIONES DE LA DEMANDA
AL CRECIMIENTO DE LA ECONOMIA

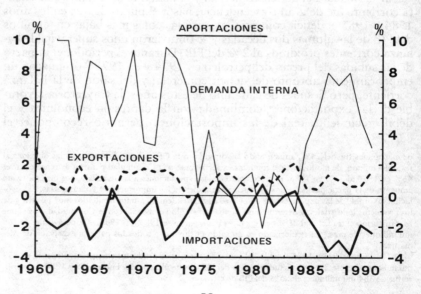

equilibrio del sector exterior, reabsorbiéndose con bastante rapidez las perturbaciones de dichas subidas.

Desde el punto de vista financiero, el período que se comenta no aportó grandes novedades en las relaciones internacionales, salvo que se fueron activando con la proximidad de la incorporación española a la CE. El sistema financiero y las operaciones con el exterior fueron paulatinamente liberalizados, permitiendo un incremento de los flujos y una intermediación creciente de la banca. La financiación exterior obtenida por el Sector Público y el Sector Privado facilitó la financiación del déficit exterior en las fases de desequilibrio más intenso. Las inversiones directas se incrementaron tendencialmente a lo largo del período, pero no a un ritmo fuerte, lo mismo que las inversiones en inmuebles, cobrando ambas entidad a medida que se consideró probable un acuerdo de adhesión con la CE. Las inversiones en cartera tuvieron poca incidencia, pues el período fue bastante inestable en lo que respecta a los tipos de cambio, por la pérdida de la convertibilidad del dólar en oro, la eliminación del sistema de paridades fijas y las perturbaciones que las crisis del petróleo desencadenaron en los mercados de cambios y financieros. Por otra parte, los diferenciales de tipos de interés no alcanzaron la dimensión de propiciar por si solos flujos financieros intensos, salvo en algún período excepcional como el año 1983. En 1985 tuvo lugar una importante reducción de los pasivos exteriores de la economía española, concentrada en la disminución de los créditos externos, que respondió a una decisión de anticipar la cancelación de préstamos por parte tanto del Sector Público como del Sector Privado, ante la evolución favorable de la balanza de pagos y las perspectivas del tipo de cambio de la peseta que aconsejaron las cancelaciones.

En resumen, la actividad financiera durante la mayor parte de este período estuvo sobre todo dominada por operaciones que no implicaban cambio de titularidad en la propiedad de activos reales, como los créditos comerciales y los préstamos. Las operaciones ligadas a proyectos productivos o empresariales destinados a la compra o toma de posiciones en sociedades o sectores productivos españoles tuvieron poca relevancia, lo mismo que las inversiones en inmuebles, aunque la situación fue cambiando con la proximidad de la entrada en la CE y con el cambio de la coyuntura internacional que se produjo una vez entrada la década de los ochenta.

En todo caso, el capitalismo español, en la vertiente financiera, estaba plenamente integrado en los mercados y los circuitos financieros internacionales, sin perjuicio de que subsistían limitaciones a la libertad plena de los movimientos —en particular para las salidas— de capital.

3

EN LAS PUERTAS DE LA CE

En el capítulo anterior se ha hecho una breve historia de los avances de la economía española desde la normalización de sus relaciones internacionales a partir del Plan de Estabilización de 1959. Ciertamente, los resultados de la apertura exterior fueron espectaculares en muchos aspectos, hasta el punto de que en menos de dos décadas el país abandonó el subdesarrollo y pasó a formar parte de los países industrializados, alcanzando una estructura productiva, un grado de capitalización y tecnológico, una capacidad exportadora y un nivel de renta *per cápita* que lo aproximaba más a los países capitalistas industrializados que a los del Tercer Mundo. Sin embargo, como se dejó entrever en el capítulo anterior, las condiciones en que tal avance económico tuvo lugar, con un retraso inicial importante, en el marco de una alta protección frente al exterior y bajo un régimen político antidemocrático que no dejó de influir en los rasgos económicos que adoptaba el sistema, propiciaron un desarrollo con débiles raíces, más llamativo por sus resultados que por su solidez, configurando, en definitiva, una economía poco dotada para afrontar una crisis internacional profunda como la que se desató a partir de 1973 y una incorporación rápida a una unión aduanera como la que se fraguó con la adhesión al Mercado Común en 1986. Ambos hechos acentuaron el grado de competencia que la economía debía soportar y revelaron descarnadamente sus debilidades y deficiencias, derivadas de las peculiaridades que habían concurrido en la industrialización y demás transformaciones que tuvieron lugar.

En este capítulo, previo al examen de la incorporación a la CE, se analiza la evolución y los rasgos del capitalismo español hasta el comienzo de la crisis mundial. Se pasa posteriormente a examinar la política seguida desde entonces para hacer frente a la crisis y para preparar la entrada en el Mercado Común, concentrándose sobre todo en la etapa iniciada en 1982 con la llegada de los socialistas al gobierno. Se termina con una evaluación de las condiciones de partida en el momento de la integración en 1986.

3.1. Un desarrollo rápido y primario

Al comienzo de los años sesenta, con el inicio del despegue de la economía española, su productividad, medida como el producto por persona ocupada y tomada como un índice condensado de la eficiencia del aparato productivo y de la dotación de capital por trabajador, no alcanzaba a ser la mitad de la media de los países de la CE. A partir de entonces, primero rápidamente y después con mayor lentitud, la brecha se fue cerrando, sin lograr nunca ser superior a dos tercios de la productividad de la media comunitaria.

El cierre inicial de esa brecha se produjo con crecimientos altos de la productividad en Europa y en el Estado español, en un contexto de fuerte expansión de las economías. Los fuertes avances de la productividad en el caso español reflejaron el retraso de que se partía: bastó un mejor suministro de materias primas y una mayor disponibilidad de bienes de equipo para que la economía, estrangulada por las carencias de capital y de otros recursos productivos, experimentase un salto importante en su rendimiento. El crecimiento de la industria, de la construcción y del sector servicios atrajo mano de obra de la agricultura, de baja o nula productividad debido a que en el sector estaban embolsados los excedentes de la fuerza de trabajo, lo mismo que las corrientes migratorias hacia Europa se tradujeron en una reducción de la mano de obra agrícola cuya aportación al PIB era insignificante, favoreciendo un rápido crecimiento del producto por persona ocupada[1].

Pasados los primeros años de la década de los sesenta, el avance de la productividad de la economía en relación con la de los países europeos, sin perjuicio del papel que siguieron desempeñando la incipiente industrialización, la asimilación de nuevas tecnologías y las emigraciones, se asentó en la acumulación de capital de la propia economía, y fue desde entonces cuando empezaron a gestarse algunos problemas que aparecerían con toda crudeza al cambiar la tendencia de la economía mundial en los años setenta. El desarrollo español, por la escasez de capital y la abundancia de mano de obra, sometida además a unas condiciones políticas que propiciaban la sobreexplotación, fue menos intensivo en capital que el de otros países industriales, con lo que la dotación de capital por trabajador, en un período de avance general de la acumulación en todas las economías, creció a un ritmo insuficiente para reducir de un modo apreciable la diferencia de productividad que mantenía con los principales países europeos[2].

1. El crecimiento medio de la productividad durante la década 1960-70 fue del 7%. El empleo aumentó a una tasa media del 0,7%, pero mientras en la agricultura se produjo una caída del 2,8%, en el resto de la economía aumentó en un 2,7%, con un 2,2% en la industria, 2,7% en la construcción y un 3,2% en los servicios.
2. Si se aproxima la intensidad del proceso de capitalización por la inversión media en maquinaria y materia de transporte por asalariado, la economía española, en el período 1965-74, ocupó uno de los últimos lugares de la OCDE: en dólares de 1970, 1.300 en el caso español, frente a, por ejemplo, 3.900 en Estados Unidos, 2.900 en Francia o 1.700 en Italia.

Gráfico 3.1.

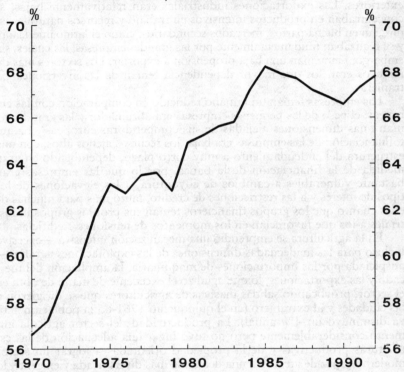

EL DESFASE DE LA PRODUCTIVIDAD ESPAÑOLA
% DE LA PRODUCTIVIDAD RESPECTO A LOS 4 MAYORES
PAISES DE LA CE, MEDIDAS EN ECUS DE 1985

La industria que se fue desarrollando se especializó en producciones de fuerte contenido de trabajo y tecnología poco avanzada, dependía en alto grado de las materias primas importadas y todavía era mayor el grado de la dependencia tecnológica: la inversión en bienes de equipo estaba ligada de modo inexorable a las importaciones de estos bienes. El crecimiento industrial descansó en los sectores básicos tradicionales —siderurgia, construcción naval, cemento, automoción, industria química de base— que son los que sufrirían con mayor rigor el impacto de la crisis, y en las industrias de consumo primario —textil, calzado, mueble—, no lográndose hacer incursiones destacadas en la industria de bienes de equipo ni en las ramas de alta tecnología.

La producción se orientaba a un mercado interior fuertemente protegido y en intensa expansión, lo que garantizaba unas altas tasas de rentabilidad para el capital, pero frenaba la renovación tecnológica, impedía que las empresas alcanzaran unas escalas de producción competitivas y propiciaba que se prestase poca atención a todos aquellos aspectos —calidad, diseño, garantías, etc.— necesarios para competir en los mercados exteriores. Las exportaciones industriales eran relativamente bajas, se concentraban en productos intensivos en trabajo y recursos naturales, se dirigían en buena parte a mercados secundarios, como el latinoamericano, y se realizaban fundamentalmente por las grandes empresas, las cuales, sin embargo, mantenían una baja propensión a exportar. Los sectores más dinámicos eran los que mayor dependencia tenían de las inversiones extranjeras.

Las empresas tenían un tamaño reducido en comparación con las europeas: el peso de las pequeñas empresas era abrumador y las grandes tenían unas dimensiones alejadas de sus competidoras europeas[3]. La autofinanciación de las empresas era baja, los recursos ajenos altos, con una estructura del endeudamiento a muy corto plazo, dependiendo en gran medida de la financiación de la banca, por lo que las empresas eran bastante vulnerables a cambios de coyuntura, a las elevaciones de los tipos de interés y a las restricciones de crédito, tanto más para muchas de ellas cuanto que los grupos financieros tenían sus propios grupos industriales a los que favorecían en los momentos de tensiones crediticias.

En la agricultura se emprendió una mecanización intensiva —excesiva incluso para las inadecuadas dimensiones de las explotaciones agrarias— auspiciada por las importaciones de maquinaria, la ampliación del mercado y las exportaciones, lo que agudizó el excedente de mano de obra en el sector, provocando salidas masivas de agricultores que se dirigieron a las ciudades y al extranjero (en el quinquenio 1961-65 la población activa disminuyó un 4% anual). La productividad del sector agrícola aumentó considerablemente pero no tuvo lugar una adecuación de las estructuras productivas y de la propiedad orientadas a lograr un sector moderno capaz de atender a una demanda más diversificada y exigente, lo que provocaba que hubiese que importar productos agrarios, a pesar de la importancia del sector en la economía y la población activa vinculada al mismo. Se fomentaron cultivos excedentarios —trigo, cebada, olivar, vino, remolacha etc.—, a los que la política gubernamental protegió con precios de garantía, tal como se hizo en la CE con la PAC, proporcionando injustificados beneficios a los grandes propietarios con explotaciones mecanizadas, sin sacar a los pequeños agricultores de una mísera existencia. Con todo, la penuria en los productos básicos alimenticios desapareció, favoreciendo la instalación de un proletariado en las grandes ciudades que abasteció de mano de obra barata al resto de los sectores.

---

3. En 1974, entre las cien mayores empresas fuera de los Estados Unidos sólo se encontraba una española. Entre las trescientas primeras había siete, bastante retrasadas en el escalafón.

El sector de la construcción experimentó un fuerte impulso, relacionado con el cambio de la población de agrícola en urbana y con el despliegue del turismo como actividad de masas, que llevó a levantar grandes concentraciones turísticas en zonas del litoral. Los mismos fenómenos incidieron sobre el desarrollo de los servicios, encontrando los excedentes de mano de obra agrícola escasamente cualificada una salida, que aliviaron el problema del paro hasta casi su desaparición estadística.

La tasa de paro durante toda la década de los sesenta y primeros años de la década siguiente no alcanzó el 2% de la pobl ación activa, y no llegó al 3% en el trienio 1972-74. No obstante, como ya se ha indicado, en esa evolución desempeñó un papel decisivo la intensa emigración hacia Europa, verdadera válvula de escape al exceso de mano de obra y a la miseria en que estaban sumidas amplias zonas atrasadas de un país en los umbrales del desarrollo. La estructura de la población activa cambió sensiblemente durante aquellos años, perdiendo progresivamente los rasgos de la de los países en desarrollo, en los que la población vinculada al sector primario tiene un peso decisivo. La población activa del sector agrario descendió desde el 41% del total en 1961 al 29% diez años después. Por el contrario, la de los sectores industrial y de la construcción pasó del 32 al 37% en el mismo período y la de los servicios del 27 al 34%.

Las infraestructuras dejaban que desear. Las inversiones públicas marchaban con retraso con respecto a las necesidades que el rápido cambio económico iba generando, pero, poco a poco, se fueron acometiendo mejoras, para lo que se contó con unos crecientes presupuestos del Estado. Y otro tanto puede decirse de los servicios públicos y las prestaciones sociales, levantándose los elementos imprescindibles de un esquelético «Estado del Bienestar». El sistema fiscal era rudimentario, descansaba en los impuestos indirectos, aunque fueron elevándose progresivamente las cotizaciones a la Seguridad Social. La vorágine del crecimiento económico fue generando ingresos suficientes para alimentar un aumento de la actividad del Sector Público, el cual, además, estaba profundamente implicado en el sistema productivo a través de las empresas públicas que se habían fundado en los años iniciales de la dictadura, cobrando posteriormente mayor peso por una orientación intervencionista del Estado ante los problemas industriales y de desarrollo del país. Por ridícula que fuera, desde 1964 hubo intentos de una cierta planificación económica a través de los sucesivos Planes de Desarrollo, en los que se hicieron esfuerzos no vanos por extender la industria por algunas zonas atrasadas del interior de la península. El desarrollo de la economía española no tuvo nada que ver con dichos planes, sino con las circunstancias internas —la liberalización económica— y exteriores —la economía mundial estaba en plena expansión—, pero no deja de contrastar aquella política intervencionista, cuando la economía estaba en plena expansión impulsada por la iniciativa privada, con los vientos neoliberales que soplaron posteriormente, cuando la economía entró en la onda larga depresiva.

Cabría concluir que las profundas transformaciones económicas que se registraron en la década de los sesenta y primeros años de la década siguiente originaron un intenso proceso de acumulación y crecimiento, pero de naturaleza harto deficiente para arrostrar el giro en la economía internacional que se desencadenó a raíz de 1974 con la primera crisis energética. La faz del país había cambiado, pero el cambio había sido desordenado, no se habían conseguido estructuras productivas sólidas y se tenía una gran dependencia exterior, tanto de materias primas como de tecnología y capitales. La productividad en términos absolutos había progresado significativamente, pero la desventaja con los países europeos seguía siendo acusada, dado el avance que todas las economías registraron. La industria no había medido sus fuerzas ni en el mercado interior, por su alta protección, ni en los exteriores, en los que la penetración de las mercancías españolas era comparativamente débil. El país, ciertamente, podía considerarse industrial por algunos índices básicos, pero distaba de tener una economía fuerte y resistente —dejando de lado las cuestiones sociales—, como la crisis hizo patente durante más de una década.

3.2. *Cambio de decorado: la crisis económica internacional*

El giro del ciclo mundial se gestó desde el inicio de los años setenta al alcanzar la mayoría de las economías una situación de sobreproducción —exceso de capacidad productiva sobre las posibilidades de absorción del mercado—, que implicaba una caída de la tasa de rentabilidad del capital, y se desencadenó y se agudizó por la drástica subida del precio del petróleo al final de 1973, por la que el precio del barril pasó de 3 a 10 dólares, alterando la estructura de los precios relativos y produciendo reducciones de la demanda de los productos más adversamente afectados. Estos dos aspectos de la crisis, la sobreproducción y el encarecimiento brusco de una materia prima fundamental, puso en marcha en la mayoría de los países una política de ajuste económico y de reconversión industrial por las que se trataron de reducir los excedentes de capacidad y de impulsar la renovación tecnológica de las empresas para hacer frente a las nuevas condiciones de demanda y de precios relativos. La llamada política de «oferta» de corte neoliberal —reducciones de capacidad, mejora tecnológica, desmantelamiento de sectores obsoletos, expulsión de excedentes de plantilla, eliminación de subvenciones a los sectores y empresas deficitarios, privatizaciones de empresas públicas— hizo su aparición en escena, desplazando progresivamente a la vieja y por el momento desgastada política keynesiana, cuyo objetivo principal era mantener un nivel de demanda y de actividad susceptibles de garantizar un alto nivel de empleo, aun a costa de alimentar algunas tensiones inflacionistas.

Al mismo tiempo, los gobiernos comenzaron a aplicar políticas de austeridad en el Sector Público y se impusieron restricciones salariales con el objetivo de mejorar la tasa de beneficio. La competencia internacional se había agudizado como consecuencia de la sobreproducción generalizada y la caída de la demanda, de modo que los gobiernos no tuvieron inicialmente muchos problemas para convencer a los trabajadores de que sin un ajuste económico, para depurar el sistema productivo y modernizarlo, y sin moderación salarial, para reducir los costes de producción, los respectivos países perderían la guerra económica que se libraba por los mercados. El alto grado de apertura de las economías y el proceso de integración europeo reforzaban estos argumentos. Desde la crisis del petróleo hasta bien entrada la década de los ochenta (en 1979 tuvo lugar la segunda crisis del petróleo, de consecuencias parecidas aunque con economías menos vulnerables a los cambios en los precios de la energía), la evolución económica internacional estuvo caracterizada por recesiones pronunciadas y fases expansivas cortas y débiles, pero durante esos años tuvieron lugar importantes transformaciones en los tejidos productivos de la mayoría de los países, como respuestas del capital a la crisis económica y los intentos por superarla.

3.3. *Movilización política, paralización económica*

La situación y los acontecimientos políticos en el Estado español vinieron de nuevo a poner una nota diferenciadora en la evolución económica con respecto a la de los países europeos. Al desatarse la crisis económica la dictadura se hallaba en su fase final, acosada por importantes movimientos de masas y puesta en cuestión por algunos sectores de la propia burguesía, preocupados por conducir y controlar el cambio de régimen. Con la muerte del general Franco en noviembre de 1975, la luchas políticas en favor de la democracia cobraron nuevo vigor, fortaleciéndose un movimiento obrero que empezaba a encuadrarse masivamente en los sindicatos que emergían de la clandestinidad. En estas condiciones de agitación social, los sucesivos gobiernos predemocráticos no encontraron fuerza suficiente para imponer las políticas de austeridad y ajuste que en otros países triunfaban, ni las restricciones salariales se aceptaron con igual facilidad, ni pudieron acometerse los planes de reconversión industrial de otros países. La actividad económica y el empleo se resintieron, pues la crisis exterior se hizo notar con fuerza, la inversión paso a registrar tasas negativas, el alza del petróleo creó una situación delicada de la balanza de pagos, tanto más cuanto que el país no pudo aprovecharse como los países más avanzados de la demanda proveniente de los países productores de petróleo, y los emigrantes europeos iniciaron el camino de retorno con la recesión en el continente. No obstante, fuera de la depuración larvada que toda crisis impone sobre el capital, la estructura productiva se mantuvo casi indemne y ajena a los cambios económicos profundos que estaban ocurriendo, sin acometerse los procesos de reconversión en los grandes sectores productivos tradicionales, que eran los más afectados por la crisis.

Normalizada la situación política con las primeras elecciones generales en 1977, los sindicatos se avinieron a firmar el Pacto de la Moncloa al final de ese año, iniciándose un período de colaboración política con el gobierno de la derecha (UCD), que acabaría por debilitar al movimiento obrero y crear las condiciones para desplegar la política que los gobiernos estaban aplicando en todas partes para remontar la crisis: austeridad en los gastos sociales, reformas impositivas regresivas, retrocesos del poder adquisitivo de los salarios, reconversiones industriales, privatizaciones y flexibilización del mercado de trabajo. Al principio la política fue cautelosa y moderada —la resistencia del movimiento obrero todavía era fuerte y a las direcciones de los sindicatos no les fue fácil imponer la nueva orientación—, pero se fue endureciendo por un cambio en la relación de fuerzas entre las clases, consecuencia inevitable del pacto social, y por la agudización de la crisis industrial. Con la llegada de los socialistas al gobierno en 1982, aupados por los votos de los trabajadores, se emprendieron paradójicamente la reconversión industrial y el ajuste económico con la dureza que hasta entonces no había sido posible aplicar.

3.4. *La crisis industrial*

Al principio de la década de los ochenta, todas las deficiencias y problemas que arrastraba el sector industrial se habían agravado, bosquejando un cuadro bastante inquietante. Una parte considerable de las empresas acumulaba pérdidas insostenibles, viéndose atrapadas en una creciente descapitalización que paralizaba las inversiones. Los excedentes de capacidad eran comunes en todos los sectores básicos, habiendo contribuido a ello algunos planes desquiciados de aumentos de capacidad que se hicieron antes de desatarse la crisis: se extrapolaron tendencias de la demanda que la realidad se encargó pronto de demostrar falsas, siendo éste uno de los comportamientos clásicos del capitalismo por el que se agudizan las crisis de sobreproducción y hacen más profundas las recesiones[4]. La situación financiera de las empresas era agobiante. Con los tipos de interés al alza y las rentabilidades descendiendo se cerró para muchas de ellas la posibilidad de financiarse en Bolsa, teniendo que recurrir a endeudarse en los mercados de capitales internos e internacionales, estando sometidos estos últimos a una gran incertidumbre de los tipos de cambio. La estructura financiera se fue deteriorando con los gastos financieros creciendo rápidamente y los riesgos de tipo de cambio convirtiéndose en una pesada carga[5]. Los trabajadores lograron mantener

---

4. El Programa Siderúrgico Nacional de 1974 condujo a que en 1982 hubiese una capacidad instalada de 17,5 millones de toneladas de acero, cuando la producción real era de 13,2 millones. En construcción naval, obnubilados por el gigantismo, se llegó a comenzar la instalación de un astillero de un millón de toneladas de registro bruto, cuando la crisis del petróleo creó una situación de saturación de la flota mundial. Igual ocurrió en otros sectores como el automóvil y el refino de petróleo, que sufrieron fuertes desplazamientos de la demanda.
5. Un conjunto de empresas del metal, que representaban más de la mitad de las 37 grandes del

el poder adquisitivo de los salarios durante los años de la transición política, sin perder participación en la renta, lo que afectó al excedente de las empresas, atrapadas en una situación de sobreproducción y de caída de la demanda. La tasa de beneficio del conjunto de la economía, y en particular la del sector industrial, se fue minando hasta caer a su nivel más bajo hacia el año 1980. En aquellos momentos, todos los elementos de la crisis estaban conjurados y actuaban con fuerza, creando una situación insostenible en el marco de las leyes del capitalismo.

Hasta ese año, salvo algunos planes de viabilidad para empresas concretas (Babcock Wilcox, Nervacero), no se habían aplicado medidas de carácter general para afrontar la crisis industrial. La reestructuración hasta entonces había sido atomizada, empresa por empresa, acudiéndose a los expedientes de regulación de empleo como forma de aliviar la precaria situación de muchas de ellas. Se eliminaron un gran número de puestos de trabajo y desaparecieron muchas sociedades poco rentables y escasamente competitivas, según el proceso normal de depuración del capital en las crisis económicas. Las empresas afectadas fueron sobre todo pequeñas y medianas, ya que estaban en peores condiciones para resistir financieramente la crisis y eran las que sufrieron con mayor rigor la contracción de la demanda, pues tenían en muchos casos un carácter subsidiario de las grandes, las cuales incluso aumentaron sus plantillas al absorber actividades que antes tenían contratadas con industrias auxiliares[6].

En 1980 comenzaron a acometerse reestructuraciones de sectores concretos (electrodomésticos línea blanca, aceros especiales), implicando a las empresas del sector, pero un marco general que intentara dar coherencia a la reconversión industrial sólo surgió en 1982, con la conocida como «Ley Bayón», el ministro de Industria del último gobierno de UCD. A partir de dicha ley, entraron en proceso de reconversión muchos sectores afectados por la crisis (siderurgia integral, construcción naval, aceros comunes, textil, calzado, componentes electrónicos etc.), si bien quedaron otros muchos sectores al margen (minería, metalurgia del aluminio, papel, armero, máquina herramienta), para los cuales se siguieron aplicando planes de viabilidad sólo en empresas aisladas.

La «Ley Bayón» estableció los objetivos y la normativa general, concretándose luego para los distintos sectores con decretos específicos. Los objetivos de la ley eran limitados: buscaba destruir los excedentes de capacidad y acelerar la reconversión, tanto a través de medidas coactivas —plazos, posibilidad de acometerlas el gobierno— como, sobre todo, a través de estímulos a los empresarios —exenciones de impuestos, avales,

---

sector, tenían en 1982 un *cash flow* (beneficio más amortizaciones) negativo. Sus recursos propios eran solamente el 17% de la financiación total. Para una buena parte de ellas el endeudamiento a corto plazo se elevaba a más del 50% de esa financiación y los gastos financieros suponían el 50% de su valor añadido.

6. Un análisis de la estructura y de la evolución y política industrial durante la crisis puede verse en Julio Segura y otros, *La industria española en la crisis 1878/1984*, Alianza Editorial, 1989.

créditos subvencionados, aplazamientos de pagos a la Seguridad Social, facilidades para las regulaciones de empleo etc.—. La política aplicada sólo pretendía evitar el desplome de los sectores, saneándolos financiera y laboralmente. No se planteó ni la reindustrialización de las empresas y sectores ni la promoción industrial y en ningún caso se logró una verdadera reestructuración que elevase la productividad, la capacidad financiera y tecnológica y la concentración de empresas hasta los niveles europeos. Las aportaciones y ayudas prometidas por el Estado se cumplieron en muy alto grado, dedicándose primordialmente al saneamiento financiero de las empresas y al pago de las indemnizaciones por los despidos, pero el cumplimiento de los compromisos de los empresarios fue mínimo, no llevándose a cabo los planes de inversión. La reconversión se concentró en reducir la capacidad productiva, desmantelar instalaciones y reducir plantillas.

Junto a la reconversión industrial, otro objetivo de la política económica en aquellos años fue moderar el crecimiento de los salarios para restaurar los excedentes empresariales y la tasa de beneficio. Durante los primeros años de la crisis, por el marco político existente que activó la lucha de clases, los salarios reales aumentaron más que la productividad, obteniendo las rentas salariales una creciente participación en la renta nacional. El gobierno consideraba que era necesario quebrar esa tendencia y revertirla, siendo ése uno de los objetivos fundamentales del Pacto de la Moncloa y los sucesivos pactos que firmaron los sindicatos. En 1980 el crecimiento de los salarios reales quedó por debajo de la productividad, estableciendo un precedente que perduraría bastante tiempo, porque la política salarial no dejó desde entonces de constituir un eje básico de todos los programas y planes económicos que se pusieron en vigor sucesivamente.

Los avances logrados por los gobiernos de UCD en la reconversión y en doblegar los salarios fueron limitados, pero marcaron el camino a seguir a los socialistas, los cuales, contando con una mayoría sólida en el Parlamento y un apoyo social amplio, se asignaron como tareas históricas resolver la crisis económica y preparar al capitalismo español para la integración en la CE.

3.5. *Los socialistas toman el tren de la CE*

Haciendo caso omiso de sus promesas electorales y volviendo la espalda a las bases sociales en que basaron su triunfo electoral —en ello consistió el verdadero «cambio» del lema de la campaña— los socialistas, desde el momento en que llegaron al gobierno, emprendieron una política económica en extremo rigurosa y bastante regresiva socialmente, convencidos de que el porvenir del país no podía desvincularse de Europa y dispuestos a pagar por ello cualquier precio. Acometieron con ahínco las tareas que la UCD sólo había comenzado, articulando una política económica orientada a lograr el saneamiento de la economía, el aumento de los excedentes y la tasa de beneficio, la flexibilización del mercado de trabajo y la reconversión pendiente de la industria.

Para conseguir el saneamiento económico, es decir, la corrección de los llamados desequilibrios básicos, la inflación, el déficit publico y el déficit exterior (el paro pasó a ser un objetivo subordinado, cuya solución se hizo depender de los resultados de la estabilización y de la recuperación de los beneficios), se aplicó una política rigurosa en las vertientes monetaria, fiscal y salarial, que acentuó y prolongó durante varios años la depresión económica, impidiendo que la economía española se incorporase a la recuperación que estaba teniendo lugar en los países capitalistas, arrastrados por el empuje y el déficit exterior de la economía norteamericana.

La mejora del excedente exigió una política salarial dura y cambios en la política fiscal dirigidos a reducir las prestaciones sociales y a forzar un sistema fiscal más regresivo, con mayor peso de los impuestos indirectos y menores contribuciones empresariales a la Seguridad Social. En este campo, los resultados fueron contundentes: los salarios monetarios crecieron sistemáticamente por debajo del IPC, perdiendo poder adquisitivo, y los salarios reales por debajo de la productividad, permitiendo avances importantes en la redistribución de la renta a favor de los beneficios. La participación de los salarios en el PIB, según la Contabilidad Nacional, cayó desde un 55,2% en 1981 al 50,3% en 1986. La intensidad de esta caída, que otras fuentes la estiman aun mayor[7], no tuvo parangón con el retroceso de los salarios que también se estaba registrando en la mayoría de los países occidentales, en plena euforia de las políticas de austeridad.

Del mismo modo, también fueron sustanciales los cambios que se introdujeron en el mercado de trabajo, facilitando los despidos y creando una multitud de fórmulas de contratación precaria, muchas de las cuales reconocían amplios beneficios a los empresarios por la creación de empleo. En 1984 se modificó el Estatuto de los Trabajadores con un sentido marcadamente neoliberal, otorgando mayores posibilidades para la rescisión de contratos y estableciendo tan amplias modalidades de contratación y con tales ventajas que los empresarios dispusieron de una variada y suculenta carta para elegir. Los efectos de esta profunda liberalización del mercado de trabajo se dejaron sentir más tarde, cuando la economía, tras emprender la recuperación, estuvo en condiciones de crear empleos, permitiendo una progresión insólita del porcentaje de asalariados sometidos a contratos precarios, reflejo tanto del crecimiento de los nuevos empleos bajo esas fórmulas como de la sustitución de trabajadores con contrato indefinido, pues éstos disminuyeron continuamente desde entonces. Al final de 1991, ese porcentaje era del 32%

---

7. Para un análisis de la distribución de la renta en aquellos años, véase Rafael Muñoz de Bustillo, *Reflexiones sobre Política Económica*, Editorial Popular, 1990. También, Jordi Roca, *Reestructuración del capitalismo en España, 1970-90*, Icaria y FUHEM, 1991.

(38% en el sector privado), cuando al final de 1987 sólo era del 18,6%, distando de la situación en la CE, cuya media (en 1989) era del 10%. En algunos sectores y para algunos colectivos, como las mujeres y los jóvenes, la tasa de empleo precario excedió ampliamente la media y alcanzó a veces cotas superiores al 50% de la ocupación.

La continuación de la reconversión industrial iniciada por los anteriores gobiernos se realizó a partir de un Libro Blanco, cuyos criterios se plasmaron en el RDL 8/1983 de Reconversión e Industrialización. En la adecuación de la economía española para la integración en la CE éste era un tema básico, pues no sólo la industria seguía arrastrando graves problemas de exceso de capacidad, excedentes de plantillas, falta de capitalización, pérdidas, atomización de las empresas, que la hacían poco apta para afrontar los mercados exteriores y la defensa del mercado interior tras el desmantelamiento de las barreras proteccionistas que se avecinaba, sino que en la propia CE se estaban ejecutando planes en el mismo sentido, por la sobrecapacidad existente en los sectores tradicionales, como siderurgia y construcción naval. De modo que, ante la pretensiones de ingreso del Estado español, los organismos comunitarios adelantaron los ajustes a los que había de someterse la industria española, siendo ocioso indicar que los recortes en los excedentes de capacidad se asignaron en función de la capacidad de presión, que no era mucha en el caso español como país aspirante.

La nueva orientación de la política de reconversión no se diferenció en lo sustancial de la aplicada con la Ley Bayón, pero endureció las condiciones para los trabajadores en lo que respecta a salarios y eliminación de puestos de trabajo, otorgó más ventajas y facilidades a los empresarios sin exigirles contrapartidas firmes y amplió los criterios para poder acogerse a la reconversión, de modo que prácticamente todos los sectores industriales podían hacerlo[8]. El mecanismo establecido consistía en que, una vez que la Administración aprobaba un plan sectorial, se creaba una Sociedad de Reconversión para gestionar su ejecución. Los accionistas eran las empresas del sector y contaban con las múltiples ayudas y los fondos aportados por el Estado y la banca pública o por las entidades financieras privadas, para lo que se fijó un coeficiente obligatorio de inversión. En el terreno laboral, para facilitar los despidos y su aceptación por los trabajadores —la resistencia de éstos fue tenaz—, se constituyeron los Fondos de Promoción de Empleo, en los que entraban los trabajadores excedentes, en situación jurídica de suspensión de contrato

---

8. La reconversión tenía carácter sectorial y daba respuesta a los casos en que el problema no era del conjunto del sector sino de algunas empresas del mismo, como por ejemplo en el caso del automóvil, en el que había empresas altamente rentables y técnicamente viables, mientras que otras fallaban por una razón u otra. El RDL comtemplaba que empresas aisladas pudieran acogerse excepcionalmente a los beneficios de la reconversión, pero ello atentaba contra la competencia, al permitir que unas tuvieran las manos libres y otras atadas para ejecutar los proyectos empresariales, por lo que no se emprendieron planes individualizados más que en el caso de empresas dominantes del mercado, como fue el caso de Explosivos Río Tinto.

Gráfico 3.2.

LA PRODUCTIVIDAD INDUSTRIAL
TASAS DE CRECIMIENTO ANUALES
Y MEDIAS MOVILES DE TRES AÑOS

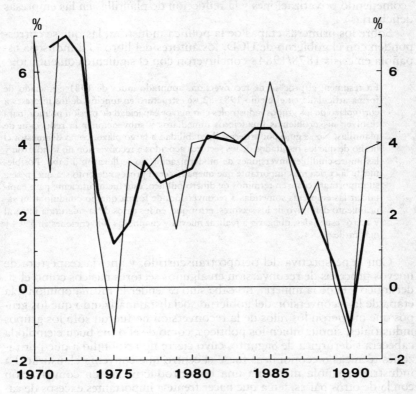

y con unas prestaciones más favorables que las del seguro de paro, hasta su posterior recolocación. En realidad, la pertenencia a los Fondos no fue más que una etapa intermedia para extinguir la relación laboral de los trabajadores afectados por la reconversión, siendo escasos los que encontraron una recolocación, pues de nuevo la política industrial no contenía medidas efectivas para la reindustrialización. Los incentivos contemplados para las llamadas Zonas de Urgente Reindustrialización, destinados a estimular la implantación de nuevas empresas en las áreas más castigadas por la reconversión, ni eran suficientes ni solventaban las causas por las que determinadas zonas industriales entraban en un declive imparable. Por otra parte, el INI, que en el Libro Blanco figuraba como un instrumento de la reindustrialización, no desempeñó ningún papel, desde el momento en que la extensión del Sector Público empresarial no entraba en los planes del gobierno, ni siquiera para compensar la destrucción de empleo en las zonas más rigurosamente afectadas por la crisis. Al contrario, el propio INI entró en el paquete de la reconversión, acometiendo privatizaciones y la reducción de plantillas en las empresas deficitarias[9].

Sobre los primeras etapas de la política industrial, las que se corresponden con el gobierno de UCD, los autores del libro «La industria española en crisis 1878/1984» concluyeron con el siguiente comentario:

> En resumen, el proceso de reconversión, apuntado antes de 1981 e iniciado de forma articulada en el bienio 1981-82, se estructuró en función de los intereses a corto plazo de los grupos industriales con mayor capacidad de presión política, para resolver sus problemas financieros inmediatos y subvencionar la reducción de plantillas. No se guió por criterios de viabilidad a largo plazo, como demuestra el hecho de que los resultados de los sectores acogidos a reconversión no mejoraron y las imprescindibles inversiones de modernización no se llevaron a cabo. Posiblemente la crítica más importante que quepa hacer al proceso descrito sea que, pese a su importante coste en términos de dinero público, éste fue insuficiente para capitalizar las empresas sometidas a reconversión, de forma que no condujo a un saneamiento definitivo de los sectores, error que, en los casos de la siderurgia integral y aceros especiales, obligaría a realizar nuevas y cuantiosas subvenciones en 1984 y más tarde.

Con la perspectiva del tiempo transcurrido, y ante la reapertura de nuevos procesos de reconversión en algunos sectores básicos como el siderúrgico y el de la minería, no cabe sino extender la misma opinión a la etapa de la reconversión del gobierno socialista, matizando que los grupos que movieron los hilos de la reconversión no fueron sólo los grupos industriales, sino también los políticos, como de ello fue buen ejemplo la cabecera siderúrgica de Sagunto, cuyo cierre no respondió a que por razones técnicas o económicas fuese el centro que convenía clausurar. La industria española mantenía una baja productividad en comparación con la de otros países, tenía que hacer frente a importantes excesos de capacidad y estaba sumida en un proceso de descapitalización. La reconversión industrial tuvo como objetivo prácticamente exclusivo reducir capacidades y aumentar la productividad a costa de las plantillas, sin que por ello la competitividad ni la estructura financiera de las empresas mejoraron significativamente. Los importantes fondos públicos comprometidos en la reconversión[10] se utilizaron fundamentalmente para in-

---

9. Para un análisis detallado de las etapas de la reconversión, de los objetivos, medios, ámbitos y recursos comprometidos, véase Miquel Navarro, *Política de reconversión: balance crítico*, EUDEMA (Ediciones de la Universidad Complutense), 1990.

10. Miquel Navarro avalúa en 3 billones de pesetas los recursos públicos absorbidos por la reconversión desde 1979, después de indicar que tal estimación esta hecha con criterios muy restrictivos.

demnizaciones por despidos, pero no se aplicaron a nuevas inversiones que mejorarasen las estructuras productivas y financieras de las empresas. Los compromisos de aportaciones privadas se incumplieron sistemáticamente, pues las ayudas estatales nunca se vincularon a las respuestas de los empresarios y éstos no juzgaron las condiciones propicias para arriesgar sus capitales en sectores y zonas de futuro incierto.

Las repercusiones de la reconversión industrial y con carácter más general la política de austeridad y de ajuste implantadas a raíz del Pacto de la Moncloa, que cobraron como se ha indicado mayor dureza desde 1982 con el gobierno socialista, permitieron enderezar la situación económica —amortiguacíon de la inflación, corrección del déficit exterior, saneamiento del aparato productivo, reducción de plantillas— y una recuperación significativa de la tasa de beneficio, que descansó más en la distribución de la renta contra los asalariados y en la eliminación del capital menos productivo que en un avance de la producción y la renta. Esta mejora no representó un cambio sustancial en la posición relativa del capitalismo español para afrontar la competencia internacional y se hizo con un gran coste para los trabajadores en muchos aspectos, en particular en el del empleo.

El período comprendido entre 1978 y 1985 estuvo caracterizado por una recesión prolongada, en la que intervinieron perturbaciones como la segunda crisis del petróleo en 1979 y factores cíclicos como la recesión generalizada internacional entre ese año y 1982, pero fueron reforzados por las políticas económicas de rigor aplicadas: el PIB durante esos años creció como media por debajo del 1%. Esta evolución, unida a las repercusiones de la reconversión, motivaron que el empleo asalariado disminuyese entre esos años en 1.200.000 puestos, de los que más de un millón se perdieron en los sectores no agrarios y, dentro de ellos, más de 700.000 en el sector industrial. El empleo no asalariado también se redujo drásticamente, en otras 400.000 personas, pero en este caso las pérdidas se concentraron en el sector agrario. En total, la caída del empleo entre 1978 y 1985 fue de 1.600.000 personas (a un ritmo anual del 1,7%), que sumadas al crecimiento moderado de la población activa en esos años, de 600.000 personas, originaron un aumento del paro de más de 2.200.000 personas, que llegó a representar el 22% de la población activa al final de 1985.

Cambios de tal magnitud en el volumen y estructura del empleo no podían dejar de tener consecuencias importantes en la productividad y

La cifra puede parecer astronómica pero no es más que una parte de los compromisos asumidos por el Estado ante la crisis económica generalizada. A dicha cifra hay que unir los costes de la crisis bancaria que asoló al sistema financiero entre 1977 y 1985, sin precedentes en ningún otro país. El tema apareció en enero de 1978 con la quiebra del Banco de Navarra y continuó con acontecimientos más importantes con los bancos Pirineos, López Quesada, Occidental, Banca Catalana, la nacionalización de Rumasa en 1983, etc. En siete años habían desaparecido 51 bancos, sin contar con las crisis posteriores de los bancos Urquijo Unión, Valencia, Garriga Nogués, y ya recientemente Ibercorp en 1992. Álvaro Cuervo en su libro *La crisis bancaria en España* (Ariel, Barcelona, 1988) estima en 1,34 billones la aportación del Sector Público para resolver la crisis bancaria.

Cuadro 3.1.

LA ECONOMIA ESPAÑOLA Y COMUNITARIA EN 1985

	Economía española	CE
Población (millones)	38,5	321,4
PIB (miles de millones de ECUS)	219	3.346
PIB *per cápita* (miles de ECUS)	5.680	10.410
Consumo privado (% PIB)	64,1	62,0
Formación Bruta de capital (% PIB)	19,2	19,1
Deflactor del PIB	8,5	6,1
Deflactor del Consumo Privado	8,2	6,0
Consumo Público (% PIB)	14,7	17,2
Participación de los salarios en el PIB (%) (a)	70,8	71,7
Exportaciones de bienes y servicios (% PIB)	22,7	30,6
Importaciones de bienes y servicios (% PIB)	20,8	29,4
Balanza por cuenta corriente (% PIB)	1,4	0,7
Tipo interés a largo plazo	13,4	10,9
Ingresos de las Administraciones Públicas (% PIB)	35,2	43,8
Gastos de las Administraciones Públicas (% PIB)	42,1	48,9
Déficit de las Administraciones Públicas (% PIB)	6,9	5,2
Tasa de paro	21,8	10,8

(a) ajustados por participación del empleo autónomo

competitividad de la economía. No obstante, a diferencia de los años que precedieron a la crisis económica, los aumentos de productividad y el cierre de la brecha que separaba a la economía española del nivel medio de productividad en la CE no se lograron por un aumento del producto y de la inversión, sino por una drástica reducción del empleo, con un aumento muy moderado del producto. El crecimiento de la productividad de la economía española fue en el período de la reconversión industrial más alto que el de la europea, pero la productividad es un cociente entre el producto y el empleo que tiene significados y consecuencias muy distintos según sean las causas de su variación. Puede crecer de modo pasivo, a través de la desvalorización del capital menos eficiente y de la destrucción de empleo, pero este aumento no reduce las diferencias tecnológicas con los países competidores, o puede crecer activamente, a través de la capitalización, del aumento de la relación capital/trabajo, de la renovación del capital y la incorporación de nuevas tecnologías. Sólo por esta vía podía acortarse el retraso con los países competidores, y este no fue el modo en que se redujo el desfase de productividad con los países de la CE en el período previo a la entrada española. En el sector industrial, decisivo en el tema de la productividad y competitividad de toda economía, durante el período 1978-84 la productividad aumentó en un 13%, pero ello se debió a una caída del valor añadido del 13% y a una disminución del empleo del 23%. La inversión en la industria durante esos años decreció a un ritmo medio anual del 4,3%.

3.6. *Contrastes*

En 1985, el año previo a la incorporación del Estado español a la CE, la población española era de 38,5 millones de personas, aproximadamente el 12% de la población de la Europa de los «doce». El PIB español ascendía a 28.2 billones de pesetas, equivalentes a 219 miles de millones de ECUS, que representaban el 6,5% del PIB de la CE. Por consiguiente, el producto *per cápita* del Estado español era un poco más de la mitad de la media de la CE, exactamente el 54,6%, ocupando uno de los últimos lugares, sólo por delante de Portugal y Grecia, y distando considerablemente de algunos países, como Dinamarca, Alemania, Francia y Holanda, cuyos productos *per cápita* superaban ampliamente el doble del español. Para equipararse a la media europea, la renta *per cápita* en 1985 tendría que haber sido un 80% superior a su nivel de entonces.

Si nos atenemos a la productividad, en la CE el producto por persona ocupada era en 1985 de 28.600 ECUS, en tanto que en la economía española era de 22.400 ECUS, el 78% de la comunitaria, o lo que es lo mismo, para equipararse a la media de la CE, la productividad española tendría que haber sido un 28% más elevada. Con esta brecha en los niveles de productividad, rémora fundamental a la hora de competir en mercados abiertos, el capitalismo español iba a iniciar su aproximación a la CE desmontando las barreras proteccionistas que hasta entonces había mantenido.

Que la diferencia entre los niveles medios comunitarios y español fuese menor al comparar la productividad que el PIB *per cápita* significa simplemente que la tasa de ocupación (numero de personas empleadas en relacion con la poblacion mayor de 16 años) era más baja en el Estado español, 37,0%, que en la CE, 49,1%. Esto respondía a su vez a que la tasa de actividad (relación entre la población activa y la población en edad de trabajar) era más baja en el Estado español que en la CE y a que la tasa de paro (porcentaje de la población desocupada sobre la población activa) era más alta. La tasa de actividad de la población española era en 1985 del 47,4%, en tanto que la tasa media de la CE era del 54,4%, derivando la diferencia fundamentalmente de la distinta tasa de actividad de las mujeres. La tasa de paro eran en aquel año del 21,9% y del del 9,6%, respectivamente[11].

La estructura del gasto en la economía, en cuanto a su distribución entre consumo e inversión, no difería significativamente entre la Europa comunitaria y el Estado español, si bien el tráfico exterior de la economía, los intercambios de bienes y servicios, representaban un porcentaje menor del PIB en el caso español que en el conjunto de la CE, reflejando el aislamiento y proteccionismo del pasado de la economía española frente al proceso de integración vivido por las economías europeas, que tan decisivamente había fomentado el comercio intracomunitario. Las importaciones españolas provenientes de los países de la CE representaban el 37% del total (el 54% en el caso de los productos no energéticos), en tanto que se dirigían a la Comunidad el 52% del total de las exportaciones. Al margen de la composición del comercio exterior con la CE, integrado como media por productos de mayor nivel tecnológico en el caso de las importaciones que de las exportaciones, el saldo comercial era ligeramente favorable a la economía española. En 1985, la balanza por cuenta corriente española registró un superávit equivalente al 1,4% del PIB, mayor que el superávit medio de la CE , 0,7% del PIB, aunque se registraban resultados muy dispares por países.

El peso de las Administraciones Públicas en la economía era inferior a la media comunitaria, representando los ingresos públicos el 35,2% del PIB frente al 43,8% de media en la CE, y los gastos públicos el 42,1% frente al 48,9%. La diferencia en estos últimos se explicaba sobre todo por el menor peso del consumo público y las prestaciones sociales, ya que la inversión pública en términos del PIB era superior en el caso español. Tanto la economía española como la de la mayoría de los países comunitarios arrastraban significativos déficits públicos, más acusado en el caso español que en la media de la CE, aunque el endeudamiento del Sec-

---

11. Las tasas de ocupación y actividad de la CE se refieren a la población mayor de 14 años, por lo que, en comparación con las españolas, están sesgadas ligeramente a la baja, puesto que los jóvenes entre 14 y 16 años tienen tasas de ocupación y actividad por debajo de la población de más edad. En cifras homogéneas, en 1985, las personas ocupadas representaban respecto a la población total el 28,9% en el caso de la economía española frente a una media del 40,8% en el caso de los cuatro principales países de la CE —Alemania, Francia, Italia y Gran Bretaña—.

tor Público era inferior, el 45% del PIB frente al 76% como media en la CE, si bien entre los países comunitarios se daban fuertes diferencias. Como también ocurría en los niveles de inflación, en que el deflactor del PIB creció el 8,5% en la economía española frente al 6,1% de media en la CE, pero con valores extremos del 21,7% en Portugal y el 1,8% en Holanda (2,2% en Alemania).

Estas comparaciones muestran un retraso considerable de la economía española en relación con la media europea en cuanto a desarrollo económico, nivel de bienestar y capacidad para competir. También la economía española mostraba mayores desequilibrios (a excepción del superávit de la balanza de pagos, al que no era ajeno el prolongado período de estancamiento vivido hasta entonces), que normalmente reflejan el propio retraso económico y las tensiones que soporta un país relativamente débil en lo económico y poco avanzado en lo social. Con este bagaje, la economía española emprendió la aventura de su integración en la CE.

4

LA ENTRADA EN LA CE

Para la economía española, la entrada en la CE en 1986 representó un cambio radical en sus relaciones con el exterior. La integración en una unión aduanera, según los términos del acuerdo de adhesión suscrito, implicó un desmantelamiento rápido de la protección del mercado interior al tenerse que eliminar los aranceles y las restricciones cuantitativas al comercio con los países de la CE y que reducir los derechos aduaneros frente a terceros países, para adaptarlos a la Tarifa Exterior Común aplicada por la Comunidad. Por otro lado, coincidiendo con la incorporación española, la CE puso en marcha, con la aprobación del Acta Única, un proyecto para lograr un mercado único en el que la libre circulación de mercancías, servicios, capitales y trabajadores fuese plena. El desarrollo del Acta Única implicaba la creación de un espacio extremadamente competitivo, en el que tenían que suprimirse el resto de los mecanismo de protección del mercado interior y replegarse el Estado en su intervención económica para dejar el campo libre al sector privado.

De este modo, el capitalismo español, al adherirse a la CE en un momento en que ésta emprendió una nueva etapa en la integración como un paso intermedio en el proyecto de lograr una unión monetaria y económica, aceptó un reto complicado, cuyos resultados y consecuencias eran bastante problemáticos por su retraso histórico y la debilidad de las estructuras productivas en comparación con los principales países comunitarios. Al mismo tiempo, al admitir una apertura prácticamente total frente al exterior y vincularse a las instituciones comunitarias, se estrechó el margen para llevar a cabo una política económica autónoma, cuando los problemas económicos y sociales del país distaban de parecerse a los que existían en los principales países comunitarios, los cuales dictarían la política conjunta a seguir.

La política económica en los años previos a la integración estuvo caracterizada por la austeridad para remontar la crisis abierta en 1974, pero también, como se ha visto en el capítulo anterior, se procuró preparar a la economía para afrontar su incorporación a la CE. El aparato productivo sufrió una profunda reconversión, bastante traumática social y económicamente, por la que se redujo la capacidad productiva de algunos sectores y se desmantelaron muchas empresas, incapaces de resistir la crisis de sobreproducción y de sobrevivir bajo las nuevas condiciones de competencia y de falta de apoyos institucionales que impondría la Comunidad. No obstante, a pesar de los ajustes previos que se acometieron para acomodar la estructura productiva a la realidad del Mercado Común, desde el primer momento se pusieron de manifiesto las dificultades que la integración presentaba, lo costoso que podía resultar el reto asumido y los riesgos de que el proyecto provocase un retroceso del potencial económico, una destrucción del tejido productivo, una dependencia exterior asfixiante y una pérdida excesiva de autonomía para la política económica. La balanza de pagos, y muy en especial la balanza comercial, registraron desde el principio un intenso deterioro que, con independencia de otras causas, reveló las rémoras de la economía española para afrontar una eliminación de sus barreras proteccionistas tan rápida como impuso el acuerdo de adhesión a la CE y la adaptación al Mercado Único.

Un balance definitivo de la integración en la CE en el terreno económico —las consideraciones de otro orden, que tan determinantes fueron en las posiciones del gobierno socialista, escapan al contenido de este libro—, requiere de mayor perspectiva que la que proporciona el tiempo transcurrido desde el momento de la adhesión, sin embargo, es posible ya extraer algunas conclusiones que justifican los temores que surgieron entonces, la preocupación de que el Mercado Único resulte asfixiante para la economía española y la sospecha de que no esté en condiciones de soportar los ritmos y exigencias previstos en el Tratado de Maastricht para llevar a cabo la unión monetaria.

En este capítulo se valora el significado de la integración en la CE en el proceso de apertura de la economía española, se examina el contenido del acuerdo de adhesión y se analizan las repercusiones que la incorporación tuvo sobre la economía, con especial atención a las consecuencias sobre el sector exterior.

4.1. *Nuevo hito en la apertura exterior*

En la internacionalización de la economía española se han destacado como hitos el Plan de Estabilización de 1959 y el Acuerdo Preferencial con la CE en 1970. Con el Plan se cerró el período de autarquía y aislamiento abierto tras la Guerra Civil y se crearon las condiciones para incorporarse a la onda larga expansiva del capitalismo a escala mundial. El Acuerdo, por sus cláusulas favorables, propició una expansión sostenida de las exportaciones españolas en unos momentos difíciles, tras la primera crisis del petróleo y el cambio de tendencia de la economía internacional en los primeros años de la década de los setenta. Un tercer hito en ese proceso fue indiscutiblemente la adhesión a la CE, el cual, incluso, cabe interpretarlo como un acontecimiento histórico de mayor trascendencia por las implicaciones que tendrá en el futuro de la economía y de la sociedad españolas.

Las diferencias de contexto, contenido y repercusiones entre, por una parte, el Plan de Estabilización y el Acuerdo Preferencial y, por otra, la adhesión a la CE, son significativas como para valorar que abrieron etapas históricas distintas. Cabe resaltar en primer lugar que mientras el Plan y el Acuerdo Preferencial surgieron durante una fase cíclica favorable de la economía mundial, la integración en la CE se desarrolló cuando la crisis económica actual ya se había desencadenado. Esta diferencia adquiere todo su relieve considerando que si el Plan permitió a la economía española beneficiarse subsidiariamente del auge de la economía europea y el Acuerdo dio ventajas para penetrar en los mercados europeos, la incorporación a la CE representó un desarme de la economía española no suficientemente compensado por las contrapartidas comunitarias en unos momentos de agudización de la competencia internacional. En segundo lugar, mientras el Plan y el Acuerdo preferencial pueden concebirse como hechos aislados que configuraron un nuevo marco estable de relaciones internacionales, la adhesión a la CE abrió un período prolongado de apertura y desarme, sin fechas en muchos aspectos definitivas, sin etapas claramente fijadas y sin objetivos totalmente definidos. Después del Mercado Único, el proceso de integración europea, con independencia de la incertidumbre que lo rodea, proseguirá con el proyecto de la unión monetaria y económica, estando vinculado plenamente el capitalismo español a los avatares de la construcción europea, cuyos resultados finales y los ritmos de ejecución tienen grandes interrogantes. Por último, cabe destacar que mientras el Plan y el Acuerdo Preferencial no implicaron dejación de soberanía política, o, si se quiere, de autonomía económica, el acuerdo con la CE, el desarrollo del Acta Única y, sobre todo, los compromisos sobre la unión monetaria y económica entrañan una pérdida paulatina de la independencia económica y la supeditación a la política e instituciones comunitarias, dominadas y regidas por los países más potentes de la CE.

El alcance de estas diferencias cobrarán relieve después del examen del contenido del acuerdo de adhesión, de las repercusiones que tuvo en la evolución del sector exterior y de los problemas que aparecieron ligados a la rápida apertura y a la vinculación al SME.

4.2. *El acuerdo de adhesión*

Los compromisos adquiridos con la adhesión a la unión aduanera de la CE —supresión de los derechos arancelarios en el comercio con los países comunitarios, adopción de la Tarifa Exterior Común, eliminación de las trabas a la libre competencia y la formación de precios— suponían por sí mismos un acuerdo difícil y desfavorable para la economía española, en la medida en que tenía que suprimir la alta protección exterior frente a los países de la CE y el resto del mundo, recibiendo como contrapartida el desarme arancelario de la CE, mucho menos proteccionista que el español. Sin embargo, la valoración del acuerdo no puede hacerse ponderando sólo las concesiones mutuas en el terreno del desarme arancelario. En parte porque, como se ha visto, una de las razones de la falta de competitividad de la economía española y de la debilidad de su aparato productivo fue el excesivo proteccionismo y la carencia de los estímulos de la competencia exterior, de modo que un programa de eliminación progresiva de la protección proporcionaba un acicate para el desarrollo más eficiente de la economía, siempre beneficioso. Y, en parte también, porque en el momento de la incorporación española, la CE había dejado de ser sólo una unión aduanera y tenía ya una política común en diversos campos, desde la política agraria a los acuerdos monetarios, de manera que la adhesión significaba asumir otros compromisos, en cuya fijación era decisiva la capacidad negociadora de ambas partes, no siendo indiferentes para la economía española los plazos de la integración y las exigencias y concesiones comunitarias.

Antes de la entrada española, se vivía una situación difícil en el seno de la CE. La contradicción entre los intereses de las burguesías europeas por forzar una unidad económica y política que facilitase el desarrollo y la competitividad del bloque del capitalismo europeo frente a Estados Unidos y Japón y las ventajas que cada burguesía, con sus complejos sectores internos, obtiene de la existencia de un Estado protector propio, estaba avivada por los estragos que la larga crisis económica había hecho en todos los países, ahondando las diferencias entre ellos y agudizando los conflictos. Graves desequilibrios económicos recorrían la Comunidad y tensiones de todo tipo —presupuestarias, de excedentes agrícolas, de sobrecapacidad productiva, de paro— latían en su seno. En estas condiciones, la incorporación española era un tema secundario para los países de la CE y cada uno de ellos, por la capacidad de veto de que disponía al decidirse la ampliación, estaba en condiciones de cubrirse de los perjuicios que pudiera causarle y de forzar la defensa de sus intereses frente a los del país aspirante.

Por parte española la situación era radicalmente diferente. El proyecto de los sectores más influyentes del capital y el de todas las fuerzas políticas significativas, en particular del PSOE, era la integración en Europa, sin perjuicio de que surgieron desacuerdos y resistencias cuando se fueron perfilando los costes, riesgos y sectores afectados con la adhesión. Este carácter estratégico y prioritario de la integración para las fuerzas políticas y económicas dominantes, enfrentado al carácter secundario que el tema tenía para la CE y a la fuerza que cada país tenía para proteger sus intereses, se vieron inevitablemente reflejados en el contenido de los acuerdos. Si a ello se une la precipitación con que la parte española tuvo que negociar en los últimos meses para permitir al gobierno del

PSOE, ante el referéndum sobre la OTAN, contar con la entrada en la CE como contrapartida, no debe extrañar que el acuerdo reflejara crudamente las exigencias impuestas por los países de la CE.

En el núcleo del acuerdo, lo referido al desarme arancelario y la eliminación de barreras para el libre comercio, deben distinguirse los sectores industrial y agrícola, no sólo porque tuvieron tratamientos diferentes sino porque si en el sector industrial las ventajas de la eliminación de trabas favorecía los intereses comunitarios, con una industria en conjunto mucho más competitiva y mejor dotada que la española, en el sector agrícola, en algunas producciones importantes como las frutas y verduras, el potencial español en términos productivos y competitivos dominaba a la CE. El acuerdo fue muy asimétrico en contenido, plazos y previsión para estos dos sectores, lo que equivale a decir que fue discriminatorio con los intereses españoles frente a los de la CE.

En el sector industrial, el Estado español se comprometió a llevar a cabo una reducción escalonada de los derechos arancelarios aplicados a los países de la CE. Se inició en enero de 1986 y tras ocho rebajas se culminó en enero de 1993. Por otro lado, se eliminaron todas las restricciones cuantitativas, con algunas excepciones significativas —televisiones en color, tractores, textiles de algodón— cuyos contingentes se incrementarían paulatinamente al principio de cada año. Por lo que respecta a terceros países, los aranceles españoles tuvieron que adaptarse automáticamente a la Tarifa Exterior Común si no superaban el 15% de ésta, o, en caso contrario, adaptarse escalonadamente con un ritmo temporal equivalente al aplicado para la supresión de aranceles frente a la CE. Para los países con los que la CE tenía acuerdos preferenciales, la adaptación se hizo a partir del arancel que el Estado español aplicaba a la CE. Por tanto, el desarme arancelario del acuerdo no sólo se extendió a los países de la CE sino que, en la medida que la protección española tuvo que rebajarse para equipararse a la comunitaria, se extendió al resto de los países. La intensidad del desarme, por otra parte, fue mayor que la sugerida por las modificaciones de los derechos aduaneros ya que, desde el momento de la integración, el IVA sustituyó al ITE (Impuesto sobre el Tráfico de Empresas) y al Impuesto Compensatorio de Gravámenes Interiores (impuestos indirectos sobre las importaciones), que constituía una barrera adicional en la protección del mercado interior.

Por parte comunitaria, se llevó a cabo una reducción arancelaria según un calendario equivalente al aplicado por el Estado español, si bien los derechos no superarían en ningún caso a los aplicados a terceros países beneficiados por la cláusula de nación más favorecida. Se suprimieron también todos los contingentes, con alguna mínima excepción. Pese a la simetría formal de las concesiones por ambas partes, el alcance de la eliminación de las barreras al comercio exterior no era equiparable, pues los derechos arancelarios y las restricciones cuantitativas eran sensiblemente más elevados en el caso español que en la Comunidad y por parte española la liberalización se extendió al resto de los países para acomodarse al nivel de protección de la CE. La desigualdad del acuerdo se puso pronto de manifiesto en los resultados del comercio exterior y vino a ser reconocida por la Comunidad cuando en 1989 decidió adelantar el cumplimiento de las fases pendientes del desarme arancelario. Por otra parte, la adhesión supuso para la economía española la perdida de mercados exteriores tradicionales, pues, como ocurría con América latina, el acuerdo de integración implicaba la renuncia a acuerdos comerciales preferenciales que había con los países de aquella zona. La adhesión por tanto representó un aumento de las importaciones industriales y tuvo un impacto negativo sobre las exportaciones.

Los acuerdos en el sector agrario fueron más complejos, dilatados e imprecisos y contuvieron más cláusulas de excepción y transitorias. Este sector era el más regulado y protegido de la CE y la incorporación española agravaba los problemas de sobreproducción, ocasionando perturbaciones considerables que atentaban contra los intereses de sectores sociales muy fuertes y de gran influencia política en algunos países de la Comunidad. Téngase en cuenta que la agricultura española suponía incrementar en un 30% la superficie cultivable de la CE, en un 25% la mano de obra agrícola y en un 32% el número de explotaciones, mientras que el número de consumidores aumentaba en un 14%, con un nivel de renta sensiblemente más bajo que la media europea.

Se estableció un período general transitorio de siete años (como en el sector industrial) para la unión aduanera y la acomodación de precios, pero las excepciones, por su importancia, constituyeron lo más destacado del acuerdo. Para las frutas y verduras y las materias grasas vegetales, de sumo interés para las exportaciones españolas, el período transitorio se amplió a diez años, comprendiendo dos fases, y sólo en la segunda se produciría la verdadera liberalización de los intercambios, aunque no sin cautelas y cláusulas de salvaguardia para preservar los intereses de algunos países de la Comunidad. También se fijaron regímenes especiales para el vino, el azúcar, los cereales y el tabaco y los productos ganaderos. En estos últimos, la posición productiva española era desfavorable, procurando el acuerdo impedir una invasión de los mercados interiores por la producción comunitaria a través de fijar contingentes para la leche y derivados y para la carne de vacuno. En líneas generales, el contenido del acuerdo del sector agrario fue, aparte de complicado técnicamente, bastante restrictivo en los sectores y productos conflictivos. No tenía una aplicación lineal y su culminación quedaba indeterminada en algunos aspectos. Puede afirmarse que los intereses agrarios de los países comunitarios quedaron debidamente salvaguardados en detrimento de los españoles, a través de las excepciones al principio de librecambio que domina en la Comunidad y de los ajustes productivos a que se vio sometida la agricultura española para mitigar los problemas de sobreproducción que padecía la CE. Como ocurrió en el sector industrial, los datos del comercio exterior vinieron a poner de manifiesto la falta de ecuanimidad del acuerdo. Con el tiempo, la Comunidad trató de compensar al Estado español permitiendo que la integración del sector agrícola fuese casi plena a partir de 1993, dos años antes y más completa de lo previsto, aunque subsistieron algunas limitaciones para la exportación de seis productos hortofrutícolas y se buscó una solución de compromiso para el problema del plátano canario (más caro que el latinoamericano y por consiguiente necesitado de protección).

4.3. Los efectos sobre el comercio exterior

La entrada en la CE en 1986 coincidió con una recuperación de la economía española, después de un largo período de muy débil crecimiento iniciado en 1974 con la crisis económica mundial. Con algún retraso con respecto a la mayoría de las economías occidentales, la demanda interior y la actividad cobraron un fuerte impulso, en el que influyó de algún modo la propia incorporación a la CE, al disiparse las dudas existentes sobre ella y aclararse los términos en que se producía la adhesión. El Estado español entró a formar parte de la unión aduanera, se sumó a los proyectos de unidad europea, vinculando su destino y estrechando relaciones con el resto de las economías de la CE, lo que llevó a las empresas de dentro y fuera del país a revisar sus proyectos y planificar sus inversiones para adaptarse a la nueva realidad. La incorporación a la CE contribuyó a una mejora de las expectativas, que vino a sumarse a los estímulos provenientes de la recuperación económica internacional mundial y a una relajación de la política de austeridad que había dominado el período precedente.

El giro en la evolución económica interior tenía que tener repercusiones importantes en los intercambios con el exterior y en el saldo de la balanza de pagos, pero en esta ocasión la reactivación se producía en unas nuevas condiciones, determinadas por el choque de la apertura exterior derivada del acuerdo de adhesión a la CE. En los años transcurridos desde entonces, el comercio exterior experimentó fuertes cambios originados principalmente por el comportamiento de las importaciones, que afectaron decisivamente al equilibrio de la balanza de pagos.

En la descripción de la evolución del comercio exterior desde 1986 (según los datos de Aduanas), cabe distinguir dos períodos. El primero, que comprende los cuatro primeros años, desde 1986 a 1989, durante el cual la economía mantuvo una fuerte expansión de la demanda y en el que se concentró el impacto de la apertura exterior, y el segundo, los años siguientes, en el que la economía fue adentrándose en una recesión, siendo ya más livianas las repercusiones de la apertura, pues sólo quedaban por cumplirse las últimas etapas del desarme arancelario. En los cuatro primeros años, el déficit comercial pasó de 1 billón de pesetas en 1985 a 3,3 billones en 1989. La diferencia, 2,3 billones, fue el resultado de una mejora en el saldo de los productos energéticos de 0,7 billones, motivada por la caída abrupta del precio del petróleo en 1986, reforzada por la depreciación del dólar, y un empeoramiento de 3 billones de los productos no energéticos. Este empeoramiento del saldo comercial afec-

Gráfico 4.1.

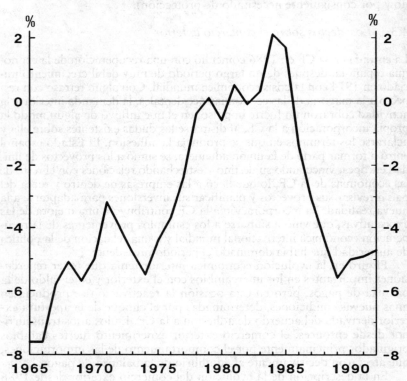

tó a todos los grupos de productos[1], con alguna insignificante excepción, y a todos los países y zonas[2], a excepción de los pequeños países de la CE, revelando en conjunto un importante retroceso de la posición exte-

1. La variación del saldo de los productos no energéticos entre esos años vino explicada en un 43% por el empeoramiento del déficit de los bienes intermedios, en un 32% por el aumento del déficit de los bienes de equipo, y en un 27% por los bienes de consumo, si bien en este caso el cambio significó una disminución del superávit.
2. Ateniéndose al saldo comercial de los productos no energéticos por zonas y países, cabe resaltar que, tanto para la CE como para el resto del mundo, se pasó de un superávit en 1985 a un déficit en 1989, explicándose el empeoramiento casi a partes iguales entre la CE y el resto. En la CE destacó el retroceso con Alemania, y también con Italia y Francia, países con los que se invirtió el signo del saldo comercial.

rior, en el que confluyeron un fuerte aumento de la propensión a importar y una débil expansión de las exportaciones. La profundidad del cambio que se produjo en el déficit comercial en tan breve período también se pone de manifiesto considerando que el déficit pasó de representar el 3,6% del PIB en 1985 al 7,2% en 1989, el más alto relativamente entre los países occidentales[3]. Si esta comparación se realiza en términos constantes —aplicando las tasas de crecimiento reales al comercio exterior y el PIB en cada año—, para eliminar los efectos de las grandes variaciones de precios habidas en el cuatrienio, el déficit comercial pasó del 3,3% del PIB en 1985 al 14% en 1989.

La evolución del déficit comercial durante esos años estuvo en gran medida determinada por la evolución de las importaciones. Al margen de las importaciones de los productos energéticos, cuyos resultados dependen sobre todo de las condiciones de los mercados internacionales de estos productos, las importaciones del resto de las mercancías experimentaron un crecimiento insólito, reflejando un aumento intenso de la propensión a importar o, dicho de otra forma, una penetración aguda de los productos extranjeros en el mercado interior. Si entre 1985 y 1989 el PIB creció en términos monetarios a una tasa anual del 12,4%, las importaciones no energéticas crecieron a una tasa del 22,6%, pasando la relación entre las importaciones no energéticas y el PIB del 11,6% en 1985 al 16,4% en 1989. En términos reales, el PIB creció durante el cuatrienio a una tasa anual del 4,6%, en tanto que las importaciones aumentaron a un ritmo anual del 17,5%.

El crecimiento fue muy dispar ateniéndose al destino final de los bienes importados, pues mientras las importaciones de bienes de consumo aumentaron a una tasa anual del 38,6% (con incrementos espectaculares en el caso de algunos bienes duraderos, como el 61,7% de los automóviles), y las de bienes de equipo aumentaron a la tasa anual del 31,7%, las importaciones de bienes intermedios, *inputs* de los procesos productivos, crecieron sólo a un ritmo anual del 15,1%. El intenso crecimiento de las importaciones se debió, por tanto, fundamentalmente, al comportamiento de las importaciones destinadas a cubrir la demanda final interior. A este respecto, cabe mencionar que el crecimiento de las importaciones de consumo fue 3,2 veces superior al aumento del consumo privado y que el crecimiento de las importaciones de bienes de equipo duplicó al de la inversión bruta en capital fijo. En 1985 las importaciones de consumo representaban el 2,6% del consumo privado, en tanto que en 1989 supusieron el 6,2%. Las importaciones de bienes de inversión en relación con la formación de capital se elevó entre esos años del 11 al 16,4%.

Como consecuencia de la caída de las importaciones no energéticas y el desigual incremento de las del resto de los bienes en el período, la com-

---

3. El déficit en 1989, valorado en dólares, fue de 27.000 millones. El déficit comercial de Estados Unidos ese año fue de 113.000 millones, pero sólo representaba el 2,3% del PIB, y el de Gran Bretaña fue de 45.000 millones, equivalentes al 5% del PIB.

posición de las importaciones por grupos de productos experimentó un cambio sensible[4], del mismo modo que se modificó sustancialmente la estructura de las importaciones por países de origen. Así, mientras las importaciones no energéticas provenientes de los países de la CE se incrementaron a una tasa anual del 27,8%, las del resto del mundo crecieron al ritmo anual del 15,6%, de manera que las de la CE pasaron del 54 al 64% del total en esos años. A su vez, tuvieron lugar grandes diferencias entre los distintos países de la Comunidad —oscilando la tasa anual entre el 39% de Italia y el 19% de Gran Bretaña— y entre los demás países del resto del mundo: la tasa anual de las importaciones provenientes de Estados Unidos solo fue del 10%, en tanto que la de los nuevos países industrializados (los NIC) llegó al 41%.

Comparada con la trayectoria explosiva de las importaciones, la evolución de las exportaciones no sólo estuvo lejos de ser excepcional, sino que mostró resultados muy modestos. Aunque los productos energéticos tenían una importancia secundaria, sus reducciones de precios en 1986 no dejaron de reflejar una evolución significativamente diferente en las exportaciones españolas según se incluyeran o se excluyeran dichos productos. Las exportaciones totales sólo crecieron en el período a una tasa anual del 5,7%, combinando una disminución del 9,3% de los productos energéticos y un aumento del 6,9% de los no energéticos. En términos del PIB, las exportaciones de mercancías retrocedieron desde el 14,6% de 1985 al 11,4% en 1989. Si la comparación se realiza en términos constantes, no hubo retroceso, pues la tasa anual de crecimiento real, el 4,7%, coincidió con la del PIB, si bien ese resultado combinó unos datos muy adversos en 1986 (caída del 3%) y una recuperación en el trienio siguiente, con un crecimiento anual medio del 7,4%. El comercio mundial creció durante el cuatrienio a una tasa anual del 6,7%.

Este modesto crecimiento de la exportación en aquellos años fue acompañado de una evolución más favorable en su composición, registrándose incrementos más altos en los productos que incorporan mayor valor añadido y de mayor nivel tecnológico. Los bienes de capital aumentaron a una tasa anual del 10,4%, los bienes de consumo a una tasa del 8,0% (con los automóviles a una tasa del 13,3%), mientras que los productos intermedios no energéticos aumentaron a la tasa del 5%. En cuanto a su evolución por zonas de destino se observó, como ocurrió con las importaciones, un contraste acusado entre las dirigidas a los países de la CE y el resto del mundo. Las primeras crecieron a una tasa anual del 14,5%, con algunas diferencias apreciables por países, mientras que las dirigidas al resto de los países disminuyeron a un ritmo anual del 4,7%, con diferencias aún más marcadas, pues al tiempo que aumentaron las

---

4. En 1985 las importaciones energéticas representaban el 36% del total, frente a sólo el 12% en 1989. Los bienes de consumo pasaron del 9 al 21%, salto explicado en gran medida por los bienes duraderos. Los bienes de capital igualmente aumentaron sensiblemente su ponderación desde el 11 al 21%, en tanto que los bienes intermedios pasaron del 44 al 47%.

exportaciones a Japón o a los NIC y se mantuvieron las destinadas a los países de América Central y del Sur, se produjeron caídas apreciables de las ventas a Estados Unidos, los países del COMECON y de la OPEC. Tras estos resultados, la CE absorbió en 1989 el 67% de las exportaciones, cuando el porcentaje en 1985 fue del 52%.

La evolución del comercio exterior traspasado el primer cuatrienio desde la entrada en la CE fue menos explosiva y más acorde con las pautas históricas de las relaciones entre la evolución económica interior y el comercio exterior. No obstante, todavía se registró un aumento de las importaciones más alto de lo que cabía esperar por la depresión en que fue entrando la economía y siguió ampliándose ligeramente el déficit comercial a pesar de que las exportaciones mejoraron sus resultados. A partir del desnivel entre las importaciones y las exportaciones al que se llego en 1989, en que las segundas eran poco mas del 60% de las primeras, para que no aumentase el déficit era necesario que las exportaciones crecieran 1,7 veces al ritmo al que crecieran las importaciones.

En 1992, el déficit comercial fue de 3,6 billones, frente a los 3,3 billones de 1989. El crecimiento anual medio de las importaciones en el trienio 1990-92 fue del 6,7%, en tanto que el PIB nominal creció a una tasa anual del 9,2% y la demanda nacional el 9,1%. En términos reales, sin embargo, el crecimiento de las importaciones fue del 8% anual, en tanto que el PIB sólo creció el 2,3% y la demanda nacional el 3%. La débil actividad y la caída de la demanda, en particular de la inversión, no evitaron, por tanto, que prosiguiese la penetración de los productos extranjeros en el mercado interior, nuevamente sobre todo en los bienes destinados al consumo y la inversión. Así, por ejemplo, las importaciones de bienes de consumo crecieron en el trienio a una tasa anual del 17,5%, en tanto que el consumo privado aumentó a una tasa del 9,4%. En el caso de las importaciones de bienes de equipo, sólo disminuyeron en 1992, a pesar del hundimiento de la inversión a partir de 1990.

En estos últimos años, no podía justificarse el crecimiento de las importaciones por el empuje de la demanda, debiéndose su comportamiento al impacto final del desarme arancelario y la supresión que restaba de los contingentes y a la evolución de la peseta, cuya firmeza en los mercados hasta la crisis del SME en septiembre de 1992 favoreció las importaciones. En estos años, nuevamente fueron las importaciones provenientes de la CE las que registraron mayores crecimientos a pesar de que la cotización de la peseta se apreció menos frente a las monedas comunitarias que frente al resto de las monedas.

Las exportaciones no se vieron estimuladas por la evolución del tipo de cambio de la peseta. Sin embargo, los resultados en el trienio 1990-92 fueron favorables por la debilidad de la demanda interna, la anticipación del desarme comunitario (las exportaciones a la CE crecieron más que el resto), por los avances productivos obtenidos tras el intenso proceso inversor de los años anteriores y del destacado puesto que cobró la industria del automóvil, cuyas exportaciones con respecto al total pasaron del

8,8% en 1986, al 11,6% en 1989 y al 16,8% en 1992. En el trienio, las ventas exteriores crecieron a una tasa anual del 8,7% en términos monetarios y del 8,2% en términos reales.

4.4. Las causas del déficit comercial

Ante una evolución del comercio exterior desde 1986 como la descrita, tan desequilibrada y al mismo tiempo tan insostenible a medio plazo, un diagnóstico certero sobre sus causas evitaría que la política económica diese palos de ciego. Una interpretación equivocada de lo ocurrido podría conducir a tomar decisiones muy perjudiciales para la actividad y el empleo ante el problema, siendo la necesidad de un diagnóstico correcto tanto más ineludible cuanto que existió una extraña unanimidad en imputar a la recuperación durante esos años y a lo que se calificó como una situación de exceso de demanda y de «recalentamiento» de la economía el desequilibrio exterior alcanzado, desdeñándose los efectos que tuvo la rápida apertura exterior según el acuerdo de adhesión a la CE[5]. Con las versiones dominantes, el déficit comercial y el déficit de la balanza por cuenta corriente tendrían que corregirse fundamentalmente a través de deprimir la economía, pero se necesitarían dosis de caballo de medidas restrictivas para lograr resultados tangibles si, como puede demostrarse, parte de los problemas surgieron del ritmo excesivo al que se llevó a cabo el desmantelamiento de la protección del mercado interior.

a) Los efectos de la recuperación

Está fuera de toda duda que la recuperación económica influyó decisivamente en el comportamiento del comercio exterior. Las importaciones están estrechamente relacionadas con la actividad y la demanda, sobre todo con la inversión, que fue el componente más dinámico de la demanda en aquellos años. Las exportaciones dependen también de la demanda interior, en la medida en que para las empresas un mercado interno activo reduce la necesidad de encontrar mercados externos. La relación entre las importaciones y la coyuntura interna es rotunda y así lo han recogido los muchos estudios econométricos realizados. En ausencia de otras causas, la recuperación económica de 1986, por tanto, habría conducido a un empeoramiento significativo del déficit comercial. Un estudio del Banco de España atribuía a la evolución de la demanda un 50% aproximadamente del crecimiento real de las importaciones no energéticas habido en el período 1986-88[6]. Sin embargo, la diferencia de la evolución del comercio exterior entre esta recuperación y otras fases

---

5. No se puede descartar que el diagnóstico no fuese erróneo sino que coincidía con los intereses del gobierno: pagar un precio por la integración a cambio de poder disciplinar la economía y favorecer la aplicación de la estrategia neoliberal.

6. Véase «La Balanza de pagos española en el entorno comunitario»: *Boletín Económico de noviembre de 1989.*

Gráfico 4.2.

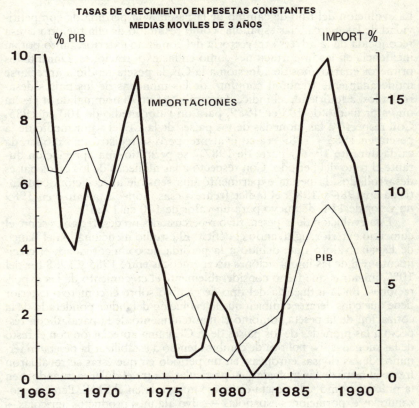

LAS IMPORTACIONES Y EL PIB NO AGRARIO
TASAS DE CRECIMIENTO EN PESETAS CONSTANTES
MEDIAS MOVILES DE 3 AÑOS

expansivas vividas por la economía española fue notoria, pudiéndose afirmar que el crecimiento de las importaciones debido a otras causas distintas al empuje de la demanda fue lo que dio especificidad a la trayectoria del déficit comercial en la expansión iniciada en 1986 y lo que explica, en el margen, el nivel insostenible que alcanzó dicho déficit. Si el crecimiento de las importaciones no energéticas entre 1985 y 1989 hubiese sido la mitad del que tuvo lugar (el 50% estimado como imputable a la presión de la demanda), el volumen de las importaciones en 1989 hubiera sido inferior en 2 billones de pesetas, que traducidos en una reducción del déficit comercial habrían dado otra entidad al problema aparecido, si es que entonces hubiera podido hablarse de problema en el sector exterior.

b) Las consecuencias de una peseta sobrevalorada

La evolución del tipo de cambio de la peseta y la pérdida de competitividad de las mercancías españolas como resultado de ella fue otra causa reconocida de la adversa trayectoria del comercio exterior, tanto por su incidencia en las importaciones como en las exportaciones. Durante los primeros cuatro años de adhesión a la CE, la peseta tendió a apreciarse moderadamente frente al conjunto de las monedas de los países desarrollados, adquiriendo el índice del cambio efectivo nominal de la peseta un valor medio de 105 en 1989, para un valor medio de 100 en 1985. Con respecto a las monedas de los países de la CE, el valor medio de la peseta en 1985 y 1989 era equivalente, pero se registró una moderada caída durante 1986 y parte de 1987 y se permitió una apreciación durante el resto del período. Con respecto a las monedas de los otros países desarrollados, la peseta experimentó una sensible apreciación, concentrada en 1986 y 1987: el índice frente a esas monedas alcanzó en 1989 un valor de 114, de nuevo para un valor de 100 en 1985[7].

Esta evolución de la peseta tuvo repercusiones no despreciables sobre el comercio exterior, agravando el déficit. El estudio mencionado del Banco de España valoró que, debido a la pérdida de competitividad, el crecimiento real de las importaciones no energéticas entre 1985 y 1988 fue del 10%, mientras que frenó considerablemente el crecimiento de las exportaciones. En la influencia del tipo de cambio sobre el comercio exterior tiene que considerarse también que la evolución del índice ponderado de la cotización de la peseta combinó el mantenimiento de la paridad con respecto a las monedas de los países de la CE y una apreciación con el resto de las monedas. La política de cambios tendió a estabilizar la peseta en términos de las divisas europeas, en un período en que éstas se revaluaron frente al resto de las monedas, en particular contra el dólar, actuándose en la práctica como si la peseta estuviese integrada en el SME. Pero, no gozando las exportaciones españolas —salvo algunos productos agrícolas— de especiales características para competir en cuanto a nivel tecnológico, calidad, diseño, tradición de mercados, etc., y siendo fácilmente sustituibles ante variaciones de precios relativos, esta evolución combinada de la cotización de la peseta perjudicó la competitividad de los productos españoles en los mercados de la CE, frente a los países terceros que depreciaron sus monedas, y perjudicó también la competitividad de las mercancías españolas en los mercados ajenos a la CE por la revaluación de la peseta. Por

---

7. La relación entre los precios internos y externos, que tiene repercusiones en el grado de competitividad (un alza mayor de los precios españoles que los precios exteriores reduce la competitividad y es equivalente a una apreciación de la peseta) tuvo un efecto prácticamente neutro con respecto al conjunto de los países desarrollados, tomando como referencia la evolución de los precios de los productos industriales.

Gráfico 4.3.

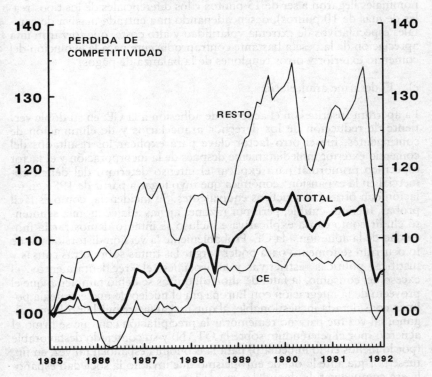

las características de la exportación española, con predominio del mercado de la CE pero sin particulares ventajas con respecto a otros países, la vinculación de la cotización de la peseta con las monedas de la CE supondrá siempre un problema de competitividad cuya magnitud dependerá del comportamiento del resto de las monedas frente a las comunitarias.

Frente a la evolución observada de la peseta, una moderada y paulatina depreciación de la moneda se hubiera correspondido mejor con la situación real de la economía y las fuerzas del mercado, teniendo en cuenta la apertura que estaba afrontando la economía, el mayor ritmo de crecimiento real y de precios que mostraba en relación con los principales competidores, el deterioro progresivo de la balanza de pagos y los compromisos de liberalización pendientes. Dichas fuerzas se vieron alteradas tras la incorporación a la CE por la política monetaria aplicada, que se tradujo en que los tipos de interés —los nominales y los reales, es decir, descontada la tasa de inflación— sobrepasaron ampliamente en los mercados españoles los vigentes en los mercados exteriores (en algunos momentos, como en la primavera de 1987, los diferenciales de los tipos nominales llegaron a ser de 15 puntos y los diferenciales de los tipos reales de más de 10 puntos), desencadenando una entrada masiva de capitales especulativos de extrema volatilidad y alto coste, que forzaron una apreciación de la peseta bastante contraproducente para la evolución del comercio exterior y otros renglones de la balanza de pagos.

c) El desarme arancelario

La apertura suscrita con el acuerdo de adhesión a la CE, en su doble vertiente de reducción de los derechos arancelarios y de eliminación de contingentes, fue el otro factor clave para explicar los resultados del comercio exterior inmediatamente después de la incorporación y el factor específico primordial para explicar el intenso deterioro del déficit comercial en la expansión económica que tuvo lugar a partir de 1986 en relación con otras fases cíclicas equivalentes. Su incidencia, como es fácil probar, fue indiscutible, pero por razones ajenas a la economía se intentó eludir como causa explicativa e incluso se intentó demostrar la inocuidad de la adhesión a la CE. Probablemente la versión distorsionada de lo ocurrido se fomentó para poder cargar las tintas sobre otras causas y justificar políticas restrictivas y antisociales (el «recalentamiento», el exceso del consumo, la falta de ahorro); quizás se debió también a que el proyecto de la integración con Europa era el núcleo de una estrategia política considerada incuestionable, al que no cabía atribuirle problema alguno; tal vez fue para no rememorar la precipitación con que se firmó el acuerdo (por el referéndum sobre la OTAN) y su contenido desfavorable (por lo menos en lo inmediato) para la economía española; tal vez, en fin, fuese porque ante la ola de europeísmo que invadió la sociedad española era comprometido denunciar que la integración podía ser muy costosa y que el ritmo de desarme asumido no era soportable por el retraso de la economía. En todo caso, se extendió un manto oscurantista sobre una de las causas fundamentales del déficit exterior y se evitó un debate y un análisis rigurosos, porque en última instancia conducían a plantearse la viabilidad o el alto precio a pagar por una integración acelerada en la Europa librecambista.

Son bastantes los argumentos y los datos que pueden esgrimirse para probar que el impacto de la apertura exterior sobre las importaciones fue considerable. En primer lugar, está el propio contenido del acuerdo. La liberalización del comercio de todos los productos (con algunas importantes excepciones temporales, como el del automóvil en la industria y algunos productos muy sensibles del sector agrario —vacuno, trigo, lácteos—), permitió la penetración de las mercancías exteriores, manifestándose los efectos de la supresión de contingentes de un modo brusco en los primeros años de la adhesión. La implantación del IVA en sustitución del ITE y de los impuestos sobre el consumo, como aspectos fiscales de la integración, estimularon también las importaciones, ya que los impuestos compensatorios de los gravámenes interiores enmascaraban una protección complementaria a los derechos arancelarios. La reducción de éstos, según el calendario de siete años fijado, supuso una caída de los precios de importación de los productos industriales nada despreciable, pues se partía de unos niveles de protección altos.

Los compromisos de desarme asumidos por la economía española tuvieron su contrapartida en la supresión paulatina de los aranceles y en la eliminación de contingentes por parte de la Comunidad. Sin embargo, no por ello el acuerdo resultaba simétrico y ecuánime ya que, por un lado, el grado de protección del mercado español superaba ampliamente al comunitario y, por otro, el desarme español no sólo tuvo que aplicarse a los países de la CE sino al resto del mundo en la medida en que hubo que rebajar los aranceles españoles y ajustarlos a la Tarifa Exterior Común. Por otra parte, hay que tener en cuenta que, en lo que concierne al sector agrícola, en el que globalmente considerado la ventaja de los productos españoles era indiscutible, el acuerdo estuvo saturado de restricciones, cautelas y cláusulas de salvaguardia. Su aplicación no era automática ni se estableció plazo fijo para la integración plena de la agricultura española. El acuerdo, pues, fue bastante asimétrico y desfavorable para el país aspirante, hecho normal considerando la desigual relación de fuerzas de las partes en la negociación y la distinta importancia que cada una otorgaba al logro de un pacto.

En segundo lugar, cabe resaltar que muchos rasgos de la evolución de las importaciones durante los últimos años —perfil temporal, nivel de crecimiento, composición por productos y áreas geográficas— revelaron nítidamente el impacto de la adhesión. Con independencia del fuerte crecimiento en todo el período, durante 1986 se produjo una intensa aceleración de las importaciones no energéticas, mostrando la incidencia inicial de la integración, pues algunas de las cláusulas del acuerdo (supresión de contingentes, IVA, ajuste de algunos aranceles a la Tarifa Exterior Común) implicaban un impacto concentrado y único. El crecimiento posteriormente fue muy alto, pero reflejando sólo ya el paulatino desarme arancelario y la ampliación de contingentes. La tesis del «recalentamiento» de la economía como explicación clave de lo sucedido con el comercio exterior resultó así invalidada, pues las importaciones se aceleraron bruscamente cuando la economía comenzaba a recuperarse, en unos momentos en que no podía hablarse de tensiones de oferta, y se desaceleraron cuando los efectos de un prolongado período de expansión tenían que dejarse sentir en las importaciones. Por otra parte, resulta muy difícil justificar los incrementos de algunas importaciones y su trayectoria temporal en los últimos años si no se reconoce que, junto a una posible presión de la demanda, la apertura del mercado interior a los productos extranjeros fue decisiva. Ya se han visto los contrates agudos entre la evolución de la inversión y el consumo y las importaciones.

Por último, cabe añadir que las diferencias entre el crecimiento de las importaciones no energéticas provenientes de la CE y el resto del mundo sólo se pueden justificar si se tiene en cuenta que el acuerdo y el desarme aprobado beneficiaba a los países de la Comunidad frente al resto del mundo, ya que la protección arancelaria y de contingentes afectaban básicamente a las mercancías que componían el grueso de las importaciones provenientes de la CE. Como se ha indicado, el tipo de cambio de la peseta evolucionó favoreciendo las importaciones del resto del mundo en detrimento de las importaciones comunitarias.

Por consiguiente, aun cuando las repercusiones más adversas del acuerdo con la CE sobre las importaciones tuvieron lugar en los primeros momentos, parece innegable que éste desempeñó un papel indiscutible y contundente durante los años siguientes hasta que se culminó la liberalización del comercio al principio de 1993.

4.5. *Los cambios en la balanza de pagos*

Los cambios que se han comentado en la evolución del comercio exterior desde la incorporación a la CE dejaron sentir su peso en la balanza de pagos, modificando sustancialmente la situación y trayectoria de las cuentas exteriores de la economía española entre los dos lustros de la década de los ochenta.

a) La balanza de pagos antes de la integración

La balanza de pagos de 1980 arrojó unos déficits comercial y por cuenta corriente bastante altos, después de haber sufrido un súbito empeoramiento en ese año como consecuencia de un intenso encarecimiento de las importaciones energéticas derivado de la segunda crisis del petróleo de 1979. Hasta entonces, la balanza de pagos se había ido recuperando del impacto de la primera crisis en 1973, hasta el punto de que en 1979 se registró un modesto superávit por cuenta corriente (el 0,5% del PIB). En 1980, ese superávit se convirtió en un déficit, equivalente al 2,5% del PIB, en tanto que el saldo comercial negativo alcanzó el 5,5% del PIB. Los ingresos por turismo representaron el 22% de los pagos por la importación de mercancías, en tanto que ingresos por transferencias corrientes, asimilados en su mayor parte a las remesas de emigrantes, habían perdido ya entonces la importancia del pasado, por el regreso masivo de los emigrantes a Europa, a raíz de la crisis económica.

A partir de 1981, con la economía deprimida, la balanza de pagos comenzó a superar el nuevo golpe del petróleo, lentamente al principio y más firmemente después, lográndose en 1984 y en 1985 una posición muy favorable. En este último año, se registró un superávit por cuenta co-

Cuadro 4.1.

BALANZA DE PAGOS
(miles de millones de pesetas)

	1980	1985	1989	1992
1 Exportaciones	1.483	4.003	5.032	6.656
2 Importaciones	2.325	4.811	7.987	9.806
3 BALANZA COMERCIAL (1-2)	-842	-809	-2.954	-3.150
4 Servicios	350	971	1.047	666
(Turismo)	412	1.205	1.560	1.699
(Rentas de inversión)	-125	-307	-352	-678
5 Transferencias	112	187	546	603
6 BALANZA POR CUENTA CORRIENTE (3 a 5)	-380	350	-1.363	-1.882
7 Capital a largo plazo (a)	405	-438	2.064	2.243
8 BALANZA BASICA (6+7)	25	-89	701	362
9 Capital a corto plazo y otros (a)	-86	-185	-119	-2.001
10 Variación de reservas (8+9) (b)	-61	-274	582	-1.739
Porcentaje del PIB				
Balanza comercial	-5,5	-2,9	-6,6	-5,4
Balanza cuenta corriente	-2,5	1,2	-3,0	-3,2

(a) + entradas
(b) + aumento

rriente del 1,2% del PIB, en tanto que el déficit comercial había descendido al 2,9% del PIB, siendo en términos absolutos inferior al de 1980. Esta mejora sostenida de la balanza de pagos descansó en varios hechos. En primer lugar, en un moderado crecimiento de las importaciones de mercancías durante esos años, que combinó un estancamiento de las mismas en términos reales, consecuente con el estancamiento económico y la debilidad de la demanda interna, y un aumento apreciable de los precios, derivado principalmente de la subida del petróleo y otras materias primas, que se beneficiaron de la aguda apreciación del dólar en aquellos años. Las importaciones de mercancías pasaron del 15,3% del PIB en 1980 al 17% en 1985, según los datos de la balanza de pagos.

En segundo lugar, en la favorable evolución de las exportaciones de bienes, cuya tasa anual de crecimiento durante el quinquenio fue del 8,5% en términos reales y del 22% en términos monetarios, pasando a representar el 14,2% del PIB en 1985, cuando en 1980 solo alcanzaban al 9,8%. En estos resultados influyó positivamente la debilidad del mercado interior, que forzaba a las empresas a buscar mercados exteriores. Pero no fueron ajenos al marco propicio establecido por el Acuerdo Preferencial vigente, como lo prueban las cifras de exportaciones a la CE en aquellos años de débil expansión de los mercados comunitarios, en particular las de los productos industriales. En 1985, el tradicional déficit comercial con la Comunidad se había convertido ya en un superávit. Por lo demás, la importancia del avance de las exportaciones en aquellos años no debe valorarse sólo por su repercusión en la balanza de pagos, sino también por su contribución a la demanda en un período de ajuste interno y de retraimiento del consumo y la inversión. El crecimiento del PIB entre 1980 y 1985 fue solo del 1,3% anual, pero todo puede atribuirse al efecto expansivo de las exportaciones.

Por último, hay que añadir que la evolución señalada de las importaciones y las exportaciones, así como la trayectoria positiva de los ingresos por turismo durante los primeros años de la década de los ochenta, que llegaron a cubrir el 29% de las importaciones de mercancias, contó también con una mejora del índice de competitividad, derivada de una caída de la cotización de la peseta con relación al conjunto de las monedas, principalmente por la revalorización del dólar. El índice de competitividad recorrió un camino harto irregular, pero en el conjunto del período contribuyó a corregir y mejorar la balanza de pagos, lo que constituyó también una nota diferencial con respecto a lo ocurrido tras la adhesión a la CE.

Desde el punto de vista de la financiación exterior, no existieron dificultades para cubrir los años de déficit ni se produjeron novedades destacables en las relaciones financieras exteriores, con la salvedad de 1985, en que la posición saneada de la balanza permitió una amortizacíon anticipada de los préstamos y créditos anteriormente contraídos por los sectores público y privado, que fueron las vías por las que se canalizó el grueso de las aportaciones de capital en el primer lustro de los ochenta. Las inversiones directas se incrementaron tendencialmente a lo largo de esos años, pero no a un ritmo fuerte, lo mismo que las inversiones en inmuebles, cobrando ambas intensidad en los últimos tiempos con la proximidad a la integración en la CE. Las inversiones en cartera tuvieron poca incidencia, en parte por la inestabilidad financiera y cambiaria en aquellos años. Por otra parte, los diferenciales de tipos de interés no alcanzaron entidad (salvo en 1983) para promover por si solos flujos financieros intensos.

Cabe terminar este bosquejo de la evolución y situación de la balanza de pagos antes de la integración en la CE señalando que entre 1980 y

1985 el nivel de reservas aumentó en poco mas de 1.000 millones de dólares, siendo la posición al final de 1985 de 13.300 millones de dólares.

b) La balanza de pagos después de la integración

Con la recuperación económica que se fue gestando a lo largo de la segunda mitad de 1985 y la integración en la CE a partir de 1986, cambió drásticamente la orientación de la balanza de pagos. No obstante, ese cambio profundo no se manifestó todavía en ese año por los efectos del abaratamiento del precio del petróleo en la balanza comercial, que representó en términos del PIB un 2,5% (un «enriquecimiento» por esa magnitud, según el lenguaje al uso en estos casos) y supuso rebajar a la mitad el valor de las importaciones energéticas, cota en la que permanecieron hasta la crisis del Golfo Pérsico en el verano de 1990. Por este hecho, en 1986, la balanza comercial registró un déficit del mismo orden de magnitud que el de 1985, a pesar del crecimiento agudo del resto de las importaciones, y lo mismo ocurrió con la el superávit de la balanza por cuenta corriente (1,6% del PIB). No obstante, en el fondo, todo había cambiado con la conmoción que la aplicación del tratado de adhesión a la CE provocó en el comercio exterior.

El deterioro de la balanza comercial arrastró al de la balanza por cuenta corriente. En términos de balanza de pagos, el déficit comercial pasó de 1 billon de pesetas en 1986 a 3 billones en 1989, aumentando sólo ligeramente hasta 3,2 billones en 1992, lo que significó que, en relación al PIB, el déficit aumentó desde el 2,9% en 1986 hasta el 6,6% en 1989, disminuyendo posteriormente hasta el 5,4% en 1992. El superávit de la balanza por cuenta corriente de 1986, de 0,5 billones (1,5% del PIB), quedó prácticamente anulado el año siguiente, aumentando con intensidad a partir de entonces, hasta 1,4 billones en 1989 (3% del PIB), y hasta 1,9 billones en 1992 (3,2% del PIB). Relativamente, por tanto, la amortiguación del déficit comercial desde 1989 no se reflejó en la balanza por cuenta corriente, debido a que continuó el empeoramiento de otras partidas que también habían contribuido al vuelco experimentado por el saldo exterior, como son el turismo y las rentas de inversión. Así, cabe mencionar el bajo crecimiento de los ingresos por turismo hasta 1988 y su estancamiento hasta 1991 como consecuencia de la crisis que vivió el sector, cuyas causas eran profundas pero a la que no fue ajena la sobrevaloración de la peseta. Los ingresos por turismo sólo representaron ya el 23% de las importaciones de mercancías en 1992, en tanto que crecieron intensamente los pagos durante los últimos años, estimulado el turismo exterior de los españoles por el crecimiento económico y el cambio favorable de la peseta. Por otro lado, los pagos por rentas de inversión, como contrapartida a las fuertes entradas de capital en estos años, también experimentaron un acusado aumento, constituyendo una rémora significativa para el equilibrio de la balanza de pagos, que tenderá a agravarse en la medida en que los continuos déficits habrán de financiarse con la entrada de capitales. Los pagos por rentas de inversión se incrementaron de 0,5 billones de pesetas en 1986 a 1,6 billones en 1992, aunque también fue muy apreciable el aumento de los ingresos, derivado de los intereses obtenidos por las reservas exteriores. El saldo negativo pasó de 0,3 billones en 1986 a 0,7 billones en 1992.

Cabe concluir que la evolución de la balanza de pagos por cuenta corriente desde la entrada en la CE estuvo dominada por los movimientos del comercio exterior, en los que el extraordinario crecimiento de las importaciones fue el aspecto más decisivo, pero al mismo tiempo se produjo una degradación de las partidas de ingresos que en el pasado desempeñaron un papel compensador destacado y se activaron otras de los pagos que acentuaron el desequilibrio exterior.

El envés de ese desequilibrio fue la importante necesidad de financiación exterior en que incurrió la economía española durante los últimos años, aunque la actividad financiera cobró cierta autonomía como un aspecto más de su internacionalización. Porque, en efecto, las relaciones financieras tomaron un fuerte impulso y experimentaron novedades sustanciales desde la integración en la CE, en un marco legal cada vez más liberalizado.

En la entrada de capital deben distinguirse los flujos originados por motivos empresariales (compra, control o participación de empresas, pudiéndose incluir en este grupo las inversiones en inmuebles) de los flujos de carácter estrictamente financiero (inversiones en cartera, depósitos en entidades crediticias, préstamos y créditos exteriores), menos estables que los anteriores y cuyo objetivo es obtener rendimientos o ventajas inmediatas por las diferencias de tipos de interés en los mercados financieros o por las expectativas de revalorización de los activos en el caso de las inversiones en acciones. Tanto un tipo como otro crecieron muy intensamente en los últimos años, pero las causas y repercusiones fueron bastante distintas.

El saldo neto de las inversiones directas del exterior pasó de 0,16 billones de pesetas en 1985 a 1,1 billones en 1990, siguiendo una rápida progresión desde aquel año. El objetivo prioritario de estas inversiones, en contraste con otras etapas del pasado en que sustentaron la creación de nuevas empresas o la ampliación productiva de las existentes, fue la apropiación de empresas españolas para beneficiarse de las redes de distribución, eliminar la competencia interna, crear bases para abordar el mercado europeo, racionalizar la producción y las ventas en el caso de las multinacionales, etc. Ello dio como resultado un alto grado de penetración del capital extranjero y de dominio de muchos sectores básicos[8], in-

---

8. Mikel Gómez Duranga, en *La reestructuración del capitalismo en España 1970-1990*, estima que el peso del capital exterior en la gran industria es del 100% en informática, caucho y neumáticos y bebidas y refrescos; del 90% en química y aceites; del 87% en papel y cartón y textil; del 85% en automóviles; del 82% en construcción mecánica; del 77% en electrodomésticos y perfumería; del 75% en plástico; del 66% en farmacia; del 62% en electrónica y en porcentajes menores, pero significativos, en cemento, material eléctrico, alimentación, piel y zapatos, confección, material de construcción. Las participaciones han cobrado gran movilidad en la vorágine financiera existente, en la que empresas o grandes paquetes de acciones cambian de manos como cromos, pero, en todo caso, estas estimaciones ponen de manifiesto el alto grado de control del tejido industrial alcanzado por el capital extranjero.

cluido el sector financiero y de seguros, logrado en bastantes ocasiones a precio de liquidación por la situación de crisis en que entraban las empresas españolas por la competencia extranjera, registrándose en todo caso un período de euforia financiera propicio a deshacerse de las empresas. También fue acusado el aumento de las inversiones netas en inmuebles —de 0,16 billones en 1985 se alcanzó la cota de 0,3 billones en 1989—, contribuyendo a la ola especulativa que sufrió el sector en los últimos años, que culminó en la crisis actual y que tuvo penosas consecuencias para la población por los precios alcanzados por las viviendas.

El resto de los movimientos de capital, los de naturaleza más financiera y especulativa, se intensificaron asimismo, aunque siguieron una evolución más irregular, determinada en gran medida por los diferenciales de tipos de interés que existieron entre el mercado interior y los mercados exteriores durante los últimos años. Desde 1987, y en particular en ese año, se mantuvieron unos márgenes tan amplios de tipos de interés que, en las condiciones de exceso de liquidez internacional y de total libertad a los movimientos de capitales, hicieron inevitable que se inundase el país de capitales especulativos de alta volatilidad. Las entradas masivas de estos capitales, concentrados principalmente en inversiones en cartera de títulos del Estado y del sector privado, superaron ampliamente los requerimientos de la financiación del déficit por cuenta corriente, traduciéndose los excedentes en una acumulación vertiginosa y exagerada de las reservas exteriores, cuyo nivel se situó en diciembre de 1991 en 66.300 millones de dólares, después de haber aumentado en 53.000 millones desde 1985[9]. Esas entradas, entre otras repercusiones, contribuyeron decisivamente a la apreciación de la peseta, forzando una evolución del tipo de cambio contraproducente para el comercio exterior y otros renglones de la balanza de pagos y contraria a la evolución lógica que cabía esperar, considerando la apertura exterior, el desmantelamiento de la protección que se estaba afrontando, el fuerte crecimiento que tenía lugar, el déficit exterior en que se estaba incurriendo y los compromisos de liberalización pendientes.

4.6. *Los flujos presupuestarios*

El acuerdo de adhesión contempló las relaciones presupuestarias del Estado español con la Comunidad. El hecho de que el nuevo país incorporado tuviese una economía frágil, con sensibles deficiencias que ha-

---

9. Por nivel de reservas, el Estado español ocupaba uno de los primeros lugares del mundo al final de 1991, sólo aventajado por Estados Unidos, Japón y Alemania. Esta posición contrastaba con lo mencionado en el texto sobre el importante déficit por cuenta corriente y comercial que arrastraba la economía, en términos comparativos uno de los más importantes de los países industriales, por no referirse a la situación interior, con la tasa de paro por encima del 16% de la población activa. La acumulación de reservas no es una operación neutra, ya que por ellas se logran unas rentabilidades en los mercados exteriores considerablemente más bajas que las que obtienen los capitales extranjeros en los mercados españoles.

rían bastante costosa la adaptación al marco comunitario, no se tradujo en un trato de favor, fuera de las normas transitorias que se adoptaron para compensar que el sector agrario español no se integrase inmediata y plenamente en la CE y no participase, por consiguiente, de las ventajas brindadas por la PAC. La nota característica más destacada fue la provisionalidad de los compromisos presupuestarios, pues la agricultura se iba a beneficiar sólo progresivamente de los fondos comunitarios y no había una base sobre la que determinar la principal aportación al presupuesto comunitario, ya que el IVA entró en vigor simultáneamente a la incorporación en la CE. Hubo de estimarse una base inicial que resultó excesiva, por lo que se pactó una corrección posterior, concretada en devoluciones desde el 87% en 1986 al 5% en 1991 de la aportación española por IVA. Por lo demás, en el momento de vincularse el Estado español, la CE acababa de superar una de sus recurrentes crisis presupuestarias, en dicha ocasión suscitada por la exigencia británica de reducir su contribución. Fue saldada con los acuerdos de Fontainebleau en 1985, por los que se restituyó a Gran Bretaña parte de su contribución a la CE, pero no se resolvió el problema del déficit presupuestario que arrastraban las cuentas comunitarias, siendo necesario acometer una nueva reforma en 1988, en que se aprobó una base complementaria del IVA como una nueva fuente de recursos, conocida como recurso del PNB y determinada por la diferencia del PNB de cada país y la base del IVA.

Desde la adhesión, a excepción del primer año[10], los saldos presupuestarios con la CE resultaron favorables, pasando de 38.400 millones en 1987 a 396.000 millones en 1991, descendiendo en el año 1992 hasta 204.000 millones. En este último año, y después de progresivos aumentos desde la entrada en la CE, la aportación española se elevó a 665.700 millones, de los que 501.500 millones correspondieron a la participación comunitaria en el IVA. Los fondos recibidos del presupuesto comunitario ascendieron a 896.100 millones, de los que 450.000 se canalizaron a través del FEOGA-garantía, 83.000 a través del FEOGA-orientación, 253.000 a través del FEDER (Fondo Europeo de Desarrollo Regional) y 88.600 a través del FSE (Fondo Social Europeo).

El saldo presupuestario positivo con la CE permitió corregir en algunas décimas del PIB el saldo de la balanza por cuenta corriente, aliviando el déficit y disminuyendo las necesidades de financiación, pero las cantidades recibidas ni pueden considerarse una compensación económica suficiente a la degradación intensa del comercio exterior con los

---

10. Desde el punto de vista presupuestario, 1986 fue muy irregular por la inexistencia de una base contrastada del IVA y por el retraso que se produjo para presentar proyectos para acogerse a los fondos comunitarios, aparte de que los saldos anuales se suelen presentar en una base de caja, es decir, lo que se paga y se recibe (no los ingresos y pagos devengados) y la Comunidad cierra sus ejercicios el 15 de enero del año siguiente. El saldo de 1986 fue negativo para la economía española por 8.400 millones de pesetas, pero si el ejercicio se hubiera cerrado el 15 de enero habría arrojado un superávit de 13.700 millones.

países comunitarios desde la integración ni tuvieron entidad para cerrar la brecha entre el nivel de renta de la economías comunitarias y la economía española (el saldo presupuestario con la CE representó como media el 0,3% del PIB en el período 1986-92). Las restricciones presupuestarias lastraron los objetivos que sobre el papel tiene encomendados la Comunidad, de impulsar y financiar proyectos que reduzcan las diferencias estructurales de las respectivas economías. La cohesión económica y social entre los diferentes países, instrumentada a través de los fondos estructurales, no dejó de ser una aspiración incompatible con la dura lucha de intereses que se libra en el seno de la CE y contradictoria con los mínimos esfuerzos que se realizan en el interior de cada país por cerrar las desigualdades sociales[11].

4.7. La incorporación al SME

A pesar de las dificultades con que la economía española estaba asimilando la adhesión a la CE, puestas de manifiesto contundentemente por la evolución del comercio exterior, el gobierno en ningún momento dudó de la oportunidad y conveniencia de la política seguida, ni se planteó si el ritmo al que avanzaba la integración en las instituciones comunitarias era soportable. Impulsado por el objetivo político de estrechar rápida e irreversiblemente lazos con la CE y de participar plenamente en los proyectos de la unidad europea, en junio de 1989 decidió repentinamente la vinculación de la peseta al SME. Se adujeron unos compromisos no exigidos por la Comunidad y se cortó de raíz un debate que recorría los medios políticos y económicos del país, en los que la posición de adherirse era dominante, aunque había más polémica en cuanto al momento y las condiciones en que hacerlo.

Esta vinculación no supuso un cambio cualitativo en la línea de la política económica, ya que la estabilidad del tipo de cambio de la peseta frente a las monedas de los países de la CE había sido el criterio fundamental de la política cambiaria desde la adhesión. Por otro lado, el hecho de pertenecer al SME no eliminaba la posibilidad de modificar la cotización de la peseta en un momento dado, ya que ni las normas del sistema lo impiden ni puede evitarse que así ocurra cuando el mercado hace insostenible un determinado nivel de cotización. La vinculación fue significativa porque representó una confirmación de la estrategia económica del partido en el poder y una consolidación de la discutible evolución seguida por la peseta. Dentro del sistema, por los compromisos adquiridos, se perdía flexibilidad y autonomía para manejar el tipo de cambio, pero las autoridades económicas, lejos de ver esto como un inconveniente, lo

---

11. Sobre los objetivos y realidad de los fondos estructurales comunitarios, véase Rosell y Viladomiu: «La reforma de los fondos estructurales de las Comunidades Europeas»: *Boletín de Información Comercial Española*, número 2246, 1990, y «La política regional de los ochenta: ¿continuidad o ruptura?» en *La reestructuración del capitalismo en España 1970-1990*.

tradujeron en un respaldo para su política, encontrando un nuevo argumento para justificar la línea de austeridad que deseaban aplicar.

La pertenencia al SME imponía más rigor en la política económica, siendo ello el aspecto básico por el que fue discutible la integración de una economía como la española, con un retraso considerable en el nivel de renta respecto de los países europeos y con un desequilibrio exterior que no tenía fácil corrección con una mera política restrictiva, pues sus causas eran, como se ha visto, más complejas. La integración suponía supeditar la política económica al mantenimiento de la estabilidad de la cotización de la peseta; es decir, suponía encauzar la economía por una senda que fuese compatible con el nivel de cambio adoptado, debido a que el nivel interno de actividad y demanda influyen directamente en las importaciones y exportaciones e indirectamente a través de los precios. Desde el momento en que la política económica giraba en torno al tipo de cambio, cuya estabilidad era el primer objetivo a cumplir, el resto de los problemas y objetivos pasaba a tener una consideración secundaria e instrumental. El crecimiento económico no podía ser más intenso que el que soportase el tipo de cambio, por lo que había que frenar la expansión y ajustarla al ritmo de los principales países europeos, cuyas condiciones económicas y sociales tenían poco que ver con las españolas. Desde el punto de vista de la ideología neoliberal que impregnaba la política del gobierno, esta subordinación de la política económica a la cotización de la moneda se consideraba positiva, pues suponía colocar la estabilidad de precios en lugar preeminente, con todo lo que ello significa en términos de salarios, tipos de interés, etc.

Ante el desequilibrio exterior y la necesaria mejora de la competitividad por una vía distinta a la devaluación de la peseta, era ineludible imponer una política antiinflacionista rigurosa, es decir, una lucha contra los salarios, y dotar a las empresas de una gran flexibilidad, o sea, mayor precariedad en el empleo. La política fiscal no podía ser expansiva para no azuzar el crecimiento y la inflación, lo que inducía a dar hachazos a los gastos públicos y sociales y aumentar la presión fiscal sin gravar más a los beneficios. La política monetaria tenía que operar restrictivamente para contribuir al control de la inflación y el crecimiento excesivo y facilitar la financiación del déficit exterior, manteniendo unos tipos de interés elevados que atrayesen inversiones extranjeras. En suma, sometiéndose a la disciplina del SME, el tipo de cambio dejaba de ser un instrumento de política económica para convertirse en un *totem* al que sacrificar los auténticos problemas —paro, estabilidad en el empleo, redistribución de la renta, dotación de infraestructuras, prestaciones sociales suficientes, sistema fiscal más justo— con los que se enfrentaba la mayor parte de la población.

Adicionalmente, un compromiso de estabilidad del tipo de cambio debería haberse realizado en un momento en que las circunstancias y las perspectivas de la evolución económica favorecieran esa estabilidad, lo que no era el caso en junio de 1989. El profundo desequilibrio exterior revelado por el déficit comercial y el de la balanza por cuenta corriente, tarde o temprano, desencadenaría movimientos especulativos contra la peseta, porque ponía de manifiesto que la relación real de intercambio de la economía ni era de equilibrio ni era soportable. Esta relación debe reflejar una adecuada estructura de precios relativos a fin de garantizar un cierto balance en los intercambios de mercancías y servicios con el exterior. Pero también debe recoger las diferencias estructurales entre los distintos países (infraestructuras, tensiones sociales, nivel de desempleo), para hacer posible implantar una política económica que armonice los distintos objetivos económicos y no quede supeditada a la búsqueda de una competitividad forzada con el exterior, que conduce a mantener un sector competitivo cada vez mas reducido a costa de atrofiar la economía. Ni la situación del déficit exterior ni las condiciones internas en comparación con los principales países en la CE propiciaban el compromiso adquirido de ligar la peseta a las monedas de dichos países. Por lo demás, la precipitación con que se llevó a cabo la integración en el SME se resalta recordando que se estaba en la mitad del período de aplicación del acuerdo con la CE en cuanto a reducción de aranceles y que aún quedaban por liberalizarse algunos productos importantes, hechos que tenían que influir negativamente en el equilibrio exterior y la estabilidad de la cotización de la peseta.

Por último, cabe juzgar el tipo central adoptado (65 pesetas por marco) como inapropiado e insostenible. Este tipo equivalía a fijar como cambio de equilibrio el nivel más alto de cotización de la peseta desde la entrada en la CE. Y, por tanto, el tipo más adverso para la competitividad de las mercancías españolas, cuando con una cotización media más favorable en el período transcurrido desde la adhesión se había acumulado el grave déficit comercial que se ha comentado.

La integración en el SME fue económicamente harto discutible, tanto más cuanto que no era obligatoria, ni fue exigida por los demás gobiernos de la CE. El momento elegido y el tipo de cambio adoptado fueron inapropiados. Ante la posición extremadamente débil en que se había colocado la balanza de pagos, previo al compromiso de estabilizar el tipo de cambio, hubiese sido necesario inducir una devaluación de la peseta, hasta rebajarla a un nivel más acorde con el desequilibrio que se arrastraba, con la liberalización pendiente y con el reto del Mercado Único Europeo. No obstante, desde el punto de vista político, la adhesión al SME y las condiciones en que se efectuó reforzaron la línea de la política económica del gobierno. Aportó argumentos adicionales para implantar una política restrictiva, como se empezó aplicar desde entonces ante la insostenible trayectoria del sector exterior, y para proseguir con la estrategia de la austeridad como vía para mejorar la competitividad, sanear la economía y prolongar un período de beneficios excepcionales de las empresas como el que había tenido lugar desde 1986. El papanatismo existente con todo lo relacionado con la integración europea, bien manejado, le seguía dando réditos al gobierno para afianzar la orientación neoliberal de su política, promover el ajuste económico y endurecer la política social.

4.8. Las consecuencias de la integración

Después de los años transcurridos, codificar las ventajas y desventajas que para la economía española entrañó la incorporación a la CE es una tarea difícil y quizás inútil. El pasado está recorrido y no resulta posible trazar la senda que habría seguido el capitalismo español al margen de la CE o si se hubiese integrado en ella en otras condiciones. La vinculación se llevó a cabo a tumba abierta y sin reticencias, quedando la economía española ligada de un modo inextricable a la europea. El interés de examinar lo acontecido desde 1986 es para valorar las consecuencias y los problemas que generó la integración, porque muchos de los cuales no sólo condicionaron la evolución económica desde entonces sino que repercutirán decisivamente en el futuro ante los proyectos en marcha de la construcción europea.

a) Los efectos sobre la producción interna

Como se indicó al analizar la evolución del sector exterior a partir de 1986, la integración en la CE coincidió con una recuperación de la actividad y la demanda. De ese modo, la economía española, después de más de una década de estancamiento, se subió con retraso al carro de la fase expansiva de la economía mundial, que se inició al principio de los años ochenta en los Estados Unidos y se propagó posteriormente al resto de los países capitalistas. La adhesión a la CE, en la medida en que despejó muchas de las incertidumbres que precedieron la firma del acuerdo, contribuyó a la recuperación y la reforzó, pero las causas fundamentales del cambio en la situación económica estuvieron en la coyuntura internacional favorable y en las propias circunstancias internas, ya que la prolongada fase de estancamiento y ajuste abonaron el terreno para una reactivación.

El crecimiento de la economía española desde 1986 fue más intenso que el de los países de la CE, compensándose en cierto modo el retraso inicial en la incorporación a la fase expansiva, cuyo agotamiento se produjo simultáneamente en la mayoría de los países de la CE al final de la década. Entre los años 1981-90, la tasa media de crecimiento del PIB en la economía española fue del 2,9%, frente al 2,3% en la Comunidad, pero en el quinquenio 1986-90 los aumentos fueron del 4,5% y del 3,1% respectivamente. Cabe pensar que la adhesión a la CE propició una expansión económica más intensa que la que hubiera tenido lugar fuera de ella, por las expectativas que abrió y el reforzamiento de los lazos económicos con el exterior. No obstante, fueron importantes los inconvenientes que surgieron de la integración y la forma en que se produjo.

La recuperación de la economía española no permitió cerrar la brecha en cuanto al nivel de productividad con las principales economías comunitarias, manteniéndose todavía un desfase considerable en el nivel de renta por habitante[12]. El período de expansión de la demanda desde 1986 no fue aprovechado en toda su intensidad por la economía debido a que la apertura exterior desvío hacia las importaciones el empuje de la demanda nacional. Al analizar el comercio exterior ya se han visto las sustanciales diferencias que se registraron entre el crecimiento de las importaciones y el PIB, o el de las importaciones de bienes de consumo e inversión y el de estas variables. La consecuencia fue que, en el primer cuatrienio de la entrada en la CE, un aumento anual acumulativo de la demanda interior del 7,2% se tradujo en una tasa anual del PIB de sólo el 4,6%, siendo la diferencia de 2,6 puntos cubierta por los saldos negativos del sector exterior. En los tres años siguientes, de 1990 a 1992, pese al debilitamiento de la demanda, todavía se mantuvo una diferencia sensible entre el crecimiento de la demanda (3% anual) y el PIB (2,3% anual) y se registró un aumento intenso de las importaciones (8% anual). Para el conjunto del período 1985-92, el crecimiento real de la demanda fue del 5,5% anual, dos puntos por encima del crecimiento del PIB, experimentando las importaciones un aumento anual en términos reales del 13,5%. La liberalización del comercio exterior y el desarme arancelario originaron, por tanto, una canalización de la demanda hacia el exterior, desaprovechándose en parte sus estímulos en beneficio de los principales países proveedores. La ampliación del déficit comercial implicó fomentar la producción y el empleo en los países extranjeros en perjuicio de la producción y el empleo propios, de donde surge una de las principales incongruencias del proceso de apertura e integración, considerando que la tasa de paro en la economía española fue el doble que la tasa media de la CE durante los últimos años.

Este aspecto de la repercusion de la adhesión a la CE fue sobre todo acusado en el sector industrial. No en vano el comercio exterior se concentra en mercancías de este sector, que fue, por otra parte, el que sufrió con más rigor la reconversión y ajustes previos a la integración, de modo que cuando se recuperó la demanda, se originaron algunas rigideces en la oferta que impulsaron las importaciones. El retraso económico con los principales países de la CE era particularmente intenso en la industria, no habiendo servido los años transcurridos en la CE para cerrar la brecha[13]. El fuerte crecimiento del empleo en los años siguientes a la adhe-

---

12. Con respecto a la media de los cuatro grandes países comunitarios —Alemania, Francia, Italia y Gran Bretaña—, la productividad por persona ocupada en la economía española descendió del 68% en 1985 al 67% en 1989. El porcentaje del PIB por habitante paso del 50% en 1985 al 65% en 1991, debido en parte a un mayor crecimiento de la población en esos países europeos.

13. En 1989, el PIB por habitante de la economía española era el 58,5% de la media de Alemania, Francia, Italia y Gran Bretaña. Ello se debía, por un lado, a que la tasa de ocupación (población ocupada en relación con población en edad de trabajar) era menor —323 personas por cada 1.000 habitantes frente a 422 como media en esos cuatro países— y, por otro, a una menor productividad: el PIB por ocupado representaba en el caso español el 76,4% de la media de esos países. Las diferencias eran más acusadas en el caso de la industria, salvo en lo que se refiere a la productividad. El PIB industrial por habitante suponía el 54% de dichas economías. En el sector trabajaban solamente 73 personas por cada 1.000 habitantes, frente a 104 en dichos países. La productividad de la industria española era el 76,9% de la media de esos países.

Gráfico 4.4.

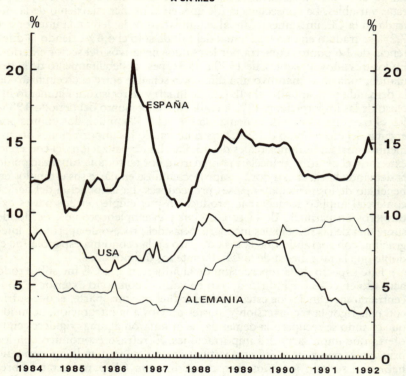

TIPOS DE INTERES
A UN MES

sión tuvo unos efectos muy débiles en la industria[14], lo que no fue óbice para que el crecimiento de la productividad registrase una caída importante. La creación de empleo se concentró en la construcción y los servicios, en tanto que la agricultura siguió desprendiéndose de los excedentes históricos de mano de obra, aunque aceleradamente por el desmantelamiento de algunos cultivos y explotaciones forzados por la política agrí-

14. Entre 1986 y 1991, la población ocupada por cada mil activos potenciales (la población mayor de 16 años) pasó de 384 personas a 411. En la industria el incremento fue inapreciable, de 93 a 94 personas, en tanto que en la construcción se pasó de 29 a 42 y en los servicios de 200 a 231. En la agricultura el descenso fue desde 62 a 44 personas.

cola comunitaria. Desde la integración, tanto el PIB como el empleo del sector industrial disminuyeron su participación en el total de la economía con una intensidad mayor que en otras economías —el fenómeno fue general en los principales países—, siendo en la industria donde primero empezó a manifestarse el agotamiento de la fase expansiva del ciclo económico. Por lo demás, la estructura de la producción experimentó cambios de cierta consideración, perdiendo peso las industrias básicas (minería, metalurgia, siderurgia, maquinaria, química etc.) y ganándolo el material de transporte y los sectores eléctrico y electrónico, con lo que la actividad se fue desplazando hacia la industria de montaje, más vulnerable a la competencia y a la coyuntura, y hacia áreas distintas de los tradicionales núcleos de la industria básica, en perjuicio de las zonas en que se asienta.

b) Las restricciones en la política económica

Junto al efecto adverso del aumento del déficit exterior sobre la producción interna, deben tenerse en cuenta también las restricciones que la evolución de la balanza de pagos impuso a la política económica. El desequilibrio exterior en que incurrió la economía desde la integración en la CE repercutió sensiblemente en la interpretación y las respuestas del gobierno a la evolución económica. Una vez iniciada la recuperación, se sintió muy pronto obligado a frenarla e imponer una política restrictiva, ante la imposibilidad de sostener a medio plazo una ampliación paulatina del déficit exterior como la que provocaría una política expansiva combinada con los efectos de la apertura. Considerando indiscutible lo relacionado con la integración europea y los compromisos asumidos, y a fin de no empañar el objetivo estratégico de proseguir a la mayor velocidad posible la integración con la CE, el Gobierno tendió a interpretar que el creciente déficit se debía a un exceso de demanda en la economía, pronunciándose por un diagnóstico desenfocado y parcial, resumido en el deplorable termino «recalentamiento». Después de un período tan prolongado de estancamiento como el padecido desde 1974 y del alto nivel de paro, es difícil admitir que la economía estuviese «recalentada», por intensa que hubiera sido la recuperación de la demanda a partir de 1986, pero la evolución de la balanza comercial y la balanza por cuenta corriente mostraron una trayectoria tan adversa que fue inmediato relacionar ambos fenómenos. Se soslayaron los efectos decisivos de la apertura en el empeoramiento del sector exterior, cuando justo era la apertura la que dio especificidad a la recuperación en lo referido a la rápida degradación de la balanza comercial. Por otra parte, representando el déficit de la balanza por cuenta corriente una necesidad de ahorro externo, en apoyo de la tesis del «recalentamiento» se sostuvo que el empuje de la demanda impedía generar ahorro interno suficiente. Pero este aspecto complementario de la interpretación adolecía de la misma parcialidad, ya que, siendo cierto que una recuperación de la demanda hace crecer las necesidades de ahorro interno si se quiere evitar el recurso al ahorro externo, no lo es menos que una apertura exterior excesivamente rápida como la que estaba teniendo lugar provocó que la producción, la renta y el ahorro no creciesen al ritmo suficiente por la desviación de la demanda hacia las importaciones. La tasa de ahorro de la economía no era inferior a la de las economías europeas ni decreció en aquellos años, sino que más bien tendió a aumentar, debido principalmente a la evolución del Sector Público que fue cerrando su déficit con la recuperación de la economía, de modo que la insuficiencia del ahorro remitía al insuficiente crecimiento de la renta por la canalización de la demanda interna a los mercados exteriores.

Sin perjuicio, por tanto, de la favorable evolución de la coyuntura en los años que siguieron a la incorporación a la CE, se fue acumulando un desequilibrio exterior que obligó en un primer momento a frenar la economía y que configuró posteriormente, cuando sobrevino el agotamiento de la fase alcista del ciclo, una situación en que la depresión estuvo acompañada de un déficit exterior muy alto. Las posibilidades de adoptar una política económica expansiva quedaron limitadas, lo cual constituyó una rémora importante en la perspectiva de cerrar la brecha de los niveles de renta que separaba la economía española de los principales países comunitarios.

La política monetaria de altos tipos de interés fue una de las vertientes de la política económica restrictiva que se adoptó. Aparte de la incidencia buscada en la evolución de la actividad y la demanda, la necesidad de financiar el déficit exterior y atraer capitales llevo a mantener durante los últimos años unos tipos de interés elevados en comparación con los de los mercados exteriores. Que la política monetaria fue más allá de lo necesario para cubrir este objetivo quedó aclarado al destacar el enorme aumento de las reservas; que fue contraproducente para el propio déficit exterior al forzar una apreciación indebida de la peseta fue asimismo evidente; y que la entrada en el SME no se aprovechó para reducir los tipos de interés tal como se adujo para justificar la inesperada incorporación al sistema, una vez que los diferenciales de tipos no tenían que reflejar riesgos tan acusados de depreciación de la peseta, es también cierto. No obstante, un déficit exterior tan abultado obligaba a mantener una diferencia positiva en los tipos de interés con los mercados financieros internacionales, lo cual debe considerarse un pasivo de la integración en la CE. Los altos tipos de interés no fueron obstáculo para que la inversión mostrase un gran dinamismo en los primeros momentos de la recuperación, pues los beneficios y la capacidad de autofinanciación de las empresas se recuperaron intensamente con la mejora de la actividad, la mejor utilización del capital productivo y una redistribución de la renta a favor de los beneficios acusada, pero a medida que la expansión tendió a agotarse y a reducirse el trasvase de renta desde los salarios a los beneficios —los trabajadores pretendieron modestamente participar de la euforia económica dominante—, los tipos de interés fueron cobrando de nuevo su papel decisivo en el comportamiento de la inversión, siendo difícil que tenga lugar una nueva reactivación con tan altos tipos de interés como han prevalecido en la economía española desde la integración en la CE, prácticamente sin solución de continuidad.

Si en el pasado una política injustificada provocó entradas innecesarias de capital, en el futuro el mantenimiento de altos tipos de interés será ineludible para afrontar la cobertura financiera de un déficit por cuenta corriente consolidado y para mantener el tipo de cambio de la peseta dentro del SME. La extrema liberalización de los mercados financieros y el alto volumen de los capitales que participan en los movimientos especulativos otorgan una gran inestabilidad a los mercados de cambios, por lo que la defensa de la cotización de la peseta exigirá continuamente una política monetaria restrictiva en las condiciones de profundo desequilibrio exterior.

Pero, al mismo tiempo, los altos tipos entrañan a su vez un factor de inestabilidad financiera en el interior cuando se produce el retroceso de la actividad, la caída de los beneficios y la pérdida del empleo, pues gravan pesadamente a las empresas altamente endeudadas y a la mayor parte de las familias. El sector inmobiliario resulta simbólico, después del auge que experimentó tras la incorporación a la CE, teñido de una especulación desaforada. En él quedaron atrapados enormes recursos, sin posibilidad de ser rentabilizados por la caída de la demanda y teniendo que soportar unas cargas financieras desmesuradas por los altos tipos de interés, amenazando con una crisis que puede desbordar los límites del propio sector y extenderse al sector financiero. Y el propio Sector Público fue víctima de los altos tipos de interés al que se emitió la Deuda Pública para financiar sus déficits, agravando un problema que se acabó convirtiendo en el caballo de batalla de la política económica, por ser uno de los requisitos de convergencia aprobados en Maastricht[15].

La penetración del capital extranjero en el tejido productivo fue otro aspecto en el que se debilitó la economía española a consecuencia del proceso de integración en la CE. Sin perjuicio de las ventajas que el capital externo reporta en recursos, tecnología, relaciones externas, etc., no cabe duda de que la política económica pierde cotas de autonomía cuanto mayor es la dependencia y mejor posición ocupa el capital exterior, ya que muchas actividades productivas están subordinadas a decisiones que escapan al control interno, lo cual cobra todo su valor en momentos de crisis, puesto que los ajustes de capacidad y el recorte de inversiones de las multinacionales afectan menos al país del que son originarias que a los países en los que operan. La internacionalización de la economía significa, por otra parte, la inserción en el mercado mundial y la participación en la división internacional del trabajo en detrimento

---

15. El déficit público descendió sensiblemente a partir de 1985 coincidiendo con la recuperación económica, hasta el punto que, deducidos los intereses, el déficit pasó del 3,8% del PIB en 1985 a desaparecer desde 1987 a 1990. El déficit medio en esos años, el 3,4% del PIB, puede explicarse por el volumen de la carga de intereses, que creció a lo largo de los últimos años hasta representar el 4% del PIB en 1992.

de los criterios de suficiencia y armonía del tejido productivo interno[16]. Éste es el signo de los tiempos, pero el ritmo del proceso, el grado de inserción y la dependencia en la que se cae no son indiferentes, siendo un hecho que la internacionalización de la economía española fue profunda y rápida desde la integración en la CE, lo que tuvo como secuela una desarticulación precipitada e intensa de sus estructuras productivas.

c) La contradicción básica

Con independencia de la trascendencia política y de las repercusiones sociales, la evolución de la economía española desde la integración permite concluir que no estaba en condiciones de digerir una apertura exterior tan rápida como vino impuesta por el acuerdo de adhesión a la CE. Los primeros años de vigencia del acuerdo mostraron con crudeza las dificultades y problemas generados por un tránsito excesivamente rápido de una economía con altos niveles de protección a una economía abierta a todos los vientos de la competencia, por más que fueron velados por la recuperación y por algunos efectos favorables de la integración. Con el cambio del ciclo y la consolidación de una economía abierta y plenamente integrada en la CE, se pusieron descarnadamente de manifiesto las rémoras y las debilidades del capitalismo español para competir en igualdad de condiciones con países mejor dotados en la mayoría de los aspectos que dirimen la competitividad de las economías. La profundización del desequilibrio exterior a pesar de la depresión en que fue entrando la economía a partir de 1990 fue un fiel exponente del atolladero en que quedó atrapada, pues si no cabía la marcha atrás en la apertura, tampoco tenía posibilidades de lograr un desarrollo apreciable como reclamaban los problemas sociales y económicos del país. Ninguna economía puede adentrarse indefinidamente en el tiempo arrastrando un déficit exterior agudo aunque parezcan inexistentes los problemas de financiación en los primeros momentos: los déficits tienden a reproducirse con facilidad y las cargas de su financiación tienden a agravarlos. Por ello, al principio de 1993, cuando se culminó el desarme arancelario previsto y la debilidad de la economía era cada vez más pronunciada, se presentó como inevitable proseguir con una política restrictiva para poner freno al desequilibrio exterior. Su corrección tendrá que descansar en un ajuste sumamente duro, con efectos depresivos inquietantes, desde el momento que se considera indiscutible el proceso de apertura y de integración en Europa y se ha erigido la estabilidad del tipo de cambio dentro del SME como un objetivo esencial para cumplir los requisitos de la unión monetaria prevista en Maastricht. La situación económica y social y la convergencia con los niveles de renta y empleo de los países comunitarios reclamaban una política expansiva, impedida paradójicamente por los efectos nocivos de una integración demasiado rápida en la CE.

16. Sobre la evolución y consecuencias de las inversiones extranjeras, véase Mikel Gómez Duranga, «La internacionalización de la industria española: un proceso acelerado», en *La reestructuración del capitalismo en España, 1970-1990*, FUHEM, Icaria.

Parte II

LA CONSTRUCCION DE LA EUROPA NEOLIBERAL

5

EL MERCADO UNICO EUROPEO

Antes de la última ampliación de la CE con el Estado español y Portugal en 1986, los principales objetivos del Tratado de Roma habían sido logrados en un grado importante: la unión aduanera estaba asentada, el comercio intracomunitario se había promovido intensamente, la CE había ganado posiciones en el comercio mundial frente a Estados Unidos (sobre todo en los últimos años por la recuperación norteamericana y la apreciación del dólar), el SME había garantizado una estabilidad aceptable de las monedas europeas en una situación monetaria internacional revuelta y se habían dado algunos pasos en la cooperación y en la elaboración de una política económica común, sobre todo en lo relacionado con la superación de la crisis industrial desatada tras los abruptos crecimientos del precio de la energía en 1973 y 1979.

El proceso de concentración y reestructuración del capital y dominio de los mercados por las multinacionales había avanzado, pero se acentuó significativamente con la crisis, produciéndose a partir de los años ochenta importantes movimientos de fusión y absorción, en los que se vieron implicadas las grandes empresas europeas, con los objetivos de racionalizar la producción, reforzar sus posiciones en los mercados, expansionarse, complementarse, diversificarse o aumentar la especialización e investigación[1].

Todo ello sin perjuicio de que la CE arrastraba algunos problemas históricos no resueltos, como el desfase entre el avanzado nivel de integración económica y la embrionaria integración política, la política agrícola común, la insuficiencia y desavenencias presupuestarias (estrechamente ligadas al peso desmesurado de los recursos absorbidos por la

---

1. Entre 1982 y 1983, las 1.000 mayores empresas europeas estuvieron implicadas en 117 operaciones de fusiones o adquisiciones de paquetes mayoritarios de acciones, creciendo las operaciones en los años siguientes hasta 303 en el bienio 1986-87.

política agrícola), el mantenimiento de profundas desigualdades entre los países miembros en cuanto a estabilidad, nivel económico y desarrollo de las infraestructuras (mínimamente corregidas a través de fondos estructurales del presupuesto comunitario), y la consolidación de una política proteccionista frente a los países ajenos a la CE, en particular en lo que atañe a la agricultura comunitaria. Y sin perjuicio también de que dentro de la Comunidad, ante la imposibilidad de establecer aranceles o imponer restricciones cuantitativas al comercio, los respectivos países habían mantenido o recurrido a sucedáneos proteccionistas, como exigencias técnicas, garantías sanitarias o medidas fiscales, que de algún modo compartimentaban los mercados nacionales y ponían trabas a la libre circulación de mercancías, fundamento y objetivo principales de la CE.

Este capítulo esta dedicado a exponer los cambios que introdujo en la CE el desarrollo del Acta Única y el significado de la Europa que surgió con el Mercado Único. La internacionalización de la economía española había dejado de tener pautas específicas e independientes de los países europeos.

5.1. *Un nuevo paso en la integración*

Puede afirmarse que en 1986 se había culminado la implantación de la unión aduanera y al mismo tiempo que se había agotado una etapa de la construcción de la unidad económica europea. En el contexto favorable de la recuperación de la economía internacional y con la sensación de que la crisis abierta hacía más de una década estaba superada definitivamente, surgió en los sectores dominantes del capital europeo la necesidad de dar un nuevo paso en la integración europea, impulsando la creación de un espacio económico homogéneo, que ampliara los mercados, eliminara los obstáculos al libre comercio, permitiera la libertad absoluta de los movimientos de capital y suprimiera las regulaciones e intervenciones de los Estados en sus respectivas economías, que impedían la concurrencia en igualdad de condiciones a las empresas europeas. El Acta Única, firmada por los doce países de la CE a comienzos de 1986 y vigente desde julio de 1987, modificó el Tratado de Roma con objeto de lograr a través del desarrollo de casi 300 directrices la construcción de un mercado único a partir de 1993, en el que estuviese garantizado en el seno de la CE la libre circulación de mercancías, servicios, capitales y trabajadores. Se estableció de este modo una nueva fase en la integración europea, concebida como una etapa intermedia necesaria en el proyecto de implantar la unidad monetaria, al cual se prestó especial dedicación en los últimos años del desarrollo del Acta Única, primero con el Plan Delors y posteriormente con el Tratado de Maastricht.

Para el capitalismo español, su incorporación a la CE, en unos momentos en que la integración europea cobraba nuevos ímpetus, significó afrontar un doble proceso de apertura frente al exterior: el derivado de la aplicación del acuerdo de adhesión, por el que se eliminaron los derechos arancelarios frente a los países de la CE, se asumió la Tarifa Exterior Común frente a terceros países y se suprimieron los contingentes, y el derivado del desarrollo del Acta Única. Las etapas transitorias fijadas en el acuerdo de adhesión para los productos industriales o la provisionalidad e indeterminación en que quedó la integración del sector agrícola no impidieron que el Estado español se vinculase plenamente desde el primer momento al proyecto del Mercado Único y que tuviese que aplicar las normas comunitarias que lo iban a configurar, aunque se le reconocieron plazos especiales en algunas materias, como a otros países recién incorporados o atrasados, para facilitarles el proceso de adaptación.

Dicho proceso implicaba revisar el papel del Estado en la economía. El alto grado de regulación e intervencionismo estatal que había caracterizado a la economía española, y que supervivía todavía en el momento de la integración en la CE, tuvo que ceder para supeditarse a los principios básicos en que se sustentaba el proyecto del Mercado Único, en el que el mercado como regulador del sistema y la competencia como fuerza motriz no debían sufrir las trabas y las distorsiones introducidas por la intervención del Estado. Por consiguiente, aparte de la apertura exterior, la economía española tuvo que reajustar internamente su funcionamiento, desmontando un conjunto de instituciones, controles, restricciones y fórmulas de intervención del Estado que le otorgaban al capitalismo español rasgos específicos, quizás algo más acusados que el de otras economías por el aislamiento relativo en que se había desarrollado hasta la incorporación a la CE. Por ello, la firma del Acta Única cambió el significado y alcance de la incorporación, pues la mera vinculación a una unión aduanera trascendió inmediatamente en una perspectiva de una integración más compleja y profunda: el Mercado Único en una primera fase, la unión monetaria como una etapa posterior y los más problemáticos y lejanos proyectos de unión económica y unión política. Para cualquier economía, la simple integración en una unión aduanera con países más desarrollados implica un reto importante, pero si a ello se añade la aceleración que imprimió el Acta Única en la eliminación de barreras proteccionistas del mercado interior, resulta indiscutible que el capitalismo español, por su debilidad frente a los principales países europeos, asumió unos compromisos difíciles y aceptó unos retos plagados de incertidumbres en cuanto a los resultados finales, que están lejos de haberse despejado.

5.2. *El Acta Única*

El Acta Única representó la primera revisión profunda del Tratado de Roma y su objetivo fundamental fue crear un ámbito económico en el que estuviesen suprimidas todas las barreras que compartimentaban los mercados y limitaban la competencia y la movilidad del capital. El Acta Única, sin perjuicio de un reforzamiento de las instituciones comunitarias, de algunos avances en la cooperación y coordinación de las políticas económicas y de proclamar unos mínimos objetivos sociales, tenía un contenido prioritariamente económico, persiguiendo superar los límites que una unión aduanera establece a la construcción de un mercado único. La nueva etapa de la integración respondía a los impulsos de los sectores dominantes del capitalismo europeo, necesitados de un marco económico que potenciase su competitividad frente al de Estados Unidos y Japón, para lo cual requerían de una unificación y ampliación de los mercados que permitieran acometer complejos y arriesgados proyectos de inversión y fomentase la concentración del capital y la producción. Desde otra perspectiva, la creación de un mercado único representó la extensión y profundización de las concepciones neoliberales con las que se había afrontado la crisis de los años precedentes en la mayoría de los países. Desde el momento en que la implantación de un mercado único a escala supranacional implicaba reforzar el papel regulador del mercado en la economía, suponía aceptar una referencia exterior que impedía las «veleidades» intervencionistas y concedía a los gobiernos una coartada para endurecer las políticas de austeridad que venían aplicando para superar la crisis.

De acuerdo con sus objetivos, todos los esfuerzos políticos y técnicos de los países e instituciones de la CE se dedicaron en los años siguientes a la entrada en vigor del Acta Única a desarrollar un extenso y prolijo bloque de medidas, cuyo contenido estuvo dirigido abrumadoramente a lograr la construcción del Mercado Único, en tanto que comparativamente fue mínima la atención prestada a los aspectos políticos y sociales de la integración europea.

En ningún momento se concibió el Acta Única como un proyecto político para construir un espacio socialmente avanzado en el área de la CE, pues los objetivos perseguidos y la concepción neoliberal en que descansó concedían prioridad a los asuntos estrictamente económicos e iban en contradicción con el impulso y homogeneización de los derechos sociales. A su vez, dentro de los objetivos económicos declarados —la libre circulación de las mercancías, los servicios, el capital y las personas—, no todos tuvieron igual preferencia, recibiendo atención especial los que promovían un mercado único para las mercancías y algunos servicios y establecían un espacio en el que la libertad de los movimientos de capitales fuese total. Las modificaciones o innovaciones que el Acta Única introdujo en el ámbito político respondían a la necesidad de ir cerrando el desfase profundo que se fue abriendo entre la unidad económica y la desarticulación política —la creciente unidad económica debía tener su reflejo en un poder político centralizado y en el desarrollo de las instituciones comunitarias— y, en el caso de las cuestiones sociales, a la necesidad de reforzar el apoyo, o al menos evitar el rechazo, de amplios sectores sociales. En todos los países surgieron corrientes de opinión opuestas a las líneas básicas de la europea que se estaba construyendo, sustentadas en razones muy diversas, como no podía ser de otra forma teniendo en cuenta la complejidad e implicaciones del proyecto en marcha. Unos no las compartían por razones ideológicas, otros recelaban de la falta de participación y control de los pueblos y muchos se sentían perjudicados en sus intereses, pues el proyecto, ni era simétrico en cuanto a las ventajas y perjuicios para cada país, ni era neutral desde el punto de vista de las clases sociales ni de los distintos grupos dentro de ellas. En concreto, para desactivar la resistencia o para ganar la adhesión de las organizaciones sindicales, los objetivos económicos del Acta Única debieron arroparse con menciones a cuestiones sociales y un mínimo desarrollo de derechos de los trabajadores.

5.3. *Libertad para las mercancías, servicios y capitales*

A partir del estadio alcanzado con la unión aduanera, en la que no existían derechos arancelarios ni restricciones cuantitativas al comercio en el seno de la CE, el Acta Única, con el fin de avanzar hacia un mercado único, contempló la supresión de otro tipo de barreras —físicas, técnicas y fiscales—, que trababan o impedían su libre circulación y a veces cumplían más eficazmente el objetivo de proteger el mercado interior. El desarrollo del Acta Única debía culminar en la existencia de una Europa sin fronteras, en el sentido más físico del término, para lo cual, paulatinamente, debían simplificarse los trámites aduaneros internos en la CE y establecerse los controles en los puntos de origen o destino de las mercancías cuando fuese necesario. Esos controles subsistían y tenían justificación dentro del área comunitaria mientras los Estados mantuvieran distintas políticas en temas como la agricultura, exigencias sanitarias, autorizaciones sobre el transporte, tratamiento comercial frente a terceros países, etc., por lo que el objetivo era eliminarlos, homogeneizando la legislación aplicada por los distintos Estados y las normas aduaneras de entrada y salida frente a terceros países.

Por otro lado, era necesario suprimir la exigencia de cumplir ciertas reglamentaciones técnicas fijadas por cada país para la comercialización de algunos productos, como por ejemplo las relativas a seguridad de materiales de construcción, aparatos de gas o juguetes, que convertían los mercados nacionales en reductos estancos impenetrables para esos productos o limitaban las series de producción en detrimento de la productividad[2]. El Acta Única avanzó un conjunto de propuestas para limitar estas exigencias en lo posible, tratando de fijar normas genéricas para todos los países, proponiendo que se aceptase el reconocimiento mutuo de las certificaciones de homologación emitidas por cada Estado y sometiendo las iniciativas legislativas de los Estados en estos campos a información previa entre los demás países.

Por último, la equiparación de los mercados hacía conveniente armonizar el tratamiento fiscal de las mercancías para que fuese indiferen-

---

2. Como ilustración, cabe recordar la polémica que surgió cuando la Comunidad quiso eliminar la obligación de que los ordenadores comercializados en el mercado español tuviesen la letra «ñ».

te adquirirlas en cualquier lugar y no se desplazase la demanda de un país a otro por las ventajas fiscales. En este campo, sin embargo, la puesta en vigor del Acta Única fue en extremo lenta, no habiéndose alcanzado más que acuerdos parciales en el momento de tener vigencia plena el Mercado Único al principio de 1993. La lentitud y las dificultades surgidas no sólo respondieron a las desavenencias en cuanto a la armonización del IVA y los impuestos especiales que gravan el consumo (los principales impuestos implicados en este tema de la homogeneización de los mercados), sino también a que las modificaciones de estos impuestos, teniendo en cuenta su importancia recaudatoria, obligaban a otros cambios en los sistemas fiscales, remitiendo en última instancia al tema complejo y empantanado de la armonización fiscal global en el seno de la CE, con una trascendencia redistributiva indiscutible. La falta de homogeneización de los sistemas fiscales coloca a las empresas europeas en situaciones diferentes a la hora de competir en un mercado único, en la medida en que el grado de presión fiscal y los impuestos a través de los que se ejerce difieren en cada país, y en la medida en que las cargas fiscales son un dato importante en la conformación de los costes de producción y las cuentas de resultados de las empresas. Las distorsiones fiscales tienden a corregirse igualando los sistemas por los mínimos comunes, lo que propicia una redistribución regresiva de las cargas fiscales (son los empresarios quienes más resienten las diferencias en el trato fiscal y quienes más pueden presionar) y una disminución de la recaudación que va en detrimento del papel económico desempeñado por el Sector Público.

En el campo de los servicios, el Acta Única se propuso hacer posible su libre prestación en aquellas actividades susceptibles de internacionalización, eliminando las muchas restricciones existentes en algunos sectores importantes, como el bancario, el de seguros, o el de transporte y telecomunicaciones. También puede considerarse una liberalización de los servicios el objetivo de permitir el libre acceso de todas las empresas europeas a la contratación de obras públicas y al suministro de bienes y servicios a las Administraciones Públicas de cada país, cuando superasen determinadas cuantías. El tema no era baladí por el volumen de las compras de bienes y servicios que llevan a cabo los Sectores Públicos y porque se trata de uno de los mercados más cautivos y manipulados en los países, aunque, como es obvio, no serán las normas comunitarias las que hagan más transparente la contratación por los grandes intereses económicos y políticos que están en juego.

El Acta Única fijó la libre circulación de capitales a partir de julio de 1990, concediendo un plazo adicional de dos años al Estado español e Irlanda y de cuatro a Portugal y Grecia, por mantener estos países unos sistemas financieros más aislados y una legislación más restrictiva sobre los movimientos (sobre todo las salidas) de capital. En los principales países de la Comunidad la libertad de los movimientos de capitales era ya casi absoluta antes de la entrada en vigor del Acta Única, pero su definitiva implantación era una consecuencia obligada de la libertad operativa del sector bancario y de seguros. Por otro lado, la armonización fiscal contemplada en Acta Única parecía un complemento inevitable de la libertad de movimientos de capitales para evitar desplazamientos hacia los países con menores tipos impositivos sobre las rentas del capital o que se jugase con ellos para atraerlos. Sin embargo, la paralización del tema fiscal no ha impedido que se lleve la liberalización de los movimientos de capital hasta sus últimas consecuencias, mostrando la importancia que tenía el tema en la configuración de la unidad económica europea y las facilidades con las que el capital derriba barreras y pasa de formalismos. Por último, el Acta Única se propuso facilitar la libre circulación de las personas dentro de la CE, pero en este punto ni fueron muchas las directivas dedicadas al tema ni se puso gran empeño en desarrollarlas, fuera de algunas medidas sobre homologación de títulos y diplomas. La movilidad de la mano de obra nunca pasó de ser un objetivo secundario en la construcción europea, que cuenta además con las barreras que levantan los idiomas y la renuencia de la mayoría de la población a abandonar sus países de origen. Al entrar en vigor el Mercado Único, éste fue uno de los grandes temas postergados, aunque se había desarrollado una eficaz política para controlar la entrada a los emigrantes y refugiados del Tercer Mundo y los países del Este.

5.4. *Los complementos*

El Acta Única, como se ha reiterado, pretendió ante todo, por un lado, crear un mercado único para las mercancías, los servicios que prestan las grandes empresas del sector y el capital y, por otro, establecer unas reglas de juego que estimulasen la competencia y evitasen que fuera perturbada por el intervencionismo de los Estados miembros. Para conseguir estos últimos objetivos, el Acta Única dispuso suprimir progresivamente las ayudas y subvenciones que los Estados conceden a las empresas de sus países, al tiempo que rechazó el sostenimiento de las empresas deficitarias del Sector Público. Por supuesto, los países sortearon las reglas comunitarias cuantas veces lo consideraron conveniente o ineludible para defender sus empresas, y de hecho no dejaron de prestarse cuantiosas subvenciones bajo fórmulas muy diversas, aunque las presiones comunitarias también se utilizaron para doblegar la resistencia social que muchos procesos de reconversión suscitaron. En el intento de igualar las condiciones de las empresas europeas ante la competencia, al negociarse el Acta Única, se trato también de impulsar una normativa homogénea sobre la protección del medio ambiente, aunque con resultados escuálidos porque el tema tenía gran trascendencia económica y era bastante conflictivo. La legislación sobre medio ambiente era un arma de doble filo que perjudicaba a unos u otros países según la severidad de las normas. Las empresas de los países que aplicaban una legislación más estricta (como era el caso de Alemania y Dinamarca) estaban en desventaja a la hora de competir, pero en caso de aplicarse una normativa común rigurosa, serían las empresas de los países más atrasados las que saldrían perjudicadas. La adaptación a unas normas severas según los criterios de los países avanzados, les supondrían fuertes inversiones a muchas empresas que podrían llevarlas al punto de no ser rentables. No es sorprendente, por tanto, que la política de medio ambiente suscitara fuertes controversias en el seno de la CE antes de firmarse el Acta Única y que posteriormente fuese una fuente de discordias, con el resultado de que produjo una rebaja sustancial en los objetivos y un retraso considerable en la aplicación de las directivas comunitarias. Las primitivas propuestas de la Comisión sobre política medioambiental fueron bastante prolijas, pero sufrieron tan drásticos recortes en la negociación previa del Acta Única que sólo acabaron recogidos los objetivos generales y los principios de dicha política[3]. La presión de los países más atrasados para que se compaginase la protección de la naturaleza con las necesidades de desarrollo tuvo eco en este caso, porque, después de todo, el medio ambiente no era una preocupación del mundo de los negocios y ninguno de los intereses fundamentales del sistema salía perjudicado olvidándose de la conservación del medio ambiente.

Fuera del núcleo de medidas destinadas a hacer posible el Mercado Único y de eliminar las trabas a la competencia, el resto del contenido del Acta Única eran medidas de acompañamiento para edulcorar el carácter económico neoliberal del proyecto y para amortiguar las carencias políticas, sociales e institucionales que arrastraba la construcción europea. Se promovió la cooperación y la coordinación de las políticas en algunos aspectos parciales, como la política I+D, destinada a impulsar la investigación tecnológica en un marco europeo. En el terreno político, el Acta Única trató de corregir la rigidez operativa del Consejo de la CE, eliminando la exigencia de la unanimidad para algunas materias y sustituyéndola por una mayoría cualificada[4]. Con la ampliación de la Comunidad a doce países y al ocuparse la política común cada vez de más aspectos que afectaban la legislación de los Estados, la unanimidad tendía a obstaculizar, cuando no a paralizar, la construcción del Mercado Único. Por otra parte, para cerrar la brecha entre los ritmos a los que avanzaban la unidad económica y la unidad política y para reforzar la legitimidad democrática del proceso, se realzó el papel del Parlamento Europeo, el cual, elegido por sufragio universal y directo, dejó de ser un

---

3. Los objetivos generales proclamados por el Acta Única fueron: conservar, proteger y mejorar la calidad del medio ambiente; contribuir a la protección de la salud de las personas; y garantizar una utilización prudente y racional de los recursos naturales. La política se basaría en los principios de acción preventiva, corrección preferente en la fuente y que, quien contamina, paga.
4. Los temas fundamentales, como la armonización fiscal, las medidas que supusieran retrocesos en la liberalización de capitales, las modificaciones de los Fondos estructurales, siguieron sometidas a la regla de unanimidad, aplicándose la mayoría cualificada a asuntos como las modificaciones de la Tarifa Exterior Común, las directivas en la liberalización de capitales siempre que no fueran medidas restrictivas, algunas disposiciones en materia de transporte aéreo y marítimo, etc.

órgano consultivo, para pasar a tener funciones de cooperación y codecisión con los órganos ejecutivos de la CE, aunque sin adquirir el poder de legislar. Se reguló e institucionalizó por primera vez la cooperación de los países miembros en materia de política exterior común y se hizo mención especial a la política de «seguridad» con referencias explícitas a la OTAN y la UEO como organizaciones en las que descansaría esta política. Por último, ante la acumulación de contenciosos en el Tribunal de Justicia, se creó un Tribunal de Primera Instancia para dirimir los recursos interpuestos por personas físicas o jurídicas, sin perjuicio de quedar abierto el recurso al Tribunal de Justicia, reservado para los asuntos promovidos por los Estados.

En el campo social, los sucintos artículos que el Tratado de Roma dedicaba a estos temas se vieron ampliados y desarrollados por el Acta Única, pero también más como declaraciones que como compromisos firmes susceptibles de promover políticas concretas. Así, los Estados declararon su voluntad de mejorar y armonizar el medio ambiente de los lugares de trabajo y de fomentar el diálogo y la cohesión social, a través de fijar objetivos de desarrollo regional y de dar nuevos contenidos y de garantizar el buen funcionamiento de los fondos estructurales, limitados, eso sí, a las posibilidades presupuestarias de la Comunidad. En todo caso, las carencias sociales y el contraste entre la convergencia económica y social logradas con el Mercado Único eran manifiestas, lo que originó reacciones de rechazo por parte de los sindicatos europeos. Para amortiguarlas, en 1989, once de los doce países comunitarios (la excepción fue Gran Bretaña) asumieron la Carta Fundamental de los Derechos Sociales de los Trabajadores Europeos —la Carta Social Europea[5]—, un documento de intenciones que no obligaba a su cumplimiento.

El desarrollo de las directrices del Acta Única desde su entrada en vigor fue muy desigual, observándose retrasos, incumplimientos y resistencias que nuevamente pusieron de manifiesto las dificultades que recorrían el proyecto de la unidad europea. Los obstáculos tendieron a recrudecerse por los cambios políticos y económicos que ocurrieron durante aquellos años. Por un lado, las convulsiones que sacudieron al continente europeo, desde la caída de los regímenes burocráticos del Este, al derrumbamiento de la URSS, pasando por la unificación alemana que afectó directamente al país más poderoso de la Comunidad. Y, por otro, la nueva recesión en que fue entrando la economía internacional, que agudizó los problemas de los países miembros y ahondó sus divergencias. En ningún momento, además, desaparecieron las discrepan-

---

5. La Carta es un breve documento de 30 puntos, de los que los 26 primeros desglosan los derechos de los trabajadores y los 4 restantes indican cómo debería aplicarse. Los derechos se refieren a la libre circulación de los trabajadores, al empleo y la remuneración, a la mejora de las condiciones de vida y trabajo, a la protección social, a la libertad de asociación y negociación colectiva, a la formación profesional, a la igualdad de trato entre hombres y mujeres, a la información, consulta y participación de los trabajadores, a la protección de la salud y de la seguridad en el lugar de trabajo, y a la protección de niños, adolescentes, personas de edad avanzada y minusválidos.

cias sobre el alcance final que ha de tener la integración europea. Las decisiones siguieron tomándose más en función de los intereses particulares de los Estados que con una visión global europea, pues perduró cierta desconfianza sobre la culminación del proyecto y se levantaron obstáculos serios cuando no coincidían los intereses del conjunto de los países miembros. En última instancia, subsistían diferencias acusadas entre las ventajas e inconvenientes que cada país obtendría de la implantación del Mercado Único porque existían diferencias acusadas entre las economías implicadas. Y los Estados no tenían las mismas condiciones políticas y sociales para soportar las tensiones que entrañaba la integración europea tal como se estaba llevando a cabo.

5.5. *El significado del Acta Única*

El Acta Única, desde el punto de vista económico, significó un nuevo paso en la internacionalización de las economías y los procesos productivos, acrecentando el comercio intracomunitario y acelerando las fusiones y absorciones de empresas. Desde el punto de vista político, representó una pérdida de autonomía de los Estados para definir y ejecutar sus políticas económicas. Socialmente, implicó el reforzamiento de un modelo dominado por las concepciones neoliberales, con un predominio del mercado y el debilitamiento de la intervención del Sector Público en las áreas social y económica.

El Acta Única, al profundizar la apertura exterior de todas las economías de la CE, superándose la mera unión aduanera, representó un cambio cualitativo en la integración europea. En el Mercado Único, los márgenes de actuación de los gobiernos para responder a los problemas económicos y sociales de sus respectivos países se vieron reducidos desde el momento en que los mercados nacionales no estaban resguardados por ninguna barrera y que la competencia regía de modo absoluto en todos ellos. Por otra parte, el Mercado Único promovió un espacio en el que la desrregulación económica y social eran fundamentales para garantizar y afrontar la competencia. La implantación de una política económica distinta a la línea dominante en la CE con la intención de forzar el crecimiento, aparte de contar con un contexto exterior adverso, tendría el coste de agravar la inflación interior, perjudicando la competitividad del país, como la perjudicaría toda política social avanzada que implicase la expansión de los gastos y los ingresos públicos. De ese modo, la política de austeridad, que con mayor o menor intensidad se había aplicado en todas las economías para remontar la crisis, y el avance de la ideología neoliberal y su corolario el retroceso del «Estado del Bienestar», encontraron en el Mercado Único una nueva justificación, reforzando la posición de los gobiernos por el hecho de venir impuestas por un marco internacional al que no se podían sustraer los países sin riesgo de quedar aislados, perder posiciones en la competencia o quedar desenganchados del tren de la integración europea para recorrer el trayecto siguiente de la unión monetaria. Adaptar las economías al Mercado Único y prepararlas para soportar las nuevas condiciones de competencia propiciaban la implantación de políticas de corte neoliberal que restringían los derechos y empeoraban las condiciones de vida de los trabajadores.

El Mercado Único convirtió en algo inexorable la política neoliberal, razón más que suficiente para no considerar inocua política e ideológicamente la construcción europea. Los trabajadores tenían motivos para no ser neutrales. La eliminación de las trabas a la competencia desata una lucha entre los países por mejorar su competitividad y el intento por atraerse las inversiones productivas entraña ofrecer ventajas a la rentabilidad del capital, lo que se traduce en un acoso a los derechos y condiciones de vida de los trabajadores y desencadena lo que se ha llamado el «*dumping social*». La exacerbación de la competencia hace más descarnado el conflicto de intereses entre el capital y el trabajo y su enfrentamiento objetivo, con el agravante de que el Mercado Único suministra a los gobiernos una coartada permanente —el peligro de quedar barridos de los mercados— para actuar en contra de los trabajadores. Con la Europa del Mercado Único es como si la rueda de la historia girase hacia atrás: el liberalismo a ultranza que había dominado en la mayoría de los países en el siglo XIX volvía a escena en las proximidades del siglo XXI, con el agravante de ser más compulsivo por reaparecer a escala supranacional.

En el pasado, el liberalismo generó una reacción contra sus consecuencias más nefastas y desató un creciente intervencionismo de los Estados para proteger a las capas sociales menos favorecidas, prestar unos servicios sociales mínimos, garantizar el aprovisionamiento de sectores productivos básicos, proteger sectores industriales incipientes, frágiles o en retroceso, pero con interés social, y corregir las fallas del mercado. En particular, a partir de la «Gran Depresión» de los años treinta se revisaron profundamente los fundamentos teóricos del liberalismo[6]. Con el

---

6. Hasta la crisis de los años treinta, la economía neoclásica, fundamento último del liberalismo económico, había sido hegemónica. El mercado era la institución perfecta por excelencia, pues garantizaba que cualquier aumento de la producción se traduciría en un aumento equivalente de la demanda para absorberla. La teoría neoclásica había sido montada sobre el supuesto de que el pleno empleo era el nivel de equilibrio y que todo alejamiento de ese equilibrio era coyuntural porque el propio sistema ponía en marcha los mecanismos para recuperar la normalidad. Se producían crisis periódicas, pero cumplían el objetivo de adaptar la capacidad productiva al poder adquisitivo existente. Desaparecían las empresas menos productivas o más anticuadas y se provocaba con ello un aumento de la productividad del trabajo, creándose las condiciones para una nueva recuperación. Bastaba dejar que las fuerzas del mercado actuaran con libertad para conseguir que la economía se saneara a largo plazo. Todo ello se demostró falso con la «Gran Depresión». Lo que ocurría al principio de los años treinta en los países capitalistas no tenía nada que ver con las conclusiones de la teoría neoclásica. El paro alcanzaba proporciones pavorosas, la capacidad ociosa era la norma y nada indicaba que la situación tendiese a corregirse por sí sola. Y los peligros para el capitalismo de tal situación se empezaron a considerar prioritarios a la estabilidad monetaria y el saneamiento del aparato productivo. Los grupos más importantes del capital y los gobiernos de los principales países optaron por un cambio de política económica como medio para hacer frente a la crisis, abandonando los postulados liberales. La llamada «revolución keynesiana» y el cambio del papel del Estado en la gestión de la economía fueron la expresión ideológica de este cambio de prioridades en la clase dirigente. Desde entonces, hasta los años setenta, el Estado desempeñó un papel prominente en el funcionamiento de la economía capitalista. Las posiciones keynesianas fueron do-

Mercado Único y el avance del neoliberalismo, se pretendió constreñir el papel económico y social desempeñado por los Estados, porque, partiéndose de diferentes grados de intervención en los distintos países, se buscó que fuese el mercado el que regulase y prevaleciera en la mayor parte de la actividad económica, sin condicionamientos de ningún tipo. El objetivo de hacer progresar el «Estado del Bienestar», que culminó la intervención creciente del Estado en el pasado y que constituyó una seña de identidad de todas las fuerzas progresistas, fue abandonado con el Acta Única y sustituido por el de lograr la contracción del Estado, unificando ideológicamente a los partidos conservadores y socialdemócratas. La socialdemocracia se había plegado hacía tiempo a las concepciones neoliberales. Históricamente su mensaje político había combinado la aceptación del capitalismo con la intervención creciente del Estado para corregir los efectos más perniciosos del mercado y propulsar el «Estado del Bienestar», pero en la medida en que la crisis económica se prolongó y se agudizó la contradicción entre promover una política progresista y cumplir con los requisitos del capital para remontarla, los socialdemócratas aceptaron con todas sus consecuencias la política neoliberal. El Acta Única y el proyecto de integración europea les proporcionó una coartada oportuna para esta reconversión ideológica: los sentimientos europeístas, sabiamente estimulados, y el afán integrador que recorre a la izquierda trataron de asimilarse al proyecto de construcción de Europa de los sectores dominantes del capital: haciéndolos coincidir, todo estaba justificado.

5.6. *Contradicciones*

Para los trabajadores, el Mercado Único representó objetivamente un retroceso en sus aspiraciones históricas y un marco desfavorable para defender sus intereses, después del desgaste sufrido desde que cambió la tendencia de la economía mundial. La crisis económica y las políticas de austeridad degradaron paulatinamente las condiciones socioeconómicas en detrimento de la capacidad de lucha de los trabajadores. La aparición en la mayoría de los países de altas tasas de paro, sobre todo el de larga duración y el de jóvenes; la extensión del trabajo precario, principalmente entre las mujeres y los jóvenes; el desmantelamiento de muchas empresas de sectores básicos; el hundimiento económico de algunas regiones cohesionadas en torno a industrias tradicionales, etc., debilitaron su fuerza y favorecieron nuevos ataques. La relación de fuerzas entre las clases no permitió en ningún país ataques frontales y decisivos contra los trabajadores ni el desmantelamiento del «Estado del Bienestar», aunque se paralizaron los avances sociales, se impusieron algunos retrocesos no desdeñables en materia de salarios y de protección social y se erosionó a

---

minantes y los gobiernos utilizaron sus recetas con el doble propósito de mantener la demanda efectiva para evitar las crisis y extender el gasto público de carácter social para integrar a la clase obrera, desarrollándose el «Estado del Bienestar».

amplios sectores de la clase obrera. El régimen en extremo competitivo surgido con el Mercado Único acentuará el carácter antisocial de las políticas económicas, sin perjuicio de que los gobiernos tienen márgenes impuestos por la necesidad de no provocar conflictos agudos que socaven la legitimidad del sistema e impidan su normal funcionamiento y por la conveniencia de que el proyecto de integración europeo no sufra un rechazo si se llega a equiparar popularmente la integración con sacrificios y retroceso en las condiciones de vida.

Uno de los campos en el que será sutil y palpable el carácter antisocial que irá adoptando la política económica es en el de la armonización fiscal pendiente. No teniendo parangón la movilidad internacional del capital con la de la fuerza de trabajo y manteniéndose unos niveles altos de desempleo en la mayoría de los países, la homogeneización impositiva fiscal tenderá a cumplirse elevando los impuestos indirectos más que los directos y, dentro de éstos, elevando los que gravan las rentas del trabajo para aliviar los que gravan las rentas del capital.

El conflicto entre los trabajadores y el modelo social derivado del Mercado Único, con ser fundamental, no es el único, pues el proyecto entraña otras muchas contradicciones en las que se ven envueltos otros sectores sociales dentro de los países y estos mismos. La competencia y la concentración del capital y la producción no dejan de causar víctimas entre los propios sectores capitalistas, destrozando a los más débiles. Las empresas más pequeñas, las menos rentables, las que tienen una situación financiera más precaria, las que viven de la subcontratación, son eliminadas, incapaces de resistir la competencia no ya sólo de las empresas más potentes de sus respectivos países sino la de las principales multinacionales del continente europeo.

Del proyecto de la construcción del Mercado Único se destacaron las ventajas para la productividad y reducción de costes derivadas de la ampliación de los mercados y de su homogeneización y de la libertad de aprovisionamiento, pero se omitieron las consecuencias de la concentración de la producción, que dará lugar a la destrucción de empresas y al desmantelamiento industrial y agrícola de las regiones menos productivas, aumentando las desigualdades existentes entre los países y regiones de la Europa comunitaria. No todos los países parten en igualdad de condiciones para afrontar la competencia, por lo que los efectos adversos tenderán a concentrarse en los países más atrasados, que son los que verán destruirse más intensamente sus tejidos productivos y los que soportarán el retroceso de áreas económicas en provecho de las más desarrolladas y las mejor localizadas geográficamente. La concentración de la producción y los avances tecnológicos inherentes a todo el proceso, más que propiciar la convergencia real de los países y el desarrollo armónico de sus regiones, tenderán a separarlos y hacer más acusados los contrastes entre las zonas ricas y las atrasadas. Algunos estudios realizados sobre las repercusiones del Mercado Único vaticinaron resultados alarmantes sobre algunas economías.

La implantación del Mercado Único, con el sustrato del SME para garantizar la estabilidad de los tipos de cambio, entraña, además, una convergencia de las políticas económicas, por la imposibilidad para cualquier país de encauzar su economía en contra de la orientación general, que vendrá impuesta por los países fuertes y avanzados, en particular por Alemania, cuya moneda es el núcleo de los acuerdos monetarios. Por ello, la política económica europea estará dominada por los criterios de estabilidad en detrimento de las políticas expansivas, cuando los países comunitarios soportan problemas económicos y sociales bien distintos que exigirían respuestas diferenciadas a la situación de cada uno de ellos. El alza de los precios, aparte de ser un fenómeno ligado a la evolución económica, no es independiente de estructuras económicas y sociales, de manera que los países con más carencias y, por tanto, con mayores tensiones sociales, son más proclives a la inflación. Y lo mismo puede decirse del tipo de cambio: el intento de garantizarlo puede obligar a una política más rigurosa en unas economías que en otras, puesto que no todas ellas gozan de las mismas posibilidades para mantener o restaurar el equilibrio de la balanza de pagos. En consecuencia, la pretensión de cumplir los mismos objetivos en economías tan diferentes hará que algunos países tengan que pagar un precio más alto en términos de crecimiento y paro para conseguir la misma estabilidad interna y externa.

Las contradicciones políticas implícitas en el Mercado Único y, en general, en el proceso de la construcción europea son también importantes. La aplicación de una política económica que tiende a ser uniforme en todos los países y el despliegue de la actividad de los sectores dominantes del capital europeo en un mercado único exigirían en último extremo un Estado europeo, pero las dificultades para avanzar hacia la integración política son grandes porque todavía los Estados nacionales cumplen unas funciones que están lejos de poder transmitirse a las instancias supranacionales o comunitarias: las de proporcionar las bases económicas para el funcionamiento normal del sistema, las de garantizar a las burguesías nacionales las mejores condiciones para sobrevivir en la competencia, incluso dentro de la CE, y las de ser un instrumento de control político, en sus vertientes de legitimación y coerción. La presión hacia fórmulas de integración política y el reforzamiento de las instituciones comunitarias se deja sentir, pero todavía, teniendo en cuenta que el proceso de integración europea ha sido básicamente una integración de los mercados, no están dadas las condiciones para que los Estados nacionales pierdan su soberanía en cuestiones básicas. A su vez, estas carencias políticas están obstaculizando el proyecto, al suscitar un rechazo social creciente el hecho de que decisiones fundamentales para los pueblos europeos emanan de instituciones no democráticas que escapan al control de las elegidas democráticamente. Las políticas de los Estados tienen que someterse a decisiones del Consejo o la Comisión Europeos (dominados por los países más potentes), resultando que no se pueden pedir cuentas por las políticas adoptadas y que acaba por ser verdad la posición tan querida a los gobiernos de que no hay más que una política posible. Las contradicciones que tal situación abre desde el punto de vista de la legitimación del sistema y las aspiraciones democráticas de los pueblos no son desdeñables.

Los aspectos fundamentales que configuran el Mercado Único estuvieron culminados en la fecha prevista de su entrada en vigor, el primero de enero de 1993. A pesar de algunos retrasos en el desarrollo del Acta Única (también hubo anticipaciones) y de quedar algunos puntos importantes por cumplir en esa fecha, entre los que destaca la armonización fiscal, el Mercado Único puede considerarse una realidad desde entonces. No obstante, otorgarle un carácter irreversible al nuevo estadio en la integración europea, como se pretende desde los sectores económicos y políticos favorables a ella, parece excesivo. El Acta Única se fue desplegando en unas circunstancias propicias —la recuperación económica de los años ochenta que se prolongó casi hasta el final de la década— pero su culminación, y con ella las consecuencias negativas que para muchas economías y para muchos sectores sociales en cada país ocasionará, coincidieron con una agravación de la crisis económica internacional. Las tensiones y contradicciones que el Mercado Único encierra, examinadas en las páginas anteriores, se activarán inevitablemente con la crisis, por lo que no resulta descartable que en los países más afectados surjan tentaciones de poner coto a un espacio tan competitivo, contando además con que la evolución de la economía internacional en los años noventa no será una repetición de la década anterior.

Las perspectivas del Mercado Único, por otra parte, no pueden desligarse totalmente de los avatares y del resultado final de la nueva etapa del proyecto de la construcción europea: la unidad monetaria. El tratado de Maastricht, que fija los plazos, condiciones y objetivos de dicha unidad, implica acentuar los rasgos y contradicciones de la integración lograda hasta el Mercado Único —carencias democráticas, carácter neoliberal, pérdida de autonomía para las políticas económicas, dificultades para defenderse de la falta de competitividad, divergencias reales entre economías— y requiere de la adopción de políticas de ajuste para hacer posible la estabilidad de los tipos de cambio, como condición previa a la adopción de una moneda común. Si la unidad monetaria no avanza por los cauces previstos, si la construcción europea entra en un atolladero por las dificultades objetivas del proyecto y el rechazo de algunos países y amplios sectores sociales, no es descartable que también se cuestionen algunos de los pasos dados con la implantación del Mercado Único.

6
HACIA LA UNIDAD MONETARIA

El impulso que recibió la integración europea desde 1986 se orientó hacia dos objetivos: el primero, profundizar en la apertura exterior de las economías para ampliar y homogeneizar los mercados, y el segundo, preparar a las economías para la implantación de una moneda común, lo que reforzaría la unificación de los mercados y establecería un nuevo estadio en la construcción europea. El Acta Única, como se ha visto en el capítulo anterior, estuvo dedicada fundamentalmente a lograr un mercado único para las mercancías, los servicios y el capital, quedando pendiente para su posterior desarrollo el proyecto de la unidad monetaria.

Una vez encarrilada la aplicación del Acta Única, con los vientos a favor procurados por la expansión de las economías europeas, los gobiernos y la burocracia comunitaria dedicaron sus esfuerzos a diseñar las etapas, ritmos y condiciones para la implantación de la moneda única, surgiendo un primer proyecto conocido como el Plan Delors (presidente de la Comisión europea y del comite de expertos encargado de su elaboración). Las vicisitudes propias del proceso de integración, complicadas por la complejidad y trascendencia de los nuevos objetivos y por los cambios políticos y económicos que tuvieron lugar en el tránsito de la década de los ochenta a los noventa, dificultaron la ejecución del Plan Delors y enfriaron el entusiasmo europeísta que había recorrido a la mayoría de los gobiernos de los países de la CE en los años anteriores, coincidiendo con la expansión de las economías.

Para superar esta paralización, en el Consejo Europeo celebrado en Maastricht en diciembre de 1991, los jefes de Estado y de gobierno de los «doce», en un acto de voluntad política que hizo caso omiso de las dificultades económicas, aprobaron un Tratado para culminar la unidad monetaria en una fecha no posterior a 1999. Desde entonces, Maastricht dejó de ser el nombre de una ciudad holandesa para convertirse en la palabra mágica y polémica que encierra las claves del proyecto de integración europea.

El destino del Tratado de Maastricht determinará muchos de los acontecimientos económicos, y también políticos, de los países europeos en los próximos años, pero con una perspectiva muy abierta, porque Maastricht, lejos de acabar con las incertidumbres del porvenir de la Comunidad, no hizo más que abrir un debate profundo en el seno de las sociedades sobre la naturaleza y objetivos de la construcción europea que se está llevando a cabo. Este capítulo está dedicado a examinar los problemas y significado de la unión monetaria.

6.1. *La estabilidad de cambios y el Mercado Común*

En principio, una unión aduanera tal como la que conformaba la CE, e incluso el Mercado Único, puede funcionar con más de una moneda ligadas entre sí con tipos de cambio flexibles. Sin embargo, en el funcionamiento de economías fuertemente integradas como las de la CE, son bastantes las ventajas derivadas de la estabilidad de los tipos de cambio, y más aún de la existencia de tipos de cambio fijos. Por ello, la consecución de un alto grado de estabilidad de los tipos de cambio fue un objetivo permanente de la Comunidad y estuvo en sus perspectivas la creación de una moneda única, cuyo requisito fundamental es que las distintas monedas fijen previamente una paridad irrevocable entre sí y con la moneda única.

Siendo el objetivo esencial de toda unión aduanera la eliminación de las restricciones al comercio para fomentar la competencia y los intercambios, los tipos de cambio flexibles pueden convertirse en un instrumento en manos de los gobiernos que la hagan inoperante. A través del tipo de cambio (devaluando su moneda suficientemente), un país puede lograr un alto grado de protección de sus mercados y competir con ventajas en los exteriores, por lo que se correría el riesgo de provocar devaluaciones en cadena, de desatar reacciones entre unos países y otros, que acabarían perturbando y frenando los intercambios comerciales en contraposición a los objetivos buscados. Por otro lado, para las empresas que concentran gran parte de su actividad en las exportaciones, o como es el caso de las multinacionales que combinan su producción y ventas en distintos países, la estabilidad de los tipos de cambio proporciona unos datos fundamentales para la toma de decisiones, que se convierten en incógnitas cuando se enfrentan a un régimen de tipos de cambio flexibles. Para el mundo de los negocios, sobre todo cuando se diseñan grandes proyectos de inversión que tienen largos períodos de maduración y amortización, la inseguridad en los tipos de cambio es elemento de incertidumbre que condiciona vitalmente los cálculos de rentabilidades. El capitalismo tiene fórmulas para cubrirse de los riesgos de las variaciones en los cambios de las monedas (los mercados a plazo de las divisas), pero implican costes adicionales y además no existe cobertura posible para los plazos muy largos. Cabe añadir que en el caso concreto de la CE, la existencia de tipos de cambio fijos facilita de modo extraordinario la compleja ejecución de la política agrícola común, destinada a garantizar los precios de los productos agrarios.

La estabilidad de los cambios tiene también otras ventajas. El compromiso de los gobiernos de mantener fija la cotización de la moneda como uno de los factores que determina la relación de intercambio con el resto de las economías, obliga a prestar atención especial a la evolución interna de los precios, como otro factor, ya que un alza de los precios interiores más intensa que la de los países con los que se comercia tiene los mismos efectos que una revaluación de la moneda: una pérdida de competitividad que estimula las importaciones y frena las exportaciones. La estabilidad de los precios interiores es un hecho positivo en el funcionamiento de cualquier economía y para las empresas representa un elemento de certidumbre necesario, ya que una evolución incontrolada e imprevisible de la inflación causa parecidas perturbaciones en la toma de decisiones que el señalado en el caso de los tipos de cambio flexibles. Además, desde un punto de vista político, la necesidad de garantizar la estabilidad del tipo de cambio fuerza a los gobiernos a adoptar medidas estabilizadoras cuando la evolución económica la pone en peligro, medidas que favorecen las restricciones salariales y las políticas de austeridad (se ha convertido en una práctica común imputar a los salarios las tensiones inflacionistas), propiciando una distribución de la renta a favor de los beneficios.

Por múltiples razones, por tanto, la estabilidad de los tipos de cambio fue considerada en todo momento como un postulado básico en el proceso de integración europeo. Durante los primeros años de entrada en vigor del Tratado de Roma y hasta la culminación de la unión aduanera, los tipos de cambio fijos estuvieron garantizados por la vigencia del patrón-dólar en que se sustentaba el sistema monetario internacional desde el final de la Segunda Guerra Mundial. Todas las monedas estaban ligadas al dólar con un cambio fijo, y a través del dolar, al oro, obligándose los gobiernos a intervenir en los mercados de divisas cuando las cotizaciones se desviasen en un 1% del tipo oficial de cotización. El sistema contemplaba la posibilidad de ajuste cuando la situación de una moneda fuese insostenible a los tipos de cambio vigentes, pero, fuera de algunas crisis episódicas de algunas monedas, durante muchos años existió un régimen de tipos de cambio fijos al amparo del cual tuvo lugar el desarrollo del Mercado Común. Al principio de los años setenta, sin embargo, fue la debilidad del dólar como moneda básica la que arrastró al sistema a una crisis definitiva, decretándose en 1971 el fin de su convertibilidad en oro. Desde entonces, sin perjuicio de los múltiples acuerdos y compromisos alcanzados por los gobiernos para dar cierta estabilidad a los mercados de cambios y de la intervención continua de las autoridades monetarias para controlar la evolución de las cotizaciones, ha existido un régimen de tipos de cambio flexibles, diversificándose las monedas fuertes que servían de reserva en el sistema monetario internacional.

6.2. El papel del SME

Las convulsiones monetarias que antecedieron y prolongaron la crisis del dólar y el establecimiento de un régimen de cambios flexibles chocaron con el normal funcionamiento del Mercado Común, por lo que los gobiernos comunitarios intentaron proteger a las monedas europeas de la crisis monetaria y propiciar la estabilidad interna entre ellas. Trataron al mismo tiempo de que las divisas más fuertes de la CE ocuparan el espacio abandonado por el retroceso del dólar como moneda de reserva, tanto para dar estabilidad al sistema monetario como para beneficiarse de las ventajas que para un país tiene que su moneda sea aceptada como reserva internacional[1]. Surgió de ese modo en 1969 la «serpiente» monetaria europea, antecedente del SME, implantado en 1979. El SME ha sido una pieza básica de la política común de la CE, tanto porque estableció como regla la estabilidad de cambios y los mecanismos para sostenerla como porque forzó la convergencia de las políticas económicas y facilitó su aplicación en los países. De los doce países miembros, salvo Grecia, todos pertenecen al SME. Al núcleo inicial formado por los países fundadores del Mercado Común, se fueron integrando en diversos momentos el resto: el Estado español en 1989, Gran Bretaña en 1990 y Portugal en 1991, países éstos que se acogieron a la banda de fluctuación del 6%.

El SME sirvió para aportar estabilidad monetaria a los países de la CE, pero no impidió que las divergencias profundas que existen entre las economías comunitarias se tradujeran de vez en cuando en crisis financieras que obligaron a revisión de la parrilla de paridades dentro del sistema. Las economías difieren en cuanto a su estabilidad interna, desarrollo de las infraestructuras, implantación del «Estado del Bienestar», nivel de productividad, grado de capitalización y tecnológico de las empresas, nivel de paro, etc. Todo ello hace que la competitividad de unos países sea mayor que la de otros, resultando que la que podía ser una estructura de tipos de cambio de equilibrio acaba convirtiéndose, con el tiempo, en una estructura insostenible por los desequilibrios de la balanza de pagos a la que se ven arrastrados los países menos competitivos. Los déficits de la balanza de pagos por cuenta corriente, con una política de tipos de interés altos, no presentan a corto plazo problemas de financiación, pero, a largo plazo, el mantenimiento del déficit exterior acaba por minar la confianza que se otorga a una moneda. Una vez instalada la desconfianza, contando con la hiperactividad de los mercados financieros y su alto nivel especulativo, cualquier acontecimiento puede desatar las fuerzas del mercado, condenando irremediablemente a la moneda puesta en cuestión. Los gobiernos, aun contando con los mecanismos de co-

---

1. La asimetría entre los países cuyas monedas sirven de reservas y el resto es grande. Ante una situación de balanza de pagos deficitaria, los países corrientes tienen que ajustar su economía o devaluar su moneda para corregir el déficit, en tanto que los países de moneda de reserva puede prolongar una posición deficitaria, ya que el montante de las reservas de los demás países en una moneda son como préstamos permanentes y gratuitos del resto del mundo al país que la emite.

Gráfico 6.1.

TIPO DE CAMBIO EFECTIVO NOMINAL
MONEDAS DE CADA PAIS FRENTE A 19 PAISES
INDUSTRIALES. INDICES 1970=100

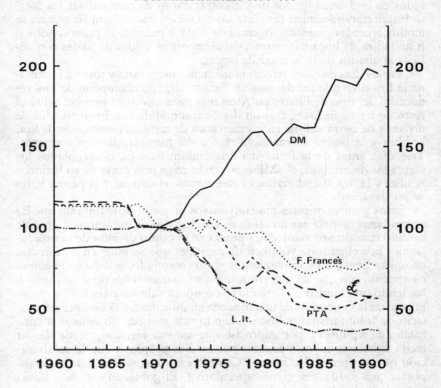

laboración del SME, no pueden hacer frente a esas crisis por el volumen de fondos que puede intervenir en la especulación ni, en última instancia, tiene sentido que traten de impedirlas porque delatan un problema real: la relación de intercambio de las mercancías y servicios entre el país afectado y el resto de los países no es de equilibrio. Y es así como desde la entrada en funcionamiento del SME, en principio pensado para mantener fijos los tipos de cambio sin mas variación que las permitidas por los márgenes de fluctuación, se tuvieron que realizar casi una veintena de revisiones de paridades entre las monedas comunitarias.

La crisis de los mercados de cambios dentro del SME que tuvo lugar antes de la celebración del referéndum sobre Maastricht en Francia ilustra las razones y el modo en que se desencadenan. A raíz del rechazo danés al Tratado de Maastricht, en junio de 1992, los mercados financieros empezaron a cobrar cierto nerviosismo, que se hizo creciente a medida que se aproximaba el 20 de septiembre, fecha de la consulta en Francia, al existir gran incertidumbre sobre el resultado por la igualdad que arrojaban las encuestas. Los ministros de Economía de la CE, reunidos en Inglaterra quince días antes, trataron de tranquilizar los mercados, declarando solemnemente, como suelen hacer siempre, que no se modificarían las paridades vigentes del SME a pesar de la presión que sufrían la lira, la libra y la peseta, casualmente monedas de países con déficits abultados de la balanza de pagos.

Varios días después arreció la tormenta monetaria y justo a la semana la lira tuvo que ser devaluada. Esta medida se acompañó de una reducción del tipo de interés en Alemania para aliviar la presión sobre el resto de las monedas y, tras un día de tranquilidad en los mercados de divisas y de cierta euforia en los mercados de cambio, nuevamente la lira, la libra y la peseta entraron en el ojo del huracán de otra tormenta. Tres días antes de la fecha del referéndum francés, desarbolados los mercados de cambios, el SME entró en la crisis más grave de su historia: la libra y la lira abandonaron cautelarmente el sistema y la peseta hubo de ser devaluada.

Estos acontecimientos tan convulsivos pusieron de manifiesto que las autoridades monetarias no están en condiciones de garantizar el tipo de cambio cuando una moneda es puesta en el punto de mira de la especulación, por el enorme volumen de capitales que se pone en acción con completa libertad de movimientos y, por otro lado, reflejaron el empecinamiento con que los gobiernos intentan mantener los tipos de cambio, haciendo caso omiso de la realidad económica de los países. El sostenimiento de la cotización de una moneda en dificultades es siempre un ejercicio de voluntarismo político. Cuando una moneda no tiene una cotización de equilibrio, por impreciso que sea este término, puede resistir cierta agitación de los mercados por medios propios y con la colaboración que se prestan los Bancos Centrales europeos, pero no puede soportar una verdadera crisis especulativa. El gobierno español, horas antes de la devaluación de la peseta, seguía impertérrito declarando que la devaluación no tendría lugar, lo que recordaba la reunión de los ministros europeos de economía de días antes: anunciaron al mismo tiempo que la parrilla de paridades del SME no se modificaría y el principio de la crisis. Todavía se pudo comprobar otra vez, solamente dos meses después de la anterior crisis, que la estabilidad de las cotizaciones no es cosa que dependa únicamente de la voluntad de los gobiernos. La devaluación de la peseta en un 5% no fue suficiente para tranquilizar a los mercados, porque la entidad del déficit exterior de la economía española sugería que con la leve devaluación de septiembre la peseta estaba lejos de cotizar a un cambio de equilibrio. El Banco de España tuvo que poner cortapisas a los movimientos de capital para defender la peseta de la especulación

—en febrero, anticipándose a las exigencias de la Comunidad, había implantado la libertad plena—, pero las medidas fueron insuficientes: la peseta seguía perdiendo posiciones dentro del SME y fue preciso una intervención cuantiosa, de muchos miles de millones de dólares, para retenerla dentro de la banda de fluctuación. El 22 de noviembre se decretó finalmente otra devaluación del 6% de la peseta, que arrastró en esta ocasión al escudo portugués, mientras la libra y la lira seguían fuera del sistema.

En comparación con la estabilidad de las monedas durante la vigencia del patrón-dólar, los sucesivos episodios especulativos que jalonaron los últimos tiempos del SME, provocando muchos momentos de tensión en los mercados y frecuentes reajustes, ponen de manifiesto no sólo que el sistema financiero internacional ha cobrado gran inestabilidad, sino también la gran disparidad que existe entre las economías europeas. Las peor dotadas para la competencia son más vulnerables y se resienten más que en otros tiempos por la apertura exterior y la internacionalización de la economía mundial.

La historia del SME, y en particular su más grave crisis, acontecida a los pocos meses de firmarse el Tratado de Maastricht y al iniciarse la convergencia prevista, dejaron sentado que el conjunto de las economías comunitarias están lejos de poder fijar unos tipos de cambio relativamente estables antes de dar el salto definitivo a la implantación de la moneda única. O bien, expresado a la inversa, que para conseguir la estabilidad de las cotizaciones, previa a la unificación monetaria, sería preciso someter a algunas economías a un durísimo proceso de ajuste interno para que a través del hundimiento de la actividad y la demanda lograran el equilibrio exterior, base de dicha estabilidad.

Estas reflexiones no entraron en consideración de los promotores de la unidad monetaria, que no calibraron las dificultades objetivas del proyecto derivadas de las divergencias reales entre las economías que tenían que llevar a cabo la integración. Una cierta euforia europeísta, auspiciada por la trayectoria favorable que recorrió la economía europea durante buena parte de la década de los ochenta, invadió a los gobiernos y a los sectores del capital europeo interesados en proseguir la construcción europea sobre bases neoliberales. El desarrollo del Acta Única avanzaba a un ritmo satisfactorio a pesar de algunos escollos y resistencias, y ante la implantación del Mercado Único, convenía diseñar la unidad monetaria. El Plan Delors cumplió inicialmente ese papel.

6.3. *Un mercado, una moneda*

En el Consejo Europeo de Madrid, en junio de 1989, el Plan Delors fue admitido como base del proyecto de la Unión Económica y Monetaria (UEM). Su objetivo era crear una moneda común de una manera gradualista, con avances puntuales y una evolución continua, estableciendo tres etapas que permitirían al final de la tercera alcanzar la unidad monetaria.

Los objetivos de la primera etapa se centraban en culminar el Mercado Único, en conformar un espacio financiero único y en lograr un cierto grado de convergencia, no especificado, entre las economías. Desaparecerían los obstáculos a la utilización por el sector privado del ECU y se reforzaría el papel del comité de Gobernadores de los Bancos Centrales. No se fijaron las condiciones del tránsito a la segunda etapa, porque tampoco eran precisos los objetivos a cumplir, valorándose esta fase inicial como un período para completar la integración de los mercados y de adecuación de las economías para suscribir posteriormente en firme los compromisos requeridos para la unión monetaria.

La segunda etapa se destinaba a la creación del marco institucional que fuese preparando y asumiendo las funciones del futuro Banco Central europeo y reforzaba la coordinación de las políticas económicas, principalmente monetarias, como base para instrumentar una política común en la última fase. El ECU continuaría siendo una unidad de cuenta, compuesta por una cesta de monedas, hasta su configuración definitiva como moneda real al final del proceso. Tampoco se establecían los objetivos mínimos que permitirían el paso a la tercera etapa. En ésta, se fijarían unos tipos de cambio irrevocables entre las monedas europeas para dar nacimiento a la moneda única, que sería aconsejable que sustituyera a las monedas nacionales, y se traspasarían todas las atribuciones monetarias a las instituciones comunitarias.

El Plan Delors ofrecía sólo las líneas generales del proyecto y adolecía de ambigüedad y falta de concreción en muchos de sus contenidos básicos, lo que no fue obstáculo para que Gran Bretaña, el país más renuente a avanzar hacia la unidad monetaria y el menos dispuesto a ceder cotas de soberanía, se opusiera al traspaso de competencias a las instituciones comunitarias. En contraposición a esta actitud, el gobierno español, el más firme defensor entonces de un rápido y decidido progreso hacia la unión monetaria, presentó una propuesta alternativa con la pretensión de dar un contenido más preciso y sustancial a las distintas etapas (principalmente a la segunda, considerada fundamental para crear las instituciones y para realizar la transferencia de competencias), de fijar fechas para cada una de ellas y de acelerar en todo lo posible el proceso.

Como resultado de las distintas posiciones y en una situación de preocupante paralización del proyecto, en el Consejo Europeo de Roma de octubre de 1990 se alcanzó un acuerdo, en principio definitivo, sobre el contenido y calendario de la UEM. La etapa primera mantenía los propósitos de convergencia de las economías y de coordinación de las políticas, estimulando la participación de todos los países en el SME. La segunda debía iniciarse el primero de enero de 1994, y en ella se desarrollaría y reforzaría el papel del ECU al tiempo que se crearía una institución monetaria europea que tendría como objetivos reforzar la coordinación de las políticas monetarias y la creación de los instrumentos necesarios para implantar una política única. La tercera debía culminar antes de 1999: tras la fijación irrevocable de los tipos de cambio, nacería el ECU como moneda única de la Comunidad.

El plan ganó en concreción después del Consejo de Roma, aunque no desaparecieron muchos de los elementos de ambigüedad, delatados por el léxico (coordinación, reforzamiento, desarrollo) y encubridores de las discrepancias en el seno de la CE sobre el alcance que debía tener la nueva fase de la integración europea y de las dificultades objetivas para llevar a cabo la unión monetaria. La evolución del proceso no dependía sólo de la voluntad de los gobiernos y lo acabado de las propuestas, ya que el futuro de la unión monetaria estaba ligado al contexto general, determinado por los acontecimientos políticos que estaban teniendo lugar en Europa y por la nueva situación económica internacional. Mientras se dirimían las cuestiones técnicas y políticas del proyecto, estaban ocurriendo cambios sustanciales que alimentaban resistencias, ahondaban discrepancias y minaban el entusiasmo de sus más acérrimos partidarios. Los vientos favorables que habían impulsado el Acta Única y los primeros planes de unión monetaria habían cambiado de sentido y frenaban ahora la integración.

El hundimiento de los regímenes de los países del Este, la unificación de Alemania, la inestabilidad de la URSS, la guerra del Golfo Pérsico, introdujeron nuevos datos en el panorama político europeo que no podían dejar de afectar a la CE. Las piezas se habían movido en el tablero europeo, principalmente para Alemania, que empezaba a tener preocupaciones políticas propias y seguramente una alternativa política diferente de la que hasta entonces había apoyado, vislumbrando territorios inmensos donde ejercer su predominio económico. Pero insinuar un cambio de posición de Alemania es lo mismo que decir que el resto de los países comunitarios tuvieron también que replantearse las nuevas circunstancias políticas. Por otra parte, con el agotamiento del ciclo y la nueva recesión se agravaron los problemas de muchas economías comunitarias, conduciendo a desviar la atención de los gobiernos hacia las cuestiones internas y a un atrincheramiento de los países, tanto más justificado cuanto que el modelo previsto de integración monetaria implicaba políticas recesivas y el peligro de llevarse por delante a los sectores y las empresas de las economías más débiles.

La evolución económica de los países comunitarios, por lo demás, no avanzaba de acuerdo con los planes de convergencia trazados ni al ritmo esperado, detectándose países con fuertes desequilibrios en tanto que otros gozaban de una alto grado de estabilidad. En estas condiciones, estos últimos tuvieron la tentación de constituirse en el núcleo primario que impulsase la integración monetaria, postergando la incorporación de los más desajustados. Surgió así la versión de la Europa a dos o más velocidades, rechazada por los países potencialmente excluidos, temerosos de perder un tren al que sería difícil subirse posteriormente. Puede afirmarse que las discrepancias existentes sobre los aspectos técnicos, de plazos y de contenido de los planes sobre la unidad monetaria dejaban traslucir las discrepancias nunca superadas sobre el carácter de la integración europea, agravadas por los cambios políticos y económicos que se habían producido. Las condiciones para seguir adelante con la UEM no estaban maduras, como lo revelaban las divergencias reales entre las economías, ni la recesión económica permitía soslayarlas. La senda hacia la unidad monetaria se había perdido, amenazando el andamiaje levantado para la construcción de la unidad europea. En esta situación, los jefes de Estado y de gobierno de los países comunitarios viajaron a Maastricht en diciembre de 1991.

6.4. *El Tratado de Maastricht*

La cumbre de Maastricht hay que situarla en este nuevo contexto económico y político que condujo a un enfriamiento del proceso de integración. Se dijo que dicha cumbre tenía que ser un éxito por definición, puesto que así lo habían acordado todos sus participantes. Cualquiera que fuese el grado de desacuerdo (y este fue bastante profundo como posteriormente revelaron las actas de la reunión cuando se filtraron a la opinión pública), no podía presentarse formalmente como un fracaso, pues se habría abierto la caja de los truenos de las divergencias, conflictos y tensiones que existen en el seno de la Comunidad, poniendo en peligro el proyecto de la unidad europea, que en esos momentos tenía los pies de barro, pero que ningún gobierno se atrevía abiertamente a contestar. El acoso por parte de algún país significativo habría echado por tierra una alternativa de las burguesías europeas que había costado mucho tiempo levantar y a la que habían apostado todos los gobiernos, entre otros motivos porque sirvió de coartada para las políticas neoliberales y de austeridad que con tanto vigor aplicaron. Maastricht tenía que culminar aparentemente en un éxito o al menos llenar la botella hasta un punto que permitiera decir a los optimistas que estaba medio llena.

Pero Maastricht no despejó el camino a la integración ni le dio un impulso definitivo. En la cumbre no se superaron las desavenencias, no se contrajeron compromisos sólidos en los aspectos claves de la unidad y no se fijó un calendario riguroso para cada etapa programada. Por el contrario, se diluyeron las fechas previamente fijadas para la unidad monetaria y las fases intermedias que servían de control y verificación. Los acuerdos alcanzados se concentraron en la integración monetaria en detrimento de los aspectos políticos y las cuestiones sociales, a los que se prestó una atención insuficiente, lo que le restó legitimidad y apoyos al proyecto. Se plasmó una división entre Gran Bretaña y los demás países en lo relativo a la unión monetaria y a la Europa social, que tenía más alcance que una mera discrepancia o de concesiones al empecinamiento británico.

La Unión Económica y Monetaria fue el núcleo de los acuerdos de Maastricht y todo lo demás ocupó un lugar secundario. El objetivo declarado es convertir al ECU en una moneda única para toda la Comuni-

Cuadro 6.1.

LA UNION ECONOMICA Y MONETARIA

El Tratado de Maastricht se ocupa fundamentalmente de la creación de la UNION ECONOMICA Y MONETARIA. El objeto es llegar a la puesta en pie de una moneda única, el ECU, para toda la Comunidad, emitida por el BANCO CENTRAL EUROPEO. Ello requiere:

- La creación de las INSTITUCIONES MONETARIAS EUROPEAS, la regulación de sus funciones, etc. Estas son:
  - El INSTITUTO MONETARIO EUROPEO (IME), que es el órgano encargado de la construcción de la UEM y que será asumido por el BANCO CENTRAL EUROPEO, cuando se haya logrado la unidad monetaria.
  - El SISTEMA EUROPEO DE BANCOS CENTRALES (SEBC), en el que se integrarán los de los países miembros.
  - El BANCO CENTRAL EUROPEO (BCE), que emitirá el ECU como moneda única y que será la máxima autoridad monetaria de la Comunidad.
  - El BANCO EUROPEO DE INVERSIONES (BEI).

- Las CONDICIONES DE CONVERGENCIA, necesarias para la puesta en pie de una moneda única. En Maastricht, se acordó que para formar parte del grupo de países que participarán en la última fase será necesario cumplir cinco exigencias:
  a) permanecer dos años en la banda de fluctuación del 2,25% del SME.
  b) que la inflación no supere en mas de 1,5 puntos la media de los tres países que la tengan más baja.
  c) que los tipos de interés no sean superiores en más de dos puntos a la media de los tres países en que la inflación sea mas baja.
  d) que el déficit público no supere el 3% del PIB.
  e) que el endeudamiento del Sector Público no supere el 60% del PIB.

- Las FASES de la UEM:

1.ª Fase Presentación de los programas de la convergencia por parte de los Estados miembros y aprobación de los mismos por la Comisión.

2.ª Fase Se iniciará el 1 de enero de 1994. Las normas de disciplina presupuestaria son obligatorias y entra en funcionamiento el Instituto Monetario Europeo, que se encargará de preparar la tercera fase. Antes del 31 de diciembre de 1996, el Consejo decidirá por mayoría cualificada si se cumplen las condiciones para iniciar la 3.ª fase y qué países pasarán a la misma. Pueden darse dos situaciones:
  a) una mayoría de Estados miembros cumplen las condiciones de convergencia, en cuyo caso los mismos podrán pasar a la 3.ª fase, cuya fecha de inicio se fijará en ese momento, quedando los demás en una situación de **excepción**.
  b) sólo cumplen las condiciones de convergencia una minoría de miembros, en cuyo caso, el 1 de enero de 1999 entrarán en la 3.ª fase sólo ellos.

3.ª Fase El ECU se convierte en la moneda única y el BCE, rodeado por los 12 Bancos Centrales que componen el SEBC, se convierte en la máxima autoridad monetaria, cuyo objetivo fundamental es **mantener la estabilidad de los precios**. Los Estados miembros dejan de tener una política monetaria independiente, que es definida en exclusiva por el SEBC para toda la Comunidad.

dad y al Banco Central Europeo (BCE) en el órgano que la emita como máxima autoridad monetaria de la misma. Para ello se determinaron las instituciones que es preciso crear, se fijaron las condiciones que deben cumplir los países miembros y unas fases, al final de las cuales, los Estados que satisfagan los requisitos exigidos entrarán a formar parte del núcleo de países que compartirán un mercado y una moneda únicos.

En lo que atañe a las instituciones, el Tratado previó la creación del Instituto Monetario Europeo (IME), que tendrá un carácter transitorio, como órgano encargado de la construcción de la unidad monetaria. Sus objetivos serán reforzar la cooperación entre los Bancos Centrales y la coordinación de las políticas monetarias, supervisar el SME y elaborar los instrumentos necesarios para culminar la unidad monetaria. Cuando ésta tenga lugar, el IME pasará a convertirse en el BCE con la función primordial de emitir y gestionar la moneda común. Existirá un Sistema de Bancos Centrales Europeo (SBCE), en el que se integrarán los de los países miembros y cuyas funciones serán las de definir y ejecutar la política monetaria de la Comunidad, poseer y gestionar las reservas de los países y promover el buen funcionamiento del sistema. Por último, sobrevivirá el Banco Europeo de Inversión como institución para promover préstamos a los Estados o entidades públicas.

En lo que se refiere a los requisitos, el Tratado estableció las condiciones de estabilidad interna y de equilibrios financieros que han de cumplir los países miembros para formar parte del grupo de países que accederán al nacimiento de la moneda única en la tercera fase. Las cinco condiciones fijadas fueron las siguientes:

1. Que la moneda del país pertenezca al SME en la banda de fluctuación del 2,25% por lo menos dos años antes de la unificación monetaria.
2. Que la inflación no supere en más de 1,5 puntos la media de los tres países que la tengan más baja.
3. Que los tipos de interés no sean superiores en más de dos puntos a la media de los tres países en los que la inflación sea más baja.
4. Que el déficit público no supere el 3% del PIB.
5. Que el endeudamiento del Sector Público no supere el 60% del PIB.

Por último, el Tratado hizo referencia a las sempiternas tres fases, pero con sentido y contenidos diferentes a los planes anteriores. La primera se dedicará por parte de los países a preparar la convergencia de sus respectivas economías, para lo cual, si es necesario, elaborarán planes plurianuales para el cumplimiento de las condiciones anteriores, en particular en lo que se refiere a la estabilidad de precios y la solvencia de las finanzas públicas. La Comisión europea debe dar su aprobación a estos planes. La segunda se iniciará el primero de enero de 1994 y será la etapa más intensa, estando dedicada a preparar el asalto definitivo a la unión monetaria. Durante ella entrará en funcionamiento el IME como órgano responsable de seguir el cumplimiento de las condiciones y de instrumentar la moneda única. Al final de la misma, se evaluará la situación lograda, y si por lo menos siete de los países miembros cumplen las condiciones, con ellos se iniciaría la tercera fase en 1997, quedando los restantes en una situación de excepción. En caso contrario, la unidad monetaria se postergaría hasta 1999, iniciándose entonces con los países que cumplieran las condiciones cualquiera que sea su número. En la tercera fase, el ECU se convertirá en moneda única, entrando en funcionamiento el BCE y el SBCE, que constituirán la autoridad monetaria de la Comunidad con el objetivo fundamental, declarado explícitamente, de garantizar la estabilidad de los precios.

6.5. La Europa de Maastricht

El tratado de Maastricht representó un salto cualitativo en el intento de configurar a escala supranacional un sistema económico y social basado en los postulados del capitalismo neoliberal: un mercado libre sin trabas, con la mínima participación y regulación del Sector Público, funcionando con una moneda única cuyo manejo será independiente de las decisiones de los gobiernos. El automatismo de la política monetaria impuesto por el patrón-oro en el siglo XIX (aumentaba la circulación de dinero con el crecimiento de las reservas en oro de los bancos centrales y disminuía con ellas) se sustituirá ahora por las decisiones de una autoridad monetaria independiente, cuya función primordial es asegurar la estabilidad de los precios.

La supranacionalidad del sistema que se pretende construir no es inocua desde el punto de vista de su carácter neoliberal y agravará sus consecuencias. Al responder a un compromiso de los Estados miembros, ninguno de ellos podrá romper las reglas de funcionamiento, lo que proporciona una coartada para eludir las presiones a favor de una intervención social y económica más activa del Estado. En otros tiempos, estas presiones lograron introducir cambios apreciables en el capitalismo, alcanzándose incluso un avanzado «Estado del Bienestar» en algunos países. Para aumentar su participación en la economía o para intervenir anticíclicamente en la evolución económica, los Estados contaban en el pasado, aparte de con los impuestos, con la posibilidad de financiarse a través de los Bancos Centrales, mientras que con las reglas de actuación del BCE, los poderes públicos no tendrán acceso al recurso monetario, teniendo que financiarse, en el caso en que incurran en déficit, en los mercados de capitales, lo mismo que el sector privado. Por otro lado, Maastricht consagra un ámbito económico en el que regirá una única política monetaria determinada por una autoridad independiente, pero sin contar con la homogeneización de otras condiciones económicas y sin las posibilidades de redistribución derivadas de un presupuesto común.

El marcado carácter neoliberal del proyecto acordado en Maastricht se pone de manifiesto si se compara lo que sucede dentro de cada Estado nacional actual con lo que ocurrirá con la Europa integrada si la UEM llega a culminarse.

Los Estados nacionales actuales cuentan con un mercado interno en el que no existen obstáculos a la circulación de mercancías, servicios, capitales y mano de obra y en el que la actividad económica está sometida sustancialmente a los mismos impuestos, cargas sociales y normas legales, que no dependen de la región o localidad en la que se desarrolle. El mercado no está plenamente unificado porque las regiones que lo componen tienen distintos recursos naturales y medios económicos (población, proximidad a centros de consumo, ríos, costas, minas, fronteras, etc.), diferentes niveles de renta y riqueza (y, por consiguiente, distinta capacidad adquisitiva), desigual dotación de infraestructuras, etc., todo lo cual hace que dentro de un Estado pueda haber acusadas diferencias regionales. Pero se trata de un mercado que cuenta con un cierto grado de integración social (los habitantes de todas las regiones tienen el la misma Seguridad Social, el mismo seguro de paro, los mismos derechos a la educación o a la sanidad, etc.) y están sometidos a la misma política. El Estado intervine un porcentaje muy importante de la renta (los ingresos y los gastos de las Administraciones Públicas representan entre el 45 y el 55% del PIB en los países de la CE), desempeña un papel redistributivo fundamental entre los individuos y las regiones (recauda sus ingresos en función de la renta y el consumo en cada una de ellas y se los gasta discrecionalmente, no dependiendo los gastos de una región de los ingresos que obtiene en la misma), facilita similares prestaciones sociales a todas las regiones, dirige las inversiones públicas o incentiva las privadas con criterios que también son geográficos, etc. Finalmente, el mercado cuenta con una moneda única, cuya cantidad, fijada por las autoridades monetarias, no es independiente de la actividad económica, pero depende en gran medida de las decisiones políticas del gobierno, que está capacitado para ejercer una política monetaria expansiva o restrictiva según valore la situación económica y social. El Estado puede desempeñar, pues, un papel corrector del mercado, evitando que provoque mayores desigualdades sociales, y los gobiernos manejan la moneda única dirigiendo la política económica por los derroteros que se consideren más convenientes, pudiendo ser sobre el papel globalmente juzgada por los ciudadanos en los períodos electorales.

En la Europa de la moneda única de Maastricht, nada de esto ocurrirá según estas pautas. Existirá un Mercado Único en el que, a semejanza de los mercados dentro de los Estados, no habrá obstáculos a la circulación de mercancías, servicios, capitales y mano de obra, pero las integraciones social y económica serán muy endebles, porque no se contempla la homogeneización de la legislación socio-laboral ni habrá un presupuesto común para toda la Comunidad, sino que cada Estado dispondrá de un presupuesto propio, cuyos ingresos provendrán de la renta y riqueza que se generen en cada país. Habrá diferencias económicas y sociales muy acusadas entre los países miembros —desiguales niveles de

Cuadro 6.2.

EL SIGNIFICADO DE LA UEM

	ESTADOS NACIONALES ACTUALES	UNION ECONOMICA Y MONETARIA
MERCADO INTERNO	No existen obstáculos internos a la circulación de mercancías, servicios, capitales y mano de obra.	No existen obstáculos internos a la circulación de mercancías, servicios, capitales y mano de obra.
	La actividad económica está sometida sustancialmente a los mismos impuestos, cargas sociales y normas legales, sin depender de la zona en que se desarrolle dicha actividad.	Los sistemas impositivos, los sistemas de Seguridad Social y otras muchas normas no están plenamente homogeneizados, lo que se traduce en diferencias apreciables entre las empresas de los distintos países para competir.
	El mercado no está plenamente unificado en el sentido de que las diferentes zonas tienen distintos niveles de renta (y, por consiguiente, distinta capacidad adquisitiva), diferentes condiciones naturales (mayor o menor proximidad a un centro de consumo, a un puerto, etc.), distintas dotaciones en infraestructuras, niveles salariales también distintos, etc., que es lo que hace que, dentro de un Estado, existan acusadas diferencias regionales.	Diferencias muy acusadas entre los países miembros, sobre todo en niveles de renta y riqueza, dotaciones en infraestructuras y niveles salariales.
MONEDA	Moneda única, cuya emisión no es independiente de la actividad económica, pero tampoco de las decisiones políticas del gobierno.	Moneda única emitida por el BCE cuyo objetivo fundamental es la estabilidad de los precios. Su emisión es independiente de las decisiones de los gobiernos europeos.
ESTADO	Interviene un porcentaje muy importante del PIB (en torno al 50% en los países de la CE).	El Presupuesto comunitario supone una parte muy reducida (inferior al 1,5%) del PIB conjunto de la Comunidad.
	Desempeña un papel redistributivo fundamental. Recauda los ingresos públicos según la capacidad económica de cada zona y los gasta discrecionalmente, no dependiendo los gastos de una zona de los ingresos de la misma.	No existe ningún mecanismo redistributivo a nivel europeo equivalente al de los Estados nacionales. Los ingresos estatales de cada país se gastan en el interior del mismo. Los Fondos Estructurales y los Fondos de Cohesión son muy reducidos.
	Facilita las mismas prestaciones sociales a todas las regiones.	Las prestaciones sociales son muy diferentes de unos países a otros. No existe un «espacio social europeo».
	Dirige las inversiones públicas e incentiva las privadas con criterios que pueden ser geográficos.	No hay ningún organismo que desempeñe este papel a nivel europeo.
RESUMEN	El Estado puede corregir los efectos del mercado y manejar la política monetaria con los fines que estime oportunos, lo que permite mitigar las desigualdades sociales y regionales.	Los gobiernos tienen una soberanía muy limitada para actuar sobre la economía: no pueden emitir moneda, han de financiar en el mercado de capitales los déficits presupuestarios y no existe el tipo de cambio para mejorar la competitividad. Las diferencias entre los países tenderán a profundizarse: la competencia corroerá a los más atrasados, que tendrán comparativamente menos renta, menos impuestos, menos gastos públicos, etc. El capital, la renta y la riqueza tenderán a desplazarse de las zonas pobres, con menor capacidad adquisitiva, a las ricas. Las diferencias sociales y salariales se ampliarán.

renta y riqueza, de protección social, de dotaciones en infraestructuras, de niveles salariales— que no tenderán a mitigarse porque exista una moneda común, sino que, por la lógica inherente al funcionamiento del capitalismo, tenderán a agudizarse. Los países más ricos contarán con mayores recursos presupuestarios y concentrarán la producción y el consumo como corresponde a su mayor competitividad, en detrimento de los más débiles y menos competitivos.

La convergencia real entre los países no entra en los objetivos de la UEM, ni será impulsada por ella. Las condiciones acordadas en Maastricht son las que permiten la convergencia monetaria previa a la adopción de la moneda común, pero a nivel supranacional no habrá ninguna institución para desempeñar el papel de los actuales Estados en la corrección de los efectos negativos del mercado. El Presupuesto de la CE representa poco más del 1% del PIB de los países de la CE, del cual una pequeña porción se destina a los fondos estructurales, lo que elimina cualquier posibilidad de actuar eficazmente contra las desigualdades regionales. Esta situación se mantendrá inalterada después de los acuerdos de Maastricht por la insuficiencia del nuevo fondo de cohesión social aprobado, el cual, por lo demás, recordando las tormentosa historia presupuestaria de la CE, es un motivo de fuertes disputas entre los países, en torno a su cuantía, aportaciones y distribución.

Por otra parte, la política monetaria desaparecerá como un instrumento en manos de los gobiernos para conducir la economía de acuerdo con los problemas económicos y sociales de los países. El BCE controlará la emisión del ECU en la totalidad del territorio de la CE con independencia de los gobiernos y de cualquier poder supranacional y al margen de las desigualdades que se puedan producir entre los países miembros, pues su objetivo fundamental, como recoge explícitamente el Tratado de Maastricht, según los dictados de los países más poderosos y estables de la Comunidad, particularmente Alemania, es la estabilidad de precios. Una misma política monetaria aplicada sobre realidades económicas diferentes tenderá a perjudicar a los países con mayor propensión a la inflación por sus carencias económica y sociales, que pagarán en términos de crecimiento las desviaciones con respecto al nivel medio de la subidas de precios que se den en la CE. Los Estados perderán una gran parte de su soberanía al ceder el poder de emitir moneda a un organismo independiente de los gobiernos, los cuales dejarán de manejar de ese modo la política monetaria, lo que, aparte de la trascendencia económica, implica vaciar de contenidos democráticos e ideológicos a las sociedades. El poder de la autoridad monetaria en la Europa de Maastricht no surge de ninguna instancia elegida democráticamente ni está sometido a ningún control de órganos democráticos, y sus decisiones, al tener que ser aceptadas por los Estados miembros, reducen la responsabilidad de los gobiernos, limitan las alternativas económicas y diluyen la confrontación ideológica entre las opciones políticas. La expresión tan manida utilizada por los gobiernos de que no hay más que una política económica posible, casi resultará verdad en la Europa unida por el vínculo de la moneda única.

En suma, el proyecto de la UEM suscrito en Maastricht no trata de impulsar la integración económica y social de Europa, sino de crear las condiciones que el neoliberalismo considera idóneas para el funcionamiento del capitalismo, ampliando su ámbito de aplicación de los Estados nacionales a un área supranacional y haciéndolas por ello más compulsivas. De Maastricht surgirá un mercado sin trabas de ningún tipo para las mercancías y el capital, en el que la intervención del Estado quedará coartada y tenderá a reducirse. Funcionará con una moneda única cuya emisión no depende de decisiones políticas sino de la opinión de un comite de expertos que actuará rígidamente supliendo el automatismo del patrón-oro. Se mantendrán las diferencias de todo tipo que existen entre las economías actuales, e incluso se verán incrementadas, ya que los gobiernos pierden soberanía y capacidad para actuar al no poder emitir moneda y estrecharse los márgenes para la política fiscal ante las limitaciones para incurrir en déficits públicos, por lo que las desigualdades que produce el mercado tendrán efectos acumulativos. En ausencia de una política presupuestaria común, los países serán como compartimentos estancos en los que tenderán a consolidarse las diferencias de renta y riqueza. Los más atrasados se perpetuarán en esta situación por un doble motivo: porque el capital, las inversiones y el gasto tenderán a desplazarse de las zonas pobres a las zonas ricas y próximas al núcleo del poder económico en Europa y porque la competencia corroerá el tejido productivo de los países más débiles en beneficio de los países más potentes.

Aún en otro aspecto se restringirá sobremanera la capacidad de reacción y la autonomía de los países más débiles dentro de la CE. La Europa que surgirá de Maastricht, asentada en un mercado único en el que no existen fronteras y funcionando con una moneda única, configurará un área económica equivalente al ámbito actual de las economías nacionales, donde coexisten áreas con desigual nivel de renta y desarrollo económico. Sin embargo, la moneda única consolida irrevocablemente esta situación e impide a los países atrasados manejar el tipo de cambio de la moneda para lograr una relación de intercambio que favorezca su crecimiento global. En la situación de economías nacionales con monedas diferentes, cuando existe un desfase de competitividad de un país, se acaba produciendo un déficit permanente de la balanza de pagos que conduce inevitablemente a una devaluación de la moneda. La devaluación modifica la relación de intercambio con el resto de los países, perjudicando a la economía que la tiene que realizar en el sentido de que por los mismos bienes importados tiene que entregar más productos nacionales, pero a cambio permite una restauración de la competitividad, que favorece la producción, el empleo y la renta del país atrasado y deficitario. Pero si existe una moneda única para diferentes economías, no es posible alterar la paridad entre las monedas nacionales, bien porque no existen o porque si coexisten con la moneda única las paridades son inamovibles.

El concepto de la balanza de pagos, como registro de las transacciones económicas de los residentes de un país con los residentes del exterior pierde sentido, lo mismo que no lo tiene entre áreas de una economía estatal. Lo único relevante son los intercambios entre áreas económicas, sin que importe si un país tiene un superávit o déficit en sus relaciones económicas con el resto. Sin que importe, evidentemente, para el funcionamiento del sistema en su conjunto, pero como para cada país y cada área determinados las importaciones tienen que igualarse a las exportaciones (fuera de las transferencias recibidas y del endeudamiento transitorio en que puede incurrirse), ello significa que el país o zona poco competitivos acabarán empobreciéndose hasta que las compras que realizan en el exterior puedan compensarse con las ventas que su nivel de competitividad le permiten realizar. La competitividad como mecanismo supremo de la regulación económica, cuando no tiene restricciones y no existe medio de alterarla a través del cambio de paridades, adquiere un carácter aberrante, pues muy bien puede ocurrir que algunos países, por sus condiciones económicas (nivel tecnológico, recursos naturales, infraestructuras, localización geográfica, etc.) sean muy poco competitivos, lo que se traducirá en que cada vez tendrán menos bienes y servicios que producir y, por consiguiente, cada vez menos que comprar.

A primera vista puede sorprender que entre las condiciones de Maastricht no figure la del equilibrio de las balanzas de pagos de los países miembros, tanto más cuanto que el requisito previo indispensable a la creación de la unidad monetaria es la fijación de unos tipos de cambio irrevocables entre las monedas. Sin embargo, teniendo en cuenta que a partir de la existencia de la moneda única será indiferente el saldo de los intercambios entre países, el Tratado de Maastricht sólo se preocupó de la convergencia en la estabilidad interior de las monedas como objetivo interpuesto para garantizar la estabilidad del tipo de cambio que ha de preceder a la unificación monetaria. En la cumbre se trazaron unos objetivos bien precisos y no se reparó en los medios para lograrlos ni en las consecuencias.

6.6. *Las condiciones de convergencia*

Los obstáculos que la crisis económica y las divergencias reales entre los países levantaban al rápido progreso hacia la unidad monetaria llevaron a la paralización de los primitivos planes, después de constatarse que ni siquiera la primera fase del Plan Delors, dedicada a promover la convergencia monetaria de las economías, se ajustaba a lo diseñado. Pero en Maastricht se hizo caso omiso de esas dificultades, acordándose que para formar parte del grupo de países que compartirán la moneda única a partir de la última fase del proceso será necesario satisfacer cinco exigencias que, por una u otra razón, son de muy difícil cumplimiento por la mayoría de los países.

Las condiciones referidas a la tasa de inflación y a los niveles de los tipos de interés, en la medida que dependen de la evolución que tengan el conjunto de los países comunitarios, dejan un cierto margen de ambigüedad a los objetivos que tiene que alcanzar cada país. La reducción de los déficits del Sector Público al 3% del PIB se presenta de muy complicada para algunos países, como son los casos destacados de Italia y Grecia, tanto por los niveles actuales que mantienen como porque los déficit públicos tienen un componente cíclico importante, de modo que su reducción es mucho más costosa lograrla en tiempos de recesión (los ingresos públicos se resienten con el estancamiento de la actividad y la demanda y algunos gastos públicos, como los destinados a la protección del paro, tienden a aumentar con el desempleo creciente). Y aún más difícil será para algunos países, en particular para Bélgica, Italia y Grecia, pero también para Irlanda y Holanda, lograr bajar el endeudamiento del Sector Público al límite establecido en Maastricht tanto por las cotas que tienen como porque para rebajarlas sería preciso que se produjeran superávits del Sector Público en los próximos años. Bélgica, Italia y Grecia, con niveles de endeudamiento que superan ampliamente la cota del 100% del PIB, quedan sin discusión descartados, lo que supone de entrada reconocer que la unidad monetaria tendrá que implantarse a dos o más velocidades, hecho que daña gravemente el proyecto por la importancia de algunos de los países que quedarían fuera del núcleo inicial.

En general, el intento de reducir la inflación y de equilibrar las finanzas públicas implica para la mayoría de los países la adopción de políticas restrictivas y de un marcado carácter antisocial, con el agravante, en el caso del déficit público, de que el estancamiento económico lo tiende a aumentar, por lo que la disminución ha de lograrse aplicando una política fiscal doblemente rigurosa. No obstante, es la condición de pertenecer al SME durante dos años dentro de la banda estrecha de fluctuación la que obligará inexorablemente a muchos países a imponer una política restrictiva en extremo.

El cumplimiento de esta condición hay que darlo por garantizado en la medida en que lo que formula es un requisito imprescindible: que las monedas que vayan a integrarse en la unidad monetaria tienen que estar en disposición de fijar un tipo de cambio irrevocable llegado el momento de la creación de la moneda única. No obstante, el camino hasta llegar a esa situación previa estará lleno de obstáculos y puede acabar siendo intransitable para bastantes países. El objetivo prioritario de la política económica de los países hasta la integración monetaria tiene que ser la estabilidad del tipo de cambio dentro del SME, lo que significa que han de subordinarse a ella el resto de los problemas económicos y sociales. Ahora bien, como ha puesto de manifiesto la accidentada historia del SME, recorrida de numerosas tensiones y momentos de crisis, resulta extremadamente difícil para algunos países asegurar la estabilidad del tipo de cambio, no sólo porque requiere estrangular el desarrollo económico, sino también porque a veces, con el tipo de cambio existente, la política

Cuadro 6.3.
LA CONVERGENCIA EN 1992

	Criterios de Maastricht				Otros	
	Inflación	Tipos de interés	Déficit público (% PIB)	Endeudamiento público (% PIB)	Saldo cuenta corriente (% PIB)	Paro
Bélgica	2,4	9,0	-6,7	132	1,8	8,2
Dinamarca	2,1	9,9	-2,3	74	3,0	9,5
Alemania	4,8	8,5	-3,2	43	-0,8	7,5
Grecia	16,0	22,0	-13,4	107	-3,3	7,7
España	6,0	11,9	-4,6	47	-3,2	18,4
Francia	2,6	8,7	-2,8	50	0,1	10,1
Irlanda	2,9	8,9	-2,5	99	6,7	17,8
Italia	5,3	12,7	-10,5	107	-1,9	10,2
Luxemburgo	3,4	8,1	-0,4	7	19,9	1,9
Holanda	3,1	8,7	-3,5	80	3,9	6,7
Portugal	9,1	17,0	-5,6	66	-0,2	4,8
Reino Unido	5,1	9,6	-6,1	46	-2,1	10,8
CE	4,6		-5,3	63	-0,8	10,1

restrictiva no basta para corregir el déficit exterior. En esos casos, acaba desencadenándose una ola especulativa contra la moneda, que hace inútil el esfuerzo por mantener la paridad a pesar de los mecanismos de cooperación que funcionan en el SME para abortar las crisis.

El Tratado de Maastricht pasó por alto los profundos desequilibrios de balanza de pagos que arrastran muchos países, con la esperanza de que se pudiera culminar la unidad monetaria a pesar de todo, ya que, como se ha dicho, a partir de entonces estos desequilibrios a escala de país dejarían de tener sentido en el área de la Comunidad. Pero para los países atenazados por déficits cuantiosos, reflejo de su débil posición competitiva, el objetivo de garantizar la estabilidad del tipo de cambio se convierte en una pesada carga, que puede llegar a ser insoportable porque exige mantener a las economías a un estado de postración socialmente insostenible. Las reglas del SME son una camisa de fuerza para dichos países, que les impiden activar su potencial económico, cuando además, normalmente, son las economías que soportan mayores tasas de paro, entre otros motivos porque llevan años respetando (o intentando respetar) la estabilidad de unos tipos de cambio que o no podían considerarse de equilibrio o el tiempo los convirtió en inviables.

Si de los problemas de un país aislado para cumplir sus compromisos dentro del SME se pasa a contemplar a éste en su conjunto, como un marco en el que han de coexistir economías que presentan divergencias profundas, el SME aparece como un acuerdo demasiado frágil para soportar las tensiones que se dan en su seno. El SME es el vehículo que debe conducir a las economías hacia la integración monetaria, haciendo posible que a pesar de la existencia de países con fuertes déficits exteriores y otros con apreciables superávits, de las dispares tasas de inflación que se dan entre ellos, de los niveles diferentes de los tipos de interés, de los distintos grados de competitividad, etc., se mantenga un aceptable grado de estabilidad cambiaria. El SME prevé mecanismos de cooperación para proteger a una moneda en una situación delicada, pero es imposible atajar las tensiones cuando se generalizan, contando con la hiperactividad de los mercados financieros y la enorme masa de recursos que es capaz de movilizar la especulación. En estos casos, además, siempre surge la duda de que tenga sentido defender una situación que los mercados delatan como insostenible.

Las vicisitudes políticas del Tratado de Maastricht, elevadas al grado de suma tensión con ocasión del referéndum en Francia en septiembre de 1992, desataron una grave crisis en el seno del SME, al combinarse los problemas de fondo —la imposibilidad de garantizar la estructura de tipos de cambio vigentes, incluso al coste de mantener a muchas economías estranguladas, con tipos de interés desorbitados— con la agitación en la superficie provocada por la incertidumbre que el referéndum suscitó sobre el futuro del Tratado. Las convulsiones financieras acabaron por desalojar a la libra y a la lira del SME, aunque fuese de modo transitorio, revelando contundentemente que no existen condiciones económicas para proseguir con el proyecto, al menos con el ritmo y la extensión previstos. La idea de la Europa de las dos o más velocidades cobró de nuevo fuerza, alimentando las disenciones políticas, las desconfianzas mutuas y, en última instancia, confirmando que el Tratado de Maastricht no se ajustaba a las circunstancias del capitalismo europeo, con divergencias económicas profundas entre los países y atravesado por la nueva recesión generalizada de la economía internacional.

6.7. *La Europa social que no pudo ser*

La parte esencial de Maastricht se refiere a la unidad monetaria y las condiciones para lograrla. El resto del acuerdo ocupa un lugar secundario y es meramente un envolvente del núcleo del Tratado. La construcción europea, desde sus orígenes hasta los límites previstos en Maastricht, estuvo dedicada a la integración económica, fue dirigida por los sectores dominantes del capital europeo y proyectada de acuerdo con sus intereses, configurando un sistema estrictamente neoliberal regulado por el mercado. La convergencia real de las economías y la cohesión social entre los países —y el tema no menos importante de la igualdad dentro de cada país— quedaron supeditados siempre a los imperativos económicos, que ya de por sí generaron suficientes escollos en la integración. Esta consideración mínima a las cuestiones sociales, que además se afrontaron siempre desde la perspectiva estrecha de evitar que fuesen factores distorsionadores de la libre competencia, ha sido una constante de la historia comunitaria. No obstante, el desequilibrio entre los aspectos sociales y económicos de la construcción europea se acentuó a partir del Acta Única y el proyecto de unidad monetaria, ya que mientras se impulsó la integración económica se levantaron compuertas a la armonización social.

La naturaleza ultraliberal de la Europa surgida del Mercado Único y la unidad monetaria es contradictoria con las preocupaciones sociales. Si los países han de prepararse para librar con éxito la batalla de la competitividad, tienen que renunciar a construir al mismo tiempo sociedades más avanzadas e igualitarias en el terreno social. Intentar ser competitivos significa, entre otras cosas, producir a costes más bajos, es decir, reducir en todo lo posible los salarios del trabajo incorporado directamente a las mercancías y los salarios indirectos y diferidos que se les tienen que imputar (los gastos de sanidad, educación, pensiones, protección al paro etc.)[2]. El acoso a los salarios y al «Estado del Bienestar» que se ha veni-

---

2. En principio, nada se oponía, salvo los intereses del capital, a que la armonización social fuese un aspecto más de la igualdad de condiciones en que debían situarse todas las empresas europeas ante el Mercado Único, pudiendo considerarse un requisito tan indispensable como la armonización fiscal o la eliminación de subvenciones, pues los costes sociales son una parte importante del coste total de las mercancías. Obviamente la armonización social tuvo peor suerte que otras, porque ésta sólo habría tenido sentido igualando la protección social al nivel de los países en que fuera más alta, lo que no entraba en los cálculos de los constructores de Europa. Para el neoliberalismo, cualquier grado de protección social que sobrepase el mínimo necesario para preservar la legitimidad del sistema es indeseable, por lo que tiende a la equiparación por abajo, aunque este objetivo no pueda figurar en ningún tratado internacional.

do produciendo en todos los países se justificó siempre por la necesidad de mejorar la competitividad, proporcionando el tema de la integración europea a los gobiernos el mejor pretexto para llevar a cabo sus políticas antisociales.

La comprensión del conflicto entre el modelo económico que prevalecerá en la Europa del mercado y la moneda únicos y los avances sociales redimiría de prestar atención al insuficiente tratamiento que Maastricht dedica a los temas de la cohesión social, si no fuera porque algunos sectores de los partidos políticos de la izquierda y de los sindicatos creen encontrar en el Tratado un punto de apoyo para lograr conquistas sociales a favor de los trabajadores, olvidándose de la naturaleza e implicaciones de la Europa que se está construyendo.

El Tratado de Maastricht, como en su día hizo el Tratado de Roma y posteriormente el Acta Única, no dejó de incluir referencias mínimas a cuestiones sociales, pero como puntos programáticos o aspiraciones genéricas que luego no acaban de tener aplicaciones concretas ni aportan mejoras apreciables para los trabajadores. El predominio absoluto de lo económico en la integración europea terminó por afectar a la aceptación social del proyecto de la unión monetaria y, en la medida en que el tema escapó de la vigilancia de los círculos políticos a raíz del rechazo del pueblo danés al Tratado, propició un debate en las sociedades sobre su contenido y significado.

La renuncia a una verdadera integración social de Europa se sancionó cuando la «Carta Social Europea», firmada en 1989 por todos los Estados miembros a excepción de Gran Bretaña (acogiéndose a la disposición que establecía que en materias relativas a los derechos e intereses de los trabajadores deben ser adoptadas por unanimidad), se convirtió en un mero texto enunciativo de aspiraciones, sin rango legal alguno. En ese momento, con la aquiescencia de los grandes sindicatos de los principales países de la Comunidad, se abandonó el principio de la armonización social, estableciéndose como meta «la convergencia de los sistemas de protección social», lo que convertía dicha carta en un documento declarativo hueco. En Maastricht, la paralización de la armonización social se consolidó a pesar de la aprobación de un protocolo sobre política social.

En primer lugar, se permitió que Gran Bretaña escapase a los compromisos, pues los aspectos sociales fundamentales no están incluidos en el Tratado, sino en un protocolo suscrito sólo por los restantes once miembros. Esto le valió al primer ministro británico aparecer como «triunfador» de la cumbre de Maastricht, como si hubiese derrotado al resto de los gobiernos y sorteado sus presiones, cuando se trató de una victoria concedida. El caso británico es un cabo que se dejó suelto con la función de servir al resto de los gobiernos de coartada para relegar la armonización social que reclaman las organizaciones sindicales y de acicate para endurecer las políticas, ante las ventajas para competir que puede obtener Gran Bretaña.

En segundo lugar, en teoría, el acuerdo de los once países contempló una política social muy amplia, pero, en la práctica, será de aplicación restringida, pues no habrá una política social común en lo que se refiere a salarios, derechos de sindicación y derecho de huelga, y se sigue exigiendo la unanimidad del Consejo (es decir, existe derecho de veto para cualquier país miembro) en temas tan fundamentales como seguridad y protección social, protección del desempleo, representación y defensa colectiva de los trabajadores y fomento del empleo (lo que significa la supervivencia del empleo precario). Sólo se podrá decidir por mayoría la salud laboral, las condiciones de trabajo, la información a los trabajadores y la igualdad de trato entre hombres y mujeres, pero incluso estos temas estarán sometidos al «principio de subsidiariedad», es decir, la Comunidad respetará lo que decidan los Estados miembros y se limitará a completarlo. En resumen, los poderes comunitarios no tendrán ninguna competencia, no ya para implantar la homogeneización laboral y social, sino ni siquiera para avanzar en la convergencia de los sistemas sociales de los países miembros.

Estas carencias invalidan cualquier pretensión de descubrir en el Tratado de Maastricht un avance en el terreno social y una base que posibilite las mejoras de los trabajadores, fuera de las posibilidades que siempre abre la lucha de clases. Maastricht aporta la novedad de posibilitar la negociación colectiva a nivel europeo, pero con las suficientes restricciones como para que el tema tenga una trascendencia mínima. Por un lado, porque la aplicación de dichos convenios colectivos las realizará el Consejo que, en los temas fundamentales, decide por unanimidad y, por otro, porque se ajustarán a las negociaciones colectivas y normas internas de cada Estado, lo que reduce significativamente el alcance de lo pactado.

La cohesión social tampoco recibirá un impulso decisivo. En Maastricht se creó un fondo estructural nuevo —el fondo de cohesión social—, para el fomento de las infraestructuras en países con rentas *per cápita* inferiores al 90% de la media comunitaria, cuyos recursos se distribuirán atendiendo al grado de desarrollo de los países. La manifiesta insuficiencia del presupuesto comunitario para llevar a cabo el papel redistribuidor que en el ámbito de los países desempeñan los presupuestos de los Estados entre las regiones económicas y los grupos sociales (el Presupuesto comunitario sólo supone el 1,2% del PIB conjunto de la Comunidad y sólo la cuarta parte del mismo está destinado a los fondos estructurales) no se verá alterada por el nuevo fondo que, además, encuentra fuerte oposición entre los países contribuidores y está siendo fuente de conflictos por su cuantía y por su reparto. Nunca pecó la CE de generosidad entre sus miembros y Maastricht no nació en el mejor momento para despertar esta virtud, cuando la mayoría de los países se encuentran asolados por el paro y se están acometiendo recortes en los gastos sociales en sus presupuestos.

6.8. *La Unión Europea*

Tampoco en Maastricht se lograron avances sustantivos en la unión política, acentuándose la arritmia entre el proceso de integración económica y el de vertebración política. El retraso de la unidad política europea es manifiesto, incluso desde las meras necesidades de la integración económica. Los grandes proyectos de investigación exigen inversiones y riesgos que escapan a las posibilidades aisladas de los Estados nacionales y requieren unos mercados garantizados que escapan a la dimensión de los mercados interiores. Sin embargo, la confrontación de intereses entre los países sigue existiendo y cada uno de ellos encuentra su mejor defensa disponiendo de un Estado propio, al tiempo que las tradicionales funciones políticas y económicas de los Estados, desde la legitimación política a la coerción, pasando por el suministro de infraestructuras y de los servicios públicos como substrato de la actividad económica, no han encontrado todavía relevo en un Estado europeo. El proyecto de unión monetaria no cerró la brecha entre la unión política y económica sino que la amplió en la medida en que el propio proyecto reclama un poder centralizado: no basta con crear una moneda única para que funcione como tal y cumpla sus diversos cometidos, sino que precisa de un banco único que la emita, de una economía financiera y real única que la sostenga y, en última instancia, de un Estado único que la respalde.

Por otra parte, por la importancia y el poder que adquieren las instituciones comunitarias —el Banco Central Europeo como autoridad monetaria independiente, el Consejo como autoridad política colectiva y la Comisión como poder burocrático y técnico— y por la imposibilidad de controlar democráticamente su gestión, se llegará a una situación en que las políticas de los Estados tendrán que estar sometidas a decisiones de esas instituciones, limitando la responsabilidad de los gobiernos por la política económica que apliquen y los márgenes para levantar políticas alternativas. Se configurará así un sistema político con profundas carencias democráticas, que está suscitando fuerte oposición en las sociedades europeas, minando la legitimidad del proyecto de la unión monetaria y levantando nuevas dificultades a su avance. El Tratado de Maastricht diseña una Europa deforme en el que tendrá lugar una centralización absoluta de la moneda en un mercado único, pero las economías quedarán compartimentadas con sus respectivos presupuestos, reforzándose un poder político por encima de los Estados que no estará respaldado ni controlado por los ciudadanos de los países comunitarios. Esta deformidad proviene de la precipitación con la que se ha tratado de alcanzar la unión monetaria. Se han pergeñado los acuerdos mínimos para lograrla —las condiciones de convergencia—, pasándose por alto las divergencias reales de las economías y renunciándose a que la unidad monetaria fuese la culminación de un proceso armónico de integración económica en el que sustentar un proceso democrático de integración política. La desigual posición económica alimentaba las discrepancias sobre la unidad monetaria y éstas a su vez potenciaron las disensiones a la hora de articular la unidad política.

Como resultado de estas disensiones, no se dieron pasos sustantivos en la unión política en el Tratado de Maastricht, hasta el punto de que se descartó expresamente cualquier referencia a la federación de Estados y la Unión Política prevista perdió este calificativo para pasar a ser simplemente «Unión Europea». No se produjo ningún avance en la puesta en pie de instituciones políticas supranacionales ni se previó traspasar competencias significativas fuera de las que están relacionadas con los objetivos económicos y monetarios del Tratado. Las únicas instituciones supranacionales creadas fueron las necesarias para el funcionamiento de la UEM (el Banco Central Europeo, el Sistema Europeo de Bancos Centrales, etc.) y sólo se ampliaron las competencias comunitarias en los terrenos conectados de una u otra forma con la integración económica. Quedaron fuera de las atribuciones de los órganos comunitarios los temas de política exterior y de seguridad común, la cooperación en justicia e interior se relegaron a acuerdos intergubernamentales y se abandonó la idea de la creación de un ejército europeo. La política de defensa común se articulará a través de la UEO y la OTAN.

La Unión Europea tiene unos contornos caprichosos, como dibujados por el mínimo común de los acuerdos, y adolece de carencias democráticas graves. El Consejo continúa siendo el órgano legislativo de la Comunidad, y sobre sus miembros no se puede ejercer ningún control democrático, ni siquiera por los Parlamentos de los Estados, pues en su seno el voto será secreto. El Parlamento Europeo no tiene competencias en los temas fundamentales de la integración y las instituciones monetarias funcionarán con total independencia y sin el más mínimo control democrático. No se logró confeccionar una «Carta de los Derechos Fundamentales» de los ciudadanos europeos y en su lugar nació la definición de la ciudadanía europea, basada en unos principios muy elementales. Se creó también la figura del Defensor del Pueblo, aunque sólo tendrá atribuciones sobre las competencias de la Comunidad y no sobre las violaciones de los derechos fundamentales.

Los acuerdos políticos de Maastricht fueron tan insuficientes y limitados que, más que llamar la atención por el avance que significaron, resaltan las discrepancias que recorren la Comunidad en cuanto al ropaje y la estructura políticas que han de cubrir el proyecto de unidad económica y monetaria. El Tratado de Maastricht no puede valorarse como los cimientos en los que se sustentará la unidad política porque para hablar de ella hace falta una masa crítica de acuerdos políticos que está lejos de haberse alcanzado entre los países comunitarios, figurando el tema de la soberanía entre las cuestiones intocables. Del análisis de los aspectos sociales y políticos, cabe concluir que el Tratado de Maastricht fue ante todo y casi exclusivamente el proyecto para la implantación de una moneda única en la Europa comunitaria.

7
ANTE EL MERCADO ÚNICO Y LA UNIDAD MONETARIA

La evolución de la economía española y la política económica de los últimos tiempos, antes incluso de la entrada en la CE, estuvieron dominadas por la integración europea. Los años que precedieron a la firma del acuerdo de adhesión se caracterizaron por un duro ajuste, justificado en parte por la necesidad de preparar a la economía para afrontar la competencia después de la eliminación de la protección exterior y de acomodarse a las exigencias comunitarias en la reestructuración de los sectores productivos excedentarios. Desde la incorporación a la CE y con el desarrollo del Acta Única, el capitalismo español se vio arrastrado a una apertura exterior y a una internacionalización acelerada de sus relaciones económicas, que ocasionaron bastantes problemas por la debilidad de sus estructuras para soportar la competencia abierta con economías más potentes. Ante el nuevo impulso de la integración europea del que surgió la iniciativa de implantar la unidad monetaria, el gobierno socialista, identificado con el europeísmo al uso y haciendo de dicha integración la clave de su estrategia política, participó desde un principio en el proyecto, apoyándolo con un entusiasmo impropio de las dificultades que mostraba la economía y de sus manifiestas deficiencias para realizar el trayecto y resistir el establecimiento de la moneda única. Participar en la Europa de Maastricht supondrá aceptar un ámbito extremadamente competitivo y desprenderse previamente de un resorte fundamental —el tipo de cambio de la moneda— para hacer frente a la falta de competitividad y los desequilibrios del sector exterior.

Este capítulo se dedica a examinar las respuestas económicas del gobierno socialista a los problemas suscitados por la adhesión a la CE y la implantación del Mercado Único y a los compromisos derivados del Tratado de Maastricht, en un marco político caracterizado por el enfrentamiento, abierto o latente, con los sindicatos.

7.1. *Europa, telón de fondo*

Al margen del cambio de tendencia en la economía internacional por el que la expansión dio paso a una desaceleración que se tradujo después en una recesión en la mayoría de los países, los problemas de la economía española en los últimos años surgieron en gran medida de la forma y ritmo en que se produjo la vinculación a Europa. Pasados los momentos de bonanza económica coincidentes con la entrada en la CE, se fueron haciendo cada vez más descarnadas las carencias del capitalismo español para resistir la competencia exterior surgida de la aplicación del acuerdo de adhesión y el desarrollo del Acta Única, plateándose como un asunto vital el de la competitividad de la economía. Por algún tiempo, el debate económico en el país y los objetivos del gobierno giraron en torno a este tema, auspiciado por el cariz fuertemente deficitario que mostraba el sector exterior y por los destrozos que provocaron sobre el tejido productivo las intensas importaciones (unido al impacto que comenzó también a tener la recesión). Posteriormente, ante el impulso momentáneo que cobró el proyecto de unidad monetaria, el tema quedó desplazado del primer plano de actualidad y en apariencia de las preocupaciones del gobierno, siendo sustituido al poco tiempo por el debate sobre la política necesaria para cumplir las condiciones de convergencia aprobadas en Maastricht.

De esta forma, las diferentes fases recientes del proceso de integración europea tuvieron su reflejo en la política económica española, sin perjuicio de que esta política mantuvo algunas constantes, pues no en vano los problemas que esa integración planteó al capitalismo español no fueron muy diferentes en las distintas etapas ni cambiaron los criterios con los que los socialistas intentaron responderlos y afrontarlos. La rápida supresión de la protección del mercado interior puso sobre el tapete la falta de competitividad del capitalismo español, pretendiendo el gobierno paliarla a través de un pacto social con los sindicatos, que fue conocido como «Pacto de Competitividad», y el cual no llegó a firmarse por las discrepancias profundas entre las partes. El proyecto de la unión monetaria, a raíz de la cumbre de Maastricht, dio origen a un programa económico, conocido como «Plan de Convergencia», diseñado para cumplir las condiciones que permitirían al Estado español formar parte del grupo de países que adoptarán una moneda única a partir de 1997 o, como más tarde, a partir de 1999. Se puede afirmar que el Pacto de Competitividad y el Plan de Convergencia condensaron las respuestas de la política económica a los problemas de la integración europea a partir de 1990, con independencia de que el Pacto no llegara a firmarse y de que el Plan quedase obsoleto al poco tiempo en sus previsiones por el empeoramiento de la situación económica interna y la crisis internacional.

7.2. Situación después de la integración

El capitalismo español, al adherirse a la CE en un momento en que la Comunidad emprendió el proyecto del Mercado Único, aceptó un reto cuyos resultados y consecuencias eran bastante problemáticos. Por un lado, a causa de su retraso histórico y de la debilidad de sus estructuras productivas en comparación con las de los principales países integrantes de la CE; por otro, porque se estrechaba el margen para llevar a cabo una política económica autónoma, cuando los problemas económicos y sociales del país eran diferentes y en general más graves que los que existían en los principales países comunitarios, los cuales, por una cuestión de lógica política, eran los que dictarían la política común a seguir. En los primeros años de adhesión, la economía experimentó una acusada expansión, determinada fundamentalmente por el favorable contexto internacional, por el prolongado período de estancamiento que la precedió y por la relajación de la política económica después de varios años de ajuste y rigor. Pero, desde el primer momento, se puso de manifiesto la incapacidad del aparato productivo español para hacer frente a la competencia exterior. El déficit comercial aumentó drásticamente, llegando a ser comparativamente el más importante entre los países industriales. La balanza de pagos se resintió de este brusco empeoramiento, impidiendo la apertura exterior, que el crecimiento de la demanda nacional se tradujese plenamente en incrementos del producto y el empleo del país. La apertura exterior tuvo particular incidencia en la industria, en la que a partir de la integración se acentuaron las diferencias con los principales países competidores, siendo ésta una de las causas de que el sector esté abocado a nuevos procesos de reconversión y de destrucción masiva de empleo. La agricultura, por su parte, tuvo que sufrir un duro desmantelamiento que hizo desaparecer multitud de explotaciones, tanto por la imposibilidad de resistir la competencia exterior como porque, en la política aplicada por la Comunidad contra los excedentes agrícolas, el país recibió un trato discriminatorio. Como no podía ser de otra forma dado su retraso, la eliminación excesivamente rápida de la protección del mercado interior se llevó por delante a multitud de empresas y ramas de la producción del capitalismo español, corolario del explosivo crecimiento de las importaciones y de la acumulación del déficit exterior que tuvo lugar.

Ningún país puede arrastrar por mucho tiempo un desequilibrio exterior tan acusado como en el que estaba incurriendo la economía española, sobre todo si al mismo tiempo pretende mantener establemente la cotización de su moneda, como ocurría con la peseta tras la incorporación al SME en junio de 1989. Por ello, el déficit de la balanza de pagos representó en los últimos años una restricción férrea para una política expansiva, siendo la principal justificación aducida para aplicar una tenaz política de enfriamiento desde 1989. Dicha política aceleró y agudizó la recesión en ciernes, pues la fase expansiva del ciclo estaba agotada, con el

Gráfico 7.1.

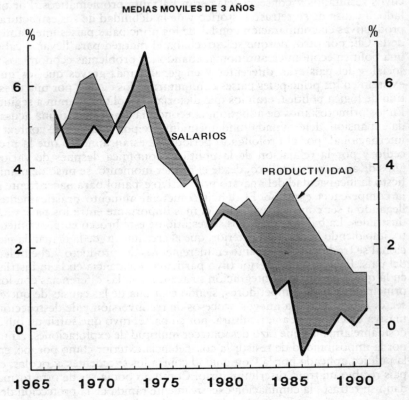

agravante en esta ocasión que la depresión de la actividad, al contrario de lo que acontecía en el pasado, no promovió una corrección inmediata del déficit exterior, revelándose una vez más que la raíz última de éste es la apertura demasiado rápida que ha soportado la economía.

La necesidad de financiar el déficit exterior indujo a mantener unos tipos de interés altos para atraer capital extranjero, con efectos negativos sobre la inversión en el sector productivo, los gastos y el déficit públicos (los pagos por intereses de la deuda crecieron rápidamente), la distribución de la renta y la cotización de la peseta más conveniente en las circunstancias que concurrían. La peseta tuvo tendencia a revaluarse y se mantuvo en la parte alta de la banda de fluctuación frente al resto de las monedas europeas hasta la crisis del SME en septiembre de 1992. La trayectoria no se correspondía con la evolución económica interna, en la que se registraba un crecimiento más intenso y más inflacionista que el del entorno comunitario, ni mucho menos con el déficit comercial, la degradación de la balanza de pagos y la creciente apertura de la economía. Se explica solamente por las intensas entradas de capital extranjero, en gran parte de carácter especulativo, fomentadas por los diferenciales de tipos de interés entre los mercados financieros internos y externos. Esa política de altos tipos de interés, también utilizada para doblegar la demanda y enfriar la actividad, fue en exceso rigurosa, no sólo por sus repercusiones contraproducentes sobre la cotización de la peseta y la competitividad de las mercancías españolas, sino también porque provocó una entrada desmedida de capitales especulativos desde el exterior, que elevaron las reservas de divisas a cotas irrazonables (en agosto de 1992 se llegaron a superar los 72.000 millones de dólares), encubriendo los problemas reales que tenía el sector exterior.

Para compensar la falta de competitividad de la economía y los efectos adversos de la cotización de la peseta se trató por todos los medios de mejorarla a través de reducir los salarios y de hacer retroceder los derechos de los trabajadores (muchas veces con el argumento de que era para equipararse a Europa). Los salarios reales venían creciendo desde 1980 por debajo de la productividad, pero la brecha se amplió acusadamente en el período 1985-90, propiciando una redistribución intensa de la renta a favor de los beneficios. El empleo precario se extendió hasta límites extremos, afectando a más de un tercio de los asalariados. El gasto público destinado a los servicios sociales tendió a disminuir y se recortaron algunas prestaciones, como fue el caso de las destinadas al desempleo. Las modificaciones fiscales hicieron cada vez más regresivo el sistema, con mayor peso de los impuestos indirectos y mayor presión de los impuestos directos sobre los salarios, aliviándose las cargas sobre el excedente y las rentas de capital, lo cual era previsible, teniendo en cuenta que la paulatina liberalización de los movimientos de capital —en febrero de 1992, adelantándose al calendario previsto en el Acta Única se plasmó la libertad absoluta— inducía un tratamiento fiscal favorable al capital. En suma, puede afirmarse que la presión de la competencia exterior desatada con la apertura rápida forzó a una política restrictiva en lo económico y regresiva en lo social, iniciándose un progresivo desmantelamiento del «Estado del Bienestar», cuando las cotas que se habían alcanzado en la participación redistributiva del Sector Público y en la prestación de los servicios sociales distaban de las de los principales países europeos, por lo que la integración en la CE, en particular para los trabajadores, fue una fuente de perjuicios y un tema continuamente esgrimido para justificar una política antisocial sumamente cruda.

Estos perjuicios de la integración repercutieron también en otros sectores económicos: la agricultura europea es fuertemente excedentaria y la competencia implica la concentración de capital y la eliminación de las empresas más débiles y menos rentables. Pero esto no alteró en ningún momento la firme decisión del gobierno de continuarla al ritmo más rápido posible, siendo, como se ha indicado, un adalid de una unificación monetaria veloz, aunque la economía española fuese una de las que más dificultades arrastraba para adecuarse a las condiciones de Maastricht y una de las que menos ventajas obtendría de la culminación del proceso. Como tampoco restó intrepidez al gobierno la constatación de que cada vez se reducían más los márgenes para manejar la política económica y se disponía de menos resortes para dar respuesta a los problemas económicos y sociales del país. Una política económica expansiva que supusiera desviarse de las pautas seguidas en la CE provocaría, dada la apertura exterior, un desequilibrio de la balanza de pagos agudo y contradictorio con el objetivo de garantizar la estabilidad del tipo de cambio, cuando una orientación de tal signo es la que reclamaba una situación en la que la tasa de paro doblaba la media comunitaria, la renta *per cápita* distaba de la media de la CE, el peso de la industria y su productividad quedaban muy por debajo de la de los países más avanzados, etc.

La pérdida de autonomía de la política económica por los compromisos contraídos y los desequilibrios provocados por la apertura fue acompañada también de la pérdida del control de algunos resortes básicos para manejar la economía. Desde la entrada en la CE, las cuantiosas inversiones directas extranjeras que se registraron tuvieron como objetivo fundamental apropiarse de las empresas españolas para beneficiarse de las redes de distribución, eliminar la competencia interna, crear bases para el mercado europeo y racionalizar las ventas y la producción, en el caso de las multinacionales, conduciendo a un alto grado de penetración y dominio del capital extranjero en muchos sectores básicos, incluído el sector financiero, logrado en muchas ocasiones a precios ridículos por la situación de crisis a que se vieron arrastradas muchas empresas por la competencia exterior. Como resultado de ello, muchas actividades productivas están subordinadas a decisiones que dependen del capital extranjero y que escapan a los intereses internos, lo cual cobra todo su valor en los momentos de crisis, ya que los ajustes de capacidad y los recortes de inversiones de las multinacionales afectan más a los puntos alejados del centro de poder. Las entradas de capitales especulativos, por otra parte, crearon una situación financiera muy inestable, tanto desde el punto de vista interior, porque la financiación del déficit público dependía en buena medida de las inversiones extranjeras, como desde el punto de vista exterior, porque potenciarían las convulsiones de los mercados de cambios tan pronto surgieran perturbaciones, como de hecho sucedió en la crisis del SME que precedió al referéndum francés sobre Maastricht. Las inversiones en inmuebles también crecieron intensamente con la entrada en la CE, contribuyendo a la ola especulativa que sufrió el sector inmobiliario, que tuvo penosas consecuencias para la población por los precios alcanzados por las viviendas, viéndose posteriormente arrastrado a una crisis, cuyas repercusiones económicas y financieras están todavía madurando.

Todo lo anterior, como aspectos básicos de las consecuencias del proceso de la integración europea, hubiese sido suficiente para abrir un debate en el seno de la sociedad española sobre el mismo, de no ser porque durante mucho tiempo se sintió atrapada en el recuerdo del régimen anterior, facilitando el que se identificase europeísmo con la aceptación acrítica de una integración dominada por los criterios neoliberales y los intereses del capital, como se hizo desde las órbitas del poder económico y político y las capas de profesionales a su servicio. La mayoría de las fuerzas políticas y sociales siguen apoyando la integración y el proyecto de unidad monetaria, incapaces de oponerse a la invasora ola europeísta, aunque no es menos cierto que la práctica unanimidad que existió a favor de la entrada en la CE ha dado paso a una opinión pública dividida, que considera que muchos de los problemas actuales de la economía española tienen que ver con unas inadecuadas pautas en la integración europea y que empieza a dudar de que sea posible y conveniente proseguir con el proyecto de unidad monetaria diseñado en Maastricht, al menos según los ritmos previstos. Como ya ocurriera al negociar el acuerdo de adhesión a la CE y con la integración en el SME, el gobierno socialista se mostró dispuesto a pagar cualquier precio, quemar etapas y a asumir cuantos más compromisos mejor para ligar al Estado español con el devenir de la construcción europea, ciego a los obstáculos y disensiones que en la propia Europa se levantaban a esa construcción e indiferente a las consecuencias que podía tener para la economía española. La integración europea había sido el eje básico de la estrategia socialista desde que en 1982 el PSOE ganó las primeras elecciones, no encontrando el gobierno motivos para cambiar, ni siquiera para atemperar los ritmos del proceso, a pesar de las señales de alarma emitidas por la economía.

7.3. *La competitividad, un problema relativo y complejo*

El mejor ejemplo de la acomodación a los moldes ideológicos de la Europa que se está construyendo lo ofrece la fortuna hecha por el término «competitividad», el cual invade en la actualidad los análisis y debates económicos y se ha convertido en punto vital de los programas de los partidos políticos, no siendo incluso despreciado por los sindicatos, en su preocupación por estar a la orden del día. De la vieja búsqueda de la productividad, como medida objetiva del rendimiento del esfuerzo humano y del progreso y como aspiración de las sociedades, se ha basculado a la competitividad, como concepto relativo e impregnado de connotaciones darwinistas, excluyentes, compulsivas y disgregadoras socialmente. Las prioridades han cambiado: no se trata de mejorar el rendimiento de los recursos humanos y naturales sino de mejorarlos a un ritmo más rápido que los competidores para barrerlos del mercado. Es tal el éxito de la nueva palabra, el carácter mágico que tiene y la importancia económica y social que se le da, que desentrañar su significado y factores que la determinan debe ser una cuestión previa, antes de analizar la evolución y la política económica de los últimos años, interpretadas, cómo no, en clave de la propia competitividad.

En primer lugar, conviene dejar sentado que son otros los objetivos económicos y sociales que debe perseguir la política —paro, corrección de desigualdades, bienestar social, protección de la naturaleza, etc.—. La competitividad es necesaria para preservar el mercado interior de las mercancias extranjeras y para vender y penetrar en los mercados exteriores, con objeto de mantener un equilibrio razonable de la balanza de pagos y evitar que el déficit exterior actúe como una restricción al crecimiento. Al concepto hay que quitarle la aureola, dejándolo reducido a un objetivo instrumental para lograr otros objetivos sociales más esenciales.

En segundo lugar, la competitividad, interpretada bajo este prisma, es un concepto relativo, puesto que de lo que se trata es de lograr un nivel suficiente y ese nivel no es independiente del modelo y la política económica que se aplica (grado de apertura exterior, estructura del gasto, distribución de la renta etc.). La compulsión actual por la competitividad no es ajena al ritmo al que se eliminaron las barreras protectoras del mercado interior, primero con el acuerdo de adhesión y después con el Mercado Único, y sin hacer apología del proteccionismo, cabe defender que el proceso de liberalización exterior de la economía española debió hacerse tomando en cuenta sus estructuras económicas y sus problemas sociales. El grado de competitividad necesario depende de muchas circunstancias incontroladas, como la evolución de la economía mundial, el auge o hundimiento de algunos mercados, el grado de protección de otros países, etc. Por mucha que fuese la competitividad de una economía, pocas serían sus ventajas si existen barreras insuperables para penetrar en otros mercados, del mismo modo que la mejora de la competitividad puede verse contrarrestada por una mayor protección del resto de los países. Tampoco debe perderse de vista que los esfuerzos por mejorar la competitividad no siempre pueden ser explotados en beneficio propio, en la medida en que las multinacionales distribuyen la producción y los mercados con criterios complejos, hecho que tiene importancia en la economía española por la fuerte penetración del capital extranjero, sobre todo en las empresas directamente ligadas a la actividad importadora y exportadora, como el caso del sector del automóvil.

En tercer lugar, la competitividad no es sólo un problema de precios relativos. En la capacidad para dominar mercados intervienen otros muchos elementos cualitativos, como las redes de distribución, marcas prestigiosas, calidad y diseño de los productos, garantías de asistencias, etc., y, entre ellos, uno esencial: la tecnología. Ésta se puede considerar como una mercancía o una materia prima de la que sólo disponen los países más avanzados y que es necesitada por todos. Algunos productos —principalmente los bienes de equipo— sólo son capaces de producirlos tecnológicamente algunos países y todos los demás necesitan importarlos si quieren mantener un tejido productivo, no ya competitivo, sino capaz de atender las exigencias mínimas de la demanda. Sustituir la competitividad que aporta la tecnología por otros elementos, como puede ser la reducción de los salarios, es prácticamente imposible, y elevar el nivel tecnológico de una economía no es un asunto fácil que pueda acometerse rápidamente, pues requiere de años de investigación, recursos y educación, etc. En este aspecto, la competitividad no viene más que a reflejar el desarrollo histórico de cualquier economía.

Finalmente, la relación entre los precios interiores y exteriores es un dato clave de la competitividad, pero esto requiere de un análisis más detallado. Admitiendo que la evolución de los precios relativos tiene suma relevancia en la competitividad, no todos los precios intervienen en ella. Algunas mercancías y sobre todo muchos servicios (las peluquerías, las corridas de toros, los psiquiatras) no constituyen objeto del intercambio internacional y por tanto sus precios sólo intervienen indirectamente en el grado de competitividad. Por otro lado, en la formación de los precios relevantes intervienen muchos factores, entre los que hay que destacar, en primer lugar, la productividad. Este es un elemento clave y vuelve a aparecer como compendio del desarrollo histórico de cada país, siendo sólo susceptible de modificación a largo plazo pues depende fundamentalmente del grado de capitalización de la economía. La productividad puede crecer a través de la desvalorización del capital menos eficiente y de la destrucción de empleo, pero este aumento, que se produce de modo subrepticio en toda economía y se acelera en los momentos de crisis, no tiene las ventajas del aumento derivado de la capitalización, con la cual crece la dotación de capital por trabajador, se renueva dicho capital y se incorporan las nuevas tecnologías.

Otros de los factores que determinan los precios relativos entre los distintos países son los tipos de interés, como gasto financiero de las empresas; los márgenes de beneficio que pretendan conseguir los empresarios; el grado de monopolio u oligopolio que exista en la economía; las infraestructuras del país; los recursos naturales disponibles; la capacidad de gestión, métodos de organización y racionalización del trabajo en las empresas; grado de formación del personal; estabilidad del empleo; fiscalidad que soportan las empresas, etc. Y, cómo no, también los salarios. No obstante, antes de considerar la cuestión de los salarios hay que tener en cuenta que los precios relativos a efectos de la competencia internacional se componen de la relación entre los precios interiores y exteriores y del tipo de cambio de la moneda del país concernido[1].

Si los precios interiores de una mercancía se elevan más que los de un país competidor, la pérdida de competitividad que esto entraña

---

1. El índice de competitividad puede definirse como el producto de la relación entre los precios interiores y exteriores y del tipo de cambio, definido a su vez como el número de unidades de moneda extranjera por una unidad de moneda del país. La subida del índice, que representaría una pérdida de competitividad, se debería a una elevación mayor de los precios interiores que los exteriores o a una elevación del tipo de cambio (más unidades de moneda extranjera por la nacional), es decir, a una apreciación de la moneda.

Gráfico 7.2.

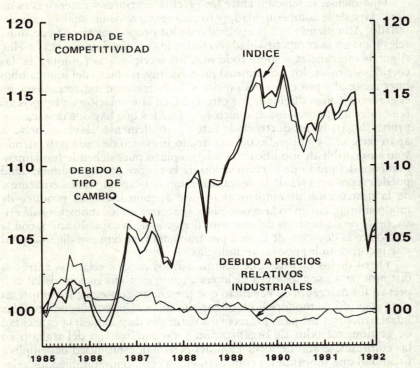

puede compensarse alterando el tipo de cambio, en este caso depreciándose la moneda del país cuya inflación es mayor. Por ello, la cotización de la moneda, por su repercusión general sobre los precios de las mercancías y servicios intercambiados con el exterior, es un dato esencial y un instrumento clave de la política económica para fijar el nivel de competitividad de un país. El reverso de la competitividad es la relación de intercambio entre un país y el resto del mundo. Cuanto mas se gane en competitividad, bien a través de que los precios internos evolucionen más establemente que los exteriores, o bien a través de depreciar la moneda, abaratando los precios interiores para los compradores extranjeros y encareciendo en el interior las mercancías exteriores, menos favorable es la relación de intercambio del país, es decir, tienen que entregarse más bienes por las mismas importaciones. Y viceversa, una pérdida de competitividad, por una trayectoria adversa de los precios interiores o por una apreciación de la moneda, significa una mejora de la relación de intercambio, es decir, los mismos productos exteriores se obtienen con menos bienes producidos en el interior. Resulta evidente que cuando un país no es suficientemente competitivo porque al tipo de cambio vigente su balanza de pagos es deficitaria o porque para mantener el equilibrio exterior ha de sacrificarse el crecimiento y acumular desempleo, la opción de la devaluación para mejorar su competitividad y lograr el equilibrio exterior es bastante sensata, aunque signifique deteriorar la relación de intercambio: es preferible tener que entregar una parte mayor de la producción por las mismas importaciones que no poder producir porque a unos precios dados no existe demanda para esa producción.

Por último, es indudable que el nivel de salarios interviene en la competitividad como un coste de las mercancías y los servicios. Pero, a su vez, las demandas salariales no son independientes de una serie de factores económicos y sociales: distribución de la renta; abanicos salariales; precio de la vivienda; fiscalidad soportada por las rentas del trabajo; servicios sociales suministrados por el Sector Público; evolución de los precios (en la que influyen, como se ha dicho, muchos elementos aparte de los salarios); los tipos de interés que grava el endeudamiento de los trabajadores; el grado de especulación que soporta la economía, etc. Por supuesto, cuanto más bajos sean los salarios, dados el resto de la multitud de factores que intervienen en la fijación de los precios relativos, mayor será la competitividad de una economía[2], pero el objetivo de mejorarla reduciendo los salarios no sólo significa hacer más injusta la situación social —lo que es motivo suficiente para rechazarlo—, sino que pueden afectar adversamente a la evolución de la economía a corto plazo, en la medida que los salarios sostienen la mayor parte de la demanda de consumo, y a largo plazo, en la medida en que salarios bajos frenan la productividad al no estimular la inversión y la renovación tecnológica.

2. Un informe de la Comisión de las Comunidades Europeas, «El empleo en Europa. 1990» declaraba respecto el tema de los salarios y la competitividad: «... Al igual que los salarios sólo constituyen un elemento de los costes laborales, los costes de producción sólo son un elemento del proceso competitivo. Los factores no relacionados con el coste, como el diseño de un producto, su fiabilidad y buen funcionamiento, pueden ser de igual o superior importancia y probablemente van ganando relevancia a medida que crece la renta real y la gente puede elegir y seleccionar a la hora de comprar...». Y aún de modo más concluyente: «... Además, no hay pruebas de que exista una estrecha relación entre los costes laborales relativos y la competitividad, como muestra el rendimiento comercial de cada Estado miembro en el mercado comunitario. Los países que muestran las tasas más bajas de aumento de los costes laborales unitarios no son necesariamente los que más han ampliado su participación en el comercio intracomunitario. Esto refleja el hecho de que la competitividad depende de múltiples factores aparte de los salarios. Por consiguiente, una política basada ante todo en unos bajos salarios no garantiza el aumento de la cuota de mercado de los países más débiles de la Comunidad».

7.4. El Pacto de Competitividad

El desarrollo del apartado anterior, enhebrado para conducir a la conclusión de que la competitividad es un tema complejo en el que los salarios tienen un impacto limitado, cuando no contraproducente, constituye un adecuado telón de fondo para analizar la política económica de los últimos años, dominada, como se ha indicado, por todo lo relacionado con la integración europea y los problemas surgidos de la rápida apertura exterior. Frente a la diversidad de factores que influyen en la competitividad y la de resortes que es necesario utilizar para mejorarla sobre bases firmes, el gobierno convirtió obstinadamente a los salarios en el elemento fundamental explicativo de la evolución económica y en la variable básica para resolver los múltiples problemas existentes (los salarios, directamente, o todo lo que pudiera reducir la capacidad de negociación de los trabajadores, como la flexibilización del mercado de trabajo, cuya consecuencia principal es la disminución de los salarios). Tan obsesiva política no puede explicarse evidentemente por errores de análisis sobre el impacto de los salarios en la competitividad, sino porque son un elemento decisivo en la determinación de los beneficios y la tasa de rentabilidad del capital, cuya elevación es un requisito indispensable para remontar las crisis económicas en el sistema capitalista.

Sin haber dejado en ningún momento de defender la moderación salarial como un hecho imprescindible para la buena trayectoria de la economía en los años de expansión económica, en tanto que los beneficios crecían de modo espectacular y la especulación (y la corrupción) cobraban carta de naturaleza en el sistema, fue con el cambio de coyuntura cuando el gobierno pretendió dar una vuelta de tornillo en su política y garantizar la moderación salarial, proponiendo un acuerdo a los sindicatos en la primavera de 1991, conocido por el «Pacto de Competitividad». Su importancia no estribó en que fuera una oferta susceptible de promover un pacto social, sino en que contenía las claves de la política que intentaba aplicar el gobierno, para lo cual estaba dispuesto a crear las condiciones económicas y sociales que permitieran imponerla.

El objetivo político del Pacto de Competitividad fue comprometer a los sindicatos con la política gubernamental y domesticar las reivindicaciones del movimiento obrero, en unos momentos en los que los trabajadores trataban de resarcirse de la dura política que habían padecido y de escapar de los falsos planteamientos que se les habían hecho en el pasado sobre la aceptación de sacrificios y el reparto futuro de los frutos del crecimiento. Después de sufrir agudamente el período de ajuste y reconversión de la primera etapa del gobierno socialista, en el que retrocedieron los salarios reales y se destruyeron cientos de miles de puestos de trabajo, los asalariados fueron meros espectadores de la recuperación económica, de la que sólo se beneficiaron con la creación de un empleo en extremo precario, mientras las empresas acumulaban sustanciosos beneficios en un clima de negocios fáciles y especulativos que minaron económica, política y moralmente al sistema. El enfrentamiento del movimiento obrero con la política seguida tenía que llegar inevitablemente a producirse y lo hizo con la llamarada de la huelga general del 14 de diciembre de 1988.

Tras la huelga y la derrota infringida, el gobierno intentó restaurar su imágen política y comprar paz social a cambio de algunas concesiones —derecho a la negociación colectiva de los funcionarios y revisión salarial, aumento de las pensiones, pago de lo que se dio en llamar la «deuda social»—, con la idea de ganar tiempo y recuperar el terreno perdido, en tanto que CCOO y UGT, aprovechando la momentánea relación de fuerzas favorable y la necesidad del gobierno de mitigar las tensiones con ellos, impusieron una negociación de mayor alcance, basada en la Plataforma Sindical Prioritaria —la PSP[3]—. Sin embargo, no estaba en el ánimo del ejecutivo ni entraba en sus cálculos llegar al fondo de las reivindicaciones planteadas. Y así, aprovechando a su vez la paralización sindical que siguió a la huelga, maniobrando con habilidad e incurriendo en pocos costes —sólo cedió en una primera fase—, logró satisfacer a los sindicatos y, lo que fue más importante, logró desactivarlos, empantanando la negociación en numerosa y estériles mesas. En definitiva, bloqueó la segunda y fundamental fase de la concertación emprendida, hasta el punto que la PSP dejó de sustentar la negociación gobierno-sindicatos, pasando el primero a poner sobre la mesa su Pacto de Competitividad, en el que, frente a las demandas sindicales, avanzó como objeto de discusión los ejes permanentes de su política.

El gobierno pretendía preservar unas relaciones de no confrontación con los sindicatos, pero buscaba quebrar la dinámica reivindicativa, en particular en la cuestión de los salarios, porque chocaba frontalmente con sus planteamientos y objetivos. Los sindicatos y los trabajadores mantenían una posición crítica hacia la política del gobierno, no soportaban las directrices de moderación salarial lanzadas desde el ejecutivo (aunque no obtuvieran grandes ventajas en la negociación de los convenios), y estaban en condiciones de impedir que se impusieran restricciones duras. Esta situación, que definía un equilibrio de fuerzas inadecuado para llevar adelante sus proyectos, trató de ser rota por el gobierno con la proposición del Pacto de Competitividad. Entabló una partida en la que jugaba con ventaja por el cariz preocupante que iba cobrando la situación económica: si se firmaba, imponía su política, bloqueaba las demandas sindicales y lograba el apoyo de la mayoría de las fuerzas sociales; si era rechazado, se revestiría de legitimidad para reali-

---

3. La negociación entablada con la PSP fue diferente a los pactos sociales del pasado, porque a diferencia de éstos, en que se aceptaban sacrificios de los trabajadores, con la PSP se pretendió negociar sólo reivindicaciones sindicales. La plataforma, no obstante, era moderada en sus contenidos: reclamaba un «giro social», pero no daba solución a los aspectos más negativos de la situación económica y social ni tenía el alcance de una alternativa radical a la política neoliberal y regresiva del gobierno.

zar sus planes, intentaría acorralar a los sindicatos frente a la opinión pública y se descargaría de responsabilidades por la situación económica y social que se avecinaba.

7.5. La versión oficial y los objetivos reales

Considerando la reclamación sindical por un «giro social» en la política económica y las reivindicaciones pendientes insatisfechas, los contenidos de la oferta del gobierno no eran susceptibles de promover un pacto social y poco menos que garantizaban su fracaso, pero ello no les resta importancia por ser el compendio de la política gubernamental. El objetivo declarado del pacto era preparar a la economía española para el reto del Mercado Único de 1993 y la integración monetaria en ciernes, siendo la interpretación oficial que lo justificaba y sus ejes fundamentales los siguientes:

a) Un crecimiento monetario de la economía excesivo no era soportable a medio plazo. Una tasa de inflación superior a la media comunitaria haría perder competitividad, agudizaría el desequilibrio de la balanza de pagos y sería insostenible en el contexto del SME. De la misma manera, un crecimiento excesivo de la demanda interna dispararía las importaciones, agravaría el déficit exterior, etc. A medio plazo, el crecimiento se vería hipotecado, por lo que era inexcusable continuar con unas políticas monetaria y fiscal rigurosas. Pero esto no tenía porqué implicar que no fuese posible mantener el crecimiento. Si se conseguía rebajar la inflación a la media de los países del SME, quedaría un mayor margen para un crecimiento real sin que se vieran afectados los equilibrios fundamentales. Se trataba, por consiguiente, de crecer con estabilidad de precios.

b) Según el Ministerio de Economía, no se sabe con que fundamento, la inflación dependía en un 55% del crecimiento de los salarios nominales, en un 15% de los beneficios empresariales y en un 30% de los precios de importación. Reducir la inflación, por tanto, significaba, ante todo, limitar el crecimiento de los salarios nominales, lo que no tenía que implicar que perdieran poder adquisitivo. Se podía incluso pactar una ganancia de 1,5 ó 2 puntos en los salarios reales, garantizada con una cláusula de salvaguardia. Se trataba de reducir los salarios nominales, no los reales, para contener los precios. Tampoco tenía porqué significar una distribución de la renta contraria a los salarios porque, según reconocía el gobierno, «no está España en una situación que pida una redistribución de la renta en favor de los beneficios».

c) No obstante, el aumento de los salarios reales debía ser inferior al crecimiento de la productividad, porque se trataba de distribuir el aumento de la producción entre una mejora del poder adquisitivo y la creación de empleo. Las ganancias de productividad que no fuesen a elevar los salarios reales deberían traducirse en dotaciones a reservas para que con una adecuada política de incentivos fiscales se reinvirtieran, lo que supondría más empleo, mayor competitividad de las empresas españolas y un crecimiento más alto a medio plazo.

d) Era preciso, además, realizar una serie de reformas estructurales que debían orientarse en varias direcciones:
— La reducción de la inflación en los sectores no sometidos a la competencia exterior, actuando sobre algunos focos detectados como fuente permanente de la inflación, como los seguros médicos y del automóvil, la enseñanza privada, el transporte urbano e interurbano, la vivienda y la hostelería. El análisis de los componentes del IPC mostraba que los sectores más inflacionistas eran los que por su naturaleza escapaban a los efectos beneficiosos de la competencia externa, lo que repercutía en las demandas salariales del conjunto de la economía, deteriorando la competitividad de los bienes y servicios que entran en el tráfico exterior. La asimetría entre la inflación de unos y otros sectores aportaba un argumento adicional para apoyar la apertura exterior y resaltar las ventajas de la competencia y el mercado.
— La flexibilización del mercado de trabajo, modificando las modalidades de contratación, facilitando la movilidad funcional y geográfica del factor trabajo y eliminando las rigideces que, a juicio del gobierno, impedían la recolocación de trabajadores sin empleo (reforma del INEM, obligatoriedad de los parados de recibir cursos de formación). Junto a los salarios, la desregulación del mercado de trabajo —eufemísticamente, flexibilización del mercado laboral— había sido una constante de la política económica del gobierno, con resultados desastrosos para los trabajadores. Y no porque el mercado fuese rígido[4], sino porque la situación de indefensión en que se encuentran los trabajadores en precario permite retribuirlos con unos salarios muy inferiores a los de los empleados fijos y minar la capacidad de negociación del conjunto de los trabajadores[5].
— El aumento del ahorro nacional mediante la mejora en la gestión de los servicios públicos, en particular, la Seguridad Social y la Sanidad. Se trataría de mantener el carácter público de la financiación de estos servicios, pero gestionados con criterios de rentabilidad privada. No se dejaba claro, pero detrás de estas reformas latía el objetivo de recortar algunas prestaciones y reducir y privatizar algunos servicios. Una mejora en la gestión no tenía porqué representar una degradación en los servicios

---

4. El mercado de trabajo español es uno de las más flexibles de las economías europeas. A la hora de dar empleo, los empresarios cuentan con un verdadero menú de contratos precarios que utilizan profusamente, como lo muestra el que dichos contratos supongan el 95% de los que visa el INEM y que el empleo temporal afecte a un tercio de los asalariados. Por tanto, la enorme flexibilidad que existe en la entrada al puesto de trabajo garantiza que al menos un tercio del empleo puede ser ajustado a corto plazo sin ningún problema. Los empresarios disponen también de los Expedientes de Regulación de Empleo para flexibilizar sus plantillas, de los que un 95% de los solicitados son aprobados sin ningún problema por las autoridades administrativas. Durante la década de gobierno del PSOE, nada menos que 4.490.000 trabajadores se vieron afectados por dichos expedientes, ya fuesen de rescisión de los contratos, suspensión de los mismos o reducción de jornada, ¡una cifra equivalente al 50% de los asalariados! La movilidad funcional ha avanzado considerablemente durante los últimos años y la geográfica, que ya la tienen al menos ese tercio de los trabajadores temporales, puede convertirse en un mecanismo encubierto para que los empresarios se deshagan de los trabajadores mas incómodos o combativos.

5. En 1988, según el INE, los trabajadores en precario tenían como media un salario un 42% más bajo que los fijos, una diferencia que ha debido aumentar por la situación de unos y otros.

salvo que, como se proponía el gobierno, los gestores tuvieran que hacer frente a los gastos con asignaciones presupuestarias previamente establecidas, en cuyo caso no se trataría de garantizar unas prestaciones al menor coste posible sino de sacarle el mejor rendimiento a unos recursos dados.

— La mejora de las infraestructuras del transporte, comunicaciones, etc., que durante la anterior fase de expansión económica habían representado cuellos de botella y obstaculizado el avance de la competitividad.

Bajo esta presentación, con una oferta aparente de un pacto de progreso (era posible crecer más y con más estabilidad, había que repartir los frutos del crecimiento, podía obtenerse una mejora para todos si hubiera acuerdo entre el gobierno y los «agentes sociales»), de la inevitabilidad de las medidas (había que hacer frente al reto del 1993 y no había ninguna otra política alternativa para conseguirlo) y de racionalidad económica (se podía decidir qué parte del crecimiento sería real y cuál de precios, qué parte se destinaría a la mejora del nivel de vida y cuál a repartir el empleo, etc.), se escondía un plan de austeridad riguroso, que acentuaba el carácter neoliberal de la política económica, y una amenaza de una política particularmente dura si los sindicatos no se avenían al pacto: en caso de no alcanzarse, el gobierno se declaró dispuesto a lograr los objetivos de estabilización recurriendo a una política monetaria y fiscal tan severas como fuese necesario.

La propuesta representaba un plan de austeridad clásico, que pivotaba sobre una política monetaria y fiscal restrictivas y una política salarial destinada a reducir la inflación y aumentar los beneficios de las empresas. Hasta entonces, la moderación salarial había sido lograda fijándose crecimientos estrictos de las retribuciones de los funcionarios, que servían de referencia para la negociación colectiva en el resto de la economía, y programándose previsiones de inflación arbitrarias, que sistemáticamente eran desmentidas por la evolución efectiva de los precios. Este mecanismo estaba desgastado por su abusiva utilización, por lo que había que recurrir a un enfoque más sofisticado para conseguir la moderación salarial y la redistribución de la renta a favor del excedente (pacto sobre los salarios nominales, pacto sobre el reparto de la productividad, cláusula de salvaguardia, etc.). Por otro lado, las medidas propuestas suponían una fuerte agresión a las condiciones laborales en lo relativo a la flexibilización del empleo e implicaban un salto cualitativo en el desmantelamiento del «Estado del Bienestar», que combinaba las medidas anunciadas con otras que se estaban poniendo en marcha larvadamente, como la reforma sanitaria según el informe de un grupo de expertos (conocido como informe Abril Martorell).

La importancia del Pacto de Competitividad, cabe repetirlo, no se derivaba tanto de ser una propuesta de negociación como de revelar la simplista interpretación del gobierno a los problemas económicos y las soluciones que proponía e intentaba aplicar, las cuales giraban siempre en torno a los salarios y demás aspectos relacionados con las condiciones de vida y laborales de los trabajadores. En sus contenidos concretos, las propuestas no eran novedosas en muchos aspectos, engarzando sin solución de continuidad con lo que eran las directrices de la política gubernamental desde hacia tiempo —flexibilidad del mercado de trabajo, extensión de la precariedad, degradación, camuflada de eficacia en la gestión, de las prestaciones y los servicios públicos—, aunque el pacto, en lo que atañe a la oferta salarial, introducía algunos cambios formales que tiene interés revisar.

7.6. El pacto salarial

El gobierno proponía pactar un crecimiento nominal de los salarios que fuese compatible con una reducción de la inflación. Dicho crecimiento debería incluir una ganancia en el poder adquisitivo, que podría garantizarse con una cláusula de revisión. El gobierno defendía un aumento real de los salarios para que se beneficiaran de una parte del incremento de la productividad, argumentando al mismo tiempo que no tenía que producirse una distribución de la renta a favor de los beneficios (indeseable, en su opinión, por lo demás). Sin embargo, su proposición, que podía parecer atractiva y estaba edulcorada adicionalmente con una oferta de limitar los beneficios distribuidos, implicaba automáticamente una redistribución de la renta en contra de los salarios, ya que para que la distribución no se modifique se requiere que el crecimiento de los salarios reales sea igual que el aumento de la productividad, y según el pacto sólo se resarcirían de una parte del crecimiento de esta última[6]. Por tanto, aunque todas las previsiones se cumplieran exactamente y la cláusula de salvaguardia se aplicara con carácter uni-

---

[6]. Un ejemplo sencillo facilitará la comprensión de algo tan elemental y a la vez tan enigmático. Supongamos que 100 trabajadores producen 100 automóviles al año y que reciben como salarios el valor de 50 automóviles. La renta nacional se divide entonces al 50% entre salarios y beneficios. Supongamos que al año siguiente 100 trabajadores producen 120 automóviles, luego la productividad habrá crecido en un 20%. Para que la distribución de la renta no cambie, los salarios tienen que elevarse hasta 60, justamente en el 20% de aumento de la productividad. Si ese 20% se repartiese como proponía el gobierno, otorgando a los trabajadores, por ejemplo, un 10%, entonces los salarios se elevarían sólo hasta 55 automóviles y quedarían para el beneficio 65, alterándose la distribución inicial de la renta en contra de los asalariados. El esquematismo de este ejemplo no invalida los resultados cuando se aplican a la complejidad del sistema económico, pues la cuestión tiene la simplicidad y la contundencia de una igualdad matemática: la participación de los salarios en la renta es el cociente de estas dos magnitudes, si la renta real debido a la productividad se incrementa en un porcentaje, los salarios, para mantener la participación, tienen que crecer en el mismo porcentaje. Para los aficionados a las fórmulas, sea Y el PIB real, p el nivel de precios, w el salario monetario por persona y L el empleo. La participación de los salarios en el PIB sería:

$$P = \frac{\text{Remuneración asalariados}}{\text{PIB monetario}} = \frac{w \cdot L}{p \cdot Y} = \frac{(w/p)}{(Y/L)}$$

Para que P no varíe, esto es, para que el PIB no se redistribuya en contra de los salarios, se necesitará que el crecimiento del salario real por persona (w/p) sea igual al de la productividad (Y/L).

versal, el PIB se redistribuiría en contra de los salarios, cosa por lo demás nada sorprendente porque entre los objetivos fundamentales del pacto estaba sostener los beneficios y mejorar la tasa de rentabilidad del capital, una vez que había pasado el mejor momento del ciclo[7]. Los salarios en el último año habían mejorado el poder adquisitivo y las rentas del trabajo habían mantenido su participación en el PIB: el plan del gobierno, a través de una proposición sofisticada, iba dirigido a facilitar una redistribución de la renta a favor de los beneficios, respetando un leve crecimiento de los salarios reales como un mal necesario e inevitable, después de lo ocurrido durante los años de expansión y la reacción del movimiento obrero.

El señuelo de un aumento real de los salarios iba acompañado de unas previsiones macroeconómicas que arropaban la supuesta coherencia del plan en cuanto al crecimiento real y monetario de la economía y en cuanto a la distribución entre la mejora del poder adquisitivo de los trabajadores empleados y la creación de empleo. No obstante, ni uno ni otro aspecto podían garantizarse, lo que reducía a meras hipótesis las ventajas que obtendrían los trabajadores de la cesión firme e inmediata en los salarios. La política monetaria puede fijar (dentro de límites) el crecimiento monetario del PIB, pero no puede evitar que sea menor que el previsto y menos garantizar que el crecimiento real y el de los precios se ajusten a las previsiones. El crecimiento real de la economía tiene su propia autonomía y en la evolución de los precios, a pesar de la insistencia intencionada en relacionarlos estrechamente con los salarios, influyen otros muchos factores. En cuanto al reparto propuesto del aumento de la productividad entre mejora de los salarios reales y aumento de los fondos no distribuidos por las empresas para ser invertidos y generar nuevo empleo, valorado como una parte esencial del plan, era uno de sus puntos más débiles. No se puede negociar o pactar el aumento de la productividad del conjunto de la economía, porque dicho aumento es la diferencia entre el crecimiento del PIB real y el crecimiento del empleo, y éste no se puede garantizar. Un empleo menor que el previsto representaría un aumento de la productividad mayor que el programado y una distribución de la renta en contra de los salarios más adversa, contra la que no existía cláusula de salvaguardia.

Por otro lado, un aumento del «Excedente bruto de explotación» a costa de los salarios no tiene porqué traducirse en un aumento de la inversión, porque ésta depende además de otros muchos factores y circunstancias: tasa de rentabilidad esperada, costes de la financiación, expectativas de los empresarios, perspectivas de evolución de la demanda, etc. Las decisiones de inversión no están determinadas por una elevación

---

[7]. El que se restringiera o no la distribución del «Excedente de explotación» no tenía ninguna importancia, porque eso no evitaba su apropiación por los capitalistas. Si los beneficios se reparten, aumentan directamente las rentas de los propietarios de las empresas, si se limita el reparto (lo que en la práctica es difícil de controlar), las dotaciones a reservas aumentan el valor de las empresas y el de las acciones.

transitoria de beneficios. Por lo demás, un aumento de la inversión, de producirse, no tiene porqué llevar aparejado un aumento proporcional del empleo, ya que muchas nuevas inversiones son ahorradoras de puestos de trabajo, lo que habría significado en las previsiones del plan del gobierno un crecimiento de la productividad mayor y un aumento del empleo menor que los planeados. La cadena de argumentos en que se sustentaba el plan —se cede en los salarios y aumentan los beneficios, la inversión y el empleo— se había utilizado hasta la saciedad en el pasado, y tiene tantos eslabones débiles y las experiencias pasadas habían sido tan negativas que daban pocas bazas negociadoras al gobierno.

La necesaria elevación de la competitividad como supremo fin de la política económica no fue suficiente para salvar el pacto, tan compulsiva y amenazadoramente defendido por el gobierno. Los resultados y balances que los sindicatos habían extraído de anteriores pactos sociales, la desconfianza, tensiones y cuentas pendientes entre el ejecutivo y los sindicatos, el contenido de las propuestas, la regresividad que impregnaba toda la política gubernamental, la insatisfacción sindical por la abortada negociación de la PSP, etc., impidieron un acuerdo en el que de nuevo se pedía concesiones concretas a los sindicatos a cambio de hipotéticas contrapartidas. Ante los problemas económicos suscitados por la integración en Europa no se disponía de más política que reclamar otra vez sacrificios a los trabajadores, los cuales habían sido los convidados de piedra de la anterior recuperación, cuando no las víctimas de la especulación y la euforia financiera que invadieron al sistema, jaleadas con entusiasmo por el propio gobierno. En la negociación, además, reapareció la dureza de éste con los sindicatos —tenía que tomarse todavía la revancha por la huelga general y las concesiones que se vio obligado a realizar—, recortándose las ofertas que habían servido para hacer propaganda de las ventajas y generosidad del pacto. La subida real de los salarios que el gobierno estaba dispuesto a garantizar no era el 2% anunciado y la cláusula de salvaguardia, siempre difícil de aplicar universalmente, se pretendió con tantas limitaciones que convertía en papel mojado lo que se consideraba la oferta esencial del pacto.

7.7. *Ruptura y giro en la política económica*

La ruptura de las negociaciones tuvo el mérito de ser suficientemente cruda para dejar cerrado el tema y evitar que se prolongase en un período de contactos viscosos en que los acuerdos parciales eran poco menos que imposibles por el enfrentamiento y la disparidad de objetivos entre el gobierno y los sindicatos: mientras el primero pretendía reforzar el ajuste y la austeridad de su política, los segundos seguían reclamando un «giro social».

Desde el punto de vista económico, no había que lamentar el fracaso de las conversaciones porque el plan contenía contradicciones groseras entre los diversos objetivos que se proponía (al margen de las de carácter social y político). Los objetivos declarados del pacto eran lograr la convergencia económica con la de los países más equilibrados de la CE y mejorar la competitividad, pero entre ambos se levantan serios obstáculos. La convergencia con Europa, referida a unos cuantos indicadores —inflación, déficit público, saldo exterior—, pero no a otros —paro, tasa de actividad, nivel de renta, etc.— ni tampoco a la estructura económica y social, buscaba impedir que el país quedase descalificado para participar en la integración monetaria desde sus inicios, en unos momentos en que muchos expertos, ante las dificultades obvias de la unificación monetaria, consideraban inevitable y conveniente una integración a dos o más velocidades. La reducción de la inflación y la de los déficits público y exterior exigían una política restrictiva como implícitamente recogía el pacto, pero ello, una vez agotada la fase expansiva del ciclo y con la economía debilitándose rápidamente, significaba acelerar y profundizar la fase recesiva del ciclo. En tales condiciones, no podía esperarse una recuperación de la inversión, lo que constituía una rémora muy importante para mejorar la competitividad. Dicha mejora, como se ha reiterado, depende en alto grado de la productividad del sistema, y, a su vez, el substrato de la productividad es al inversión para aumentar la dotación de capital por trabajador. Existe una conexión nítida entre la relación capital/trabajo y la productividad y en los últimos años se había registrado un descenso tendencial de ambas variables, ya que aunque el proceso inversor había sido intenso, también lo había sido la creación de empleo. La recuperación de la inversión era esencial en cualquier proyecto sólido para mejorar la competitividad. El pacto pretendía recuperar la inversión a través de la redistribución de la renta a favor de los beneficios, las restricciones a la distribución de éstos y la concesión de nuevas ventajas fiscales, pero estos estímulos eran insuficientes porque la inversión depende de otros muchos factores, que eran adversos en aquellos momentos y se reforzaban con la política de ajuste implícita en el pacto. Deprimiendo la economía, provocando el cierre de las empresas más débiles y el aumento del paro, reduciendo la economía a escala, se podía aumentar la productividad y aparentemente superar la contradicción entre los objetivos de reducir los desequilibrios y mejorar la competitividad, pero acentuando las diferencias reales y el desfase tecnológico con los principales países europeos.

El fracaso del pacto de competitividad estimuló al gobierno a imprimir un giro restrictivo de la política, cumpliendo su amenaza de que la ausencia de pacto implicaría reforzar el ajuste económico. Todos los datos confirmaban contundentemente que la economía había entrado en una fase de debilitamiento acusado desde la segunda mitad de 1989[8], pero al gobierno no le tembló el pulso a la hora de seguir enfriando la

---

8. Diversos indicadores económicos lo ponían de manifiesto: la producción industrial arrojó ya crecimiento nulo en 1990, las importaciones se habían desacelerado intensamente, el sector de la vivienda había entrado en crisis, los expedientes de regulación de empleo reaparecieron, las expectativas

economía, convencido de que era necesario para afrontar la situación económica y preparar al capitalismo español para el reto del Mercado Único a partir de 1993 y la unificación monetaria, y no menos convencido de que la depresión económica era el mejor contexto para imponer la moderación salarial y las reformas en el mercado de trabajo: el paro, la inseguridad en el empleo, los expedientes de crisis, acabarían minando la fuerza de los sindicatos y la resistencia de los trabajadores. Los datos de 1991 fueron bastante negativos, no sólo porque reflejaron un mal ejercicio sino porque apuntaban a un empeoramiento de la situación, rotundamente confirmado después a lo largo de 1992. Las previsiones gubernamentales en cuanto al crecimiento del PIB, la inversión y el empleo estuvieron lejos de cumplirse, pero todo ello poco importaba porque la estrategia económica pasaba por reforzar la depresión para moderar los salarios, corregir los desequilibrios y forzar una serie de reformas en el Sector Público y en el mercado de trabajo en la línea neoliberal asumida por los socialistas. Los acuerdos de la cumbre de Maastricht al final de 1991 fueron aprovechados a fondo para amparar esta política y para que el gobierno intentara tomarse la revancha del rechazo sindical al Pacto de Competitividad. El proyecto de la unidad monetaria y todo lo relacionado con la convergencia pasaron a ocupar el primer lugar de las preocupaciones políticas y económicas del país, relegando el tema de la competitividad a un segundo plano, aunque sólo en apariencia, ya que la política económica siguió respondiendo a una estrategia nunca abandonada.

7.8. *El Plan de Convergencia*

Los requisitos fijados en el Tratado de Maastricht para formar parte del núcleo de países que iniciarían la unidad monetaria brindó a los gobiernos un pretexto para endurecer las políticas económicas y aplicar medidas antisociales. El gobierno español no tardó en transmitir el mensaje y poner manos a la obra, elaborando el llamado Plan de Convergencia, dispuesto, no sólo a cumplir, sino a rebasar las condiciones de convergencia acordadas en Maastricht.

a) Obstáculos y contradicciones de la convergencia

Un somero repaso de estas condiciones permitía llegar a la conclusión de que su cumplimiento por la economía española, si bien no era de las que estaba en peor situación entre las comunitarias, exigiría una política rigurosa aplicada por un período prolongado. La más obvia de di-

---

empresariales estaban hundidas, las carteras de pedidos habían retrocedido al nivel de 1986, los beneficios declinaban con la actividad, la inversión en capital fijo se adentró en crecimientos negativos (en 1990 creció en un 1% frente al 12% del año anterior) y el empleo se estancó primero y luego comenzó a caer, como ocurrió ya en el último trimestre de 1990.

chas condiciones —la pertenencia de la peseta al SME en la banda estrecha de fluctuación durante más de dos años antes de culminarse la unidad monetaria en que los tipos de cambio de las monedas quedarían fijados irrevocablemente— era la que obligaría más férreamente a una política restrictiva hasta la unificación monetaria. El mantenimiento de la peseta dentro del SME y la entrada posterior en la banda estrecha de fluctuación sólo podría conseguirse forzando una depresión continua de la economía, contando con el agudo déficit comercial y el acusado déficit de la balanza por cuenta corriente[9]. Incluso cabía pronosticar que ni aún con la economía deprimida podría garantizarse la estabilidad del tipo de cambio y sostenerse a largo plazo el tipo central de la peseta, ya que el profundo déficit exterior estaba determinado en gran medida por la apertura exterior llevada a cabo y la débil competitividad de la economía.

Hasta la crisis del SME de septiembre de 1992, el tipo de cambio no sólo se había mantenido sin problemas dentro de la banda amplia de fluctuación, sino que la peseta había permanecido continuamente apreciada con respecto a las demás monedas comunitarias. Se había financiado también con fluidez el déficit corriente y se había acumulado un desproporcionado volumen de reservas, pero tales resultados habían descansado en la política de tipos de interés seguida. Fue necesario mantener amplios diferenciales con los tipos de los mercados exteriores, reconociéndose implícitamente que la peseta era una moneda débil a medio y largo plazo (los inversores extranjeros estaban dispuestos a mantener activos en pesetas siempre que su rentabilidad cubriese los riesgos o los costes de cubrirse de una devaluación). Por todo ello, el requisito de Maastricht de garantizar la estabilidad del tipo de cambio entraba en contradicción con el cumplimiento del requisito de que el nivel de los tipos de interés no sea superior en más de dos puntos al nivel medio de los tres países que tengan la inflación más baja, pues su reducción pondría en dificultades el entramado del sector exterior, sin perjuicio de que profundos desequilibrios de la balanza de pagos no son sostenibles a largo plazo. Si hasta la crisis del SME la política de altos tipos de interés fue exagerada y contraproducente en algunos aspectos, desde entonces se convirtió en una necesidad para evitar conmociones financieras y cambiarias. Dicho de otra forma: para cumplir ambas condiciones, sería necesario deprimir la economía hasta extremos absurdos y disparatados, teniendo en cuenta la profundidad y las causas del desequilibrio del sector exterior.

La reducción de la inflación era otro de los puntos de la convergencia harto difícil de cumplir, al tiempo que brindaba la oportunidad de dirigir la política por derroteros favorables a los objetivos finales buscados.

---

9. La devaluación de la peseta en dos ocasiones, en septiembre y noviembre de 1992, después de intentar resistir las embestidas de la especulación en que se gastaron más de 30.000 millones de dólares de las reservas, confirmó de modo inmediato la enorme dificultad que existía para garantizar la estabilidad de la peseta.

Su cumplimiento se ligaba al mantenimiento de una política restrictiva, pero la relación entre los niveles de actividad y demanda y los precios no es tan estrecha como se intenta hacer creer, registrándose en los últimos años períodos en los que se agravaron las subidas de precios coincidiendo con el debilitamiento de la economía. Las causas de la inflación son complejas (infraestructuras, especulación, exceso de beneficios en algunos sectores, tipos de interés, subidas de impuestos, monopolios, precios administrados, tensiones y desigualdades sociales), de modo que en cada país existe un sustrato inflacionista que es diferente en cada uno de ellos y en el caso de la economía española más alto que en los principales países europeos, como muestran las series históricas de precios. Intentar reducir la inflación por debajo de cierto nivel puede ser enormemente costoso en términos de crecimiento y empleo. Por otra parte, siempre se pretendía vincular la inflación con los salarios, haciendo de la moderación salarial un eje básico de la política antiinflacionista, pero, como se puede demostrar fehacientemente (evolución de los precios industriales, evolución del excedente), los salarios en los últimos tiempos no habían sido los responsables de las subidas de precios. Por tanto, la reducción de la inflación se presentaba como otra condición difícil de alcanzar, existiendo un grave riesgo de que para cumplirla se adoptase una política económica deforme que intentara rebajar las subidas de precios provocando un hundimiento excesivo de la demanda y cargase las tintas sobre los salarios.

El nivel de endeudamiento del Sector Público español (por debajo del 50% del PIB) eliminaba cualquier problema para el cumplimiento de la exigencia de que estuviera por debajo del 60%, siendo la posición de la economía española en este punto una de las más favorables entre los países europeos. Y tampoco hubiera ofrecido dificultades mayores la contención del déficit público hasta el 3% del PIB fijado en Maastricht, en el caso de que se produjera una expansión moderada de la economía, dado el comportamiento cíclico del déficit público. Sin embargo, contando con la recesión y, sobre todo, con la política restrictiva exigida por el resto de los requisitos de convergencia, dicho déficit tendería a dispararse, por lo que para cumplir la limitación de Maastricht será necesario reducirlo por la fuerza bruta, tomando medidas drásticas presupuestarias, que contribuirán a deprimir aún más la economía. Inicialmente no se podía pedir más a Maastricht: el gobierno estaba por aplicar una política rigurosa y la unidad monetaria exigía adoptar una política restrictiva de largo alcance. ¡Hermosa coincidencia!

b) La penúltima vuelta de tuerca

El Plan de Convergencia fue el nuevo proyecto económico del gobierno, más ambicioso y con mayor carga de profundidad que el Pacto de Competitividad. Si éste tuvo como objetivo primordial moderar los salarios para doblegar la inflación y propiciar una redistribución de la renta a favor de los beneficios (como implicaba la propuesta de repartir los incrementos de productividad), el Plan dirigió sus baterías contra el tamaño y la actividad del Sector Público: el recorte de los gastos sociales para reducir el déficit público y la privatización de algunas prestaciones (sanidad, enseñanza, transportes) y de las empresas públicas, lo que implica un replanteamiento del papel del Estado en la economía, en consonancia con la doctrina neoliberal.

Para el gobierno, después de un acusado crecimiento de los ingresos y los gastos públicos en la última década, había llegado la hora de revisar la intervención del Sector Público en la economía: era necesario reducir su peso y restringir sus actividades. El Estado no podía dejar de atender ciertas funciones básicas —el orden público, la administración de justicia, las relaciones internacionales—, coincidentes con las funciones que se le asignaron en el Estado liberal del siglo XIX. Ni podía renunciar a una cierta «cultura socialdemócrata», por la que el Estado también debía cubrir ciertos servicios y prestaciones —garantizar una educación general, dar cobertura sanitaria y contar con un sistema de previsión para pensiones y desempleo— pero estos objetivos podían atenderse conjuntamente por el sector público y el sector privado. La aspiración de un «Estado del Bienestar» cuanto más desarrollado mejor debía dejar paso a un «Estado de Bienestar Básico», que cubriera las necesidades sociales al nivel mínimo imprescindible para garantizar la estabilidad social. En todo caso, había que eliminar la tentación de que el Estado entrase a desarrollar nuevas actividades productivas y reducir en lo posible su participación, dejando a la iniciativa privada y al mercado desempeñar sin trabas sus funciones productivas y la asignación de los recursos. El Plan, además, no abandonaba el hilo conductor de la política del gobierno y contenía todos los elementos que configuran una política de austeridad y ajuste: reducción de los costes laborales, flexibilización del mercado de trabajo, política monetaria restrictiva basada en el mantenimiento de altos tipos de interés, santificándose al mercado como mecanismo regulador casi perfecto.

La justificación del Plan era el cumplimiento de las condiciones de convergencia de Maastricht, pero al mismo tiempo se pintó un cuadro de la situación económica que exigía la adopción de las medidas propuestas como requisito indispensable para poner a la economía en condiciones de emprender una senda de crecimiento no inflacionario. La corrección de los desequilibrios económicos, se vino a decir, era necesaria para conseguir un crecimiento duradero, por lo que el ajuste era inevitable aunque no existiera el Tratado de Maastricht. El Plan pronosticó una recuperación de la economía europea en 1992 (un craso error de diagnóstico) y un crecimiento del 2,5% de la CE en los próximos cinco años, como marco internacional. Reconocía que no era posible una política de rentas pactada (el fracaso del Pacto de Competitividad estaba reciente), pero resaltaba la necesidad de que los costes salariales crecieran moderadamente, siendo éste un objetivo que se esperaba conseguir por las reformas del mercado de trabajo y la degradación del empleo. Edulcorando la política económica restrictiva y la regresividad social de las medidas que iban a adoptarse, el Plan, aparte de cumplir con las exigencias de Maastricht, declaraba unos objetivos tan espléndidos como ambiciosos, concretados en reducir el desfase de la renta *per cápita* española en cuatro puntos respecto a la media comunitaria (elevarse hasta el 79% en 1996), en lograr un crecimiento del PIB del 3,5% anual hasta 1996, en elevar la participación de la inversión en el PIB hasta el 27,7% en 1996 y en crear ¡un millón! de nuevos empleos durante el quinquenio 1992-96. La inflación, ya en el terreno de Maastricht, se reduciría desde el 5,9% de 1991 al 3% en 1996, el déficit público del 4,4% del PIB en 1991 al 1% en 1996, dos puntos por debajo de lo exigido, e incluso se cuantificaba una mejora del déficit de la balanza por cuenta corriente desde el 3,1% del PIB en 1991 hasta el 2,5% en 1996, aunque esto no era un requisito explícito de Maastricht.

Como programa de política económica, el Plan contenía un proyecto de política monetaria y fiscal y un conjunto de reformas estructurales de flexibilización del mercado de trabajo y de desrregulación de la economía, con diferentes grados de precisión y compromiso según el tema. En la política monetaria había poco margen para actuar: la pertenencia al SME y la necesidad de garantizar la estabilidad del tipo de cambio obligaba a seguir manteniendo unos tipos de interés altos, hecho además congruente con el intento de forzar un ajuste económico. Se declaraba que los tipos de interés bajarían después de que se consiguiera moderar la inflación, pero ya se ha señalado la presión que el déficit exterior ejerce sobre los tipos de interés y cabe resaltar la constancia con la que en el pasado se mantuvieron los tipos altos en circunstancias muy dispares en cuanto a la evolución de la actividad económica y la inflación. El peso del ajuste y de la política restrictiva descansaban en la política fiscal, determinándose que la reducción del déficit hasta el 1% del PIB se alcanzaría sin modificar las normas impositivas, por lo que el aumento de la recaudación se derivaría del crecimiento económico y una mejora en la gestión de los impuestos, y que se mantendría un 5% del PIB en gastos de infraestructuras, por lo que las reducciones tendrían que afectar al resto de las partidas (personal, gastos sociales, recursos destinados a empresas públicas, etc.). El déficit público y, por elevación, el papel desempeñado por el Estado en la economía eran el núcleo del Plan, aunque este enfoque tampoco era novedoso. La pretensión de corregir drásticamente el déficit público ya se intentó al elaborar el presupuesto de 1992, y sólo las tensiones internas en el gobierno impidieron que la política fiscal este año fuera severamente restrictiva. La privatización de algunos servicios públicos hacía tiempo que se perseguía y por lo que respecta a las privatizaciones de la empresas públicas, muchas habían ya cambiado de manos, existían planes para proseguir en el mismo sentido, como la desmembración del INI según la situación de las empresas, y el desmantelamiento de sectores y empresas públicas con dificultades o deficitarias había sido una constante de la política, que se aplicó al ritmo que la resistencia de los trabajadores permitía.

En el campo de las reformas estructurales, volvió a ocupar un lugar de privilegio la flexibilización del mercado de trabajo, después de descubrirse sus efectos milagrosos en la creación de empleo en el período 1985-91[10]. Se fijaban como objetivos eliminar las barreras existentes a la movilidad funcional y geográfica, derogándose las Ordenanzas Laborales, en el caso en que los agentes sociales no llegasen a acuerdos para cambiarlas; incentivar la búsqueda de empleo, reformando el INEM, privatizando la gestión de las colocaciones, controlando el desempleo, reduciendo la protección; e impulsar la formación profesional, desviando hacia ella los recursos destinados a subvencionar la creación de empleo. Otro conjunto de reformas se dirigían a eliminar algunas rigideces en la economía[11], responsables en parte, según el gobierno, de la persistencia de una alta tasa de inflación, aunque sus preocupaciones se centraban realmente en el mercado de trabajo y, en particular, en desmontar los derechos o conquistas de los trabajadores.

El Plan de Convergencia, fuera de sus aspectos formales —el objetivo final de inflación y déficit público, las previsiones macroeconómicas que lo acompañaban, la fantástica cifra de empleo, etc.— no tenía consistencia para ser un programa económico acabado y estructurado. Más bien diseñaba una estrategia política cuya ejecución dependería de los avatares económicos y políticos, es decir, de las dificultades económicas

---

10. El entusiasmo del Plan de Convergencia por resaltar las ventajas y el avance social que suponía la flexibilización era tal que en el texto del documento gubernamental se descubrieron algunos hechos milagrosos. Después de afirmar sorprendentemente que entre 1957 y 1977 apenas se crearon 875.000 empleos netos en nuestro país, podía leerse: «Frente a estos resultados, la flexibilización del mercado de trabajo iniciada en los años centrales de la década de los ochenta corrobora su superioridad como estrategia de desarrollo, tanto en términos de eficiencia económica como en términos de equidad. Entre 1985 y 1991, las posibilidades abiertas por las reformas de las modalidades de contratación permitieron aprovechar el ciclo expansivo de la economía española, convirtiendo este período en la fase de crecimiento económico con mayor generación de empleo que jamás hayamos conocido. Entre 1985 y 1991 se crearon 1.750.000 empleos netos; es decir, en cinco años de mercado de trabajo flexible se creó el doble de empleo que en los veinte años de "milagro económico" español». Como puede comprenderse, tal afirmación era falsa, pues, en última instancia, como no puede ser de otro modo, el crecimiento de la economía y el del empleo discurren paralelos, fuera de algunas divergencias transitorias. No podía haber tenido lugar el fuerte crecimiento de la economía española entre 1961 y 1974 sin que se creasen masivamente nuevos puestos de trabajo. Es cierto que el último lustro de los ochenta fue un período muy favorable para el empleo, creándose casi 1.700.000 nuevos puestos, aunque el balance final tendrá que hacerse después de los estragos de la recesión subsiguiente en las filas de los asalariados eventuales. Pero no es menos verdadero que el nivel medio del empleo entre 1964 y 1974, es decir, sólo en diez años y no en veinte, creció en 1.256.000 puestos. Y si nos limitamos a los sectores no agrarios, que son en los que debe valorarse la creación de empleos netos, puesto que la agricultura sigue expulsando mano de obra por ser el sector en el que históricamente estaban embolsados los excedentes de mano de obra, los puestos generados entre esos años fueron 2.400.000, de ellos 540.000 en la industria. En los seis años exaltados en el Plan de Convergencia sólo se crearon 308.000 nuevos empleos industriales, pero nunca se volvió a recuperar el nivel de empleo en el sector que existió hasta 1980.

11. Eliminación de las tarifas mínimas en determinadas actividades profesionales, desaparición del derecho de exclusividad de algunas empresas o instituciones en instalaciones industriales, potenciación del Tribunal de Defensa de la Competencia, etc.

que surgieran en el futuro y de la resistencia social que encontrase. De hecho, a los pocos meses de su aprobación, todas las previsiones en las que se basaba se habían venido abajo y se habían tomado nuevas medidas, algunas de las cuales iban literalmente en contra de las declaraciones y compromisos del Plan. La economía internacional no estaba tan presta a la recuperación como se había supuesto. La economía española a lo largo del año 1992 se adentró en una preocupante recesión. Las previsiones de crecimiento del PIB contenidas en el Plan para ese año y el siguiente acabaron por tierra, descendiendo el empleo de forma alarmante y enterrándose definitivamente los pronósticos del Plan en este campo que, justo es decirlo, nadie se había tomado en serio. En cuanto a las medidas, la promesa de no elevar los impuestos se incumplió a los pocos meses con la elevación de las retenciones sobre las rentas del trabajo, de la tarifa del IRPF y los tipos del IVA. Se acometió una repentina reforma de las prestaciones por desempleo que las reducía y acortaba el período de percepción, dando lugar en mayo a una nueva huelga general contra el gobierno socialista. El Presupuesto para 1993 se elaboró con criterios extremadamente rigurosos, fijando un crecimiento ínfimo de las retribuciones de los funcionarios. De la mejora del poder adquisitivo del Pacto de Competitividad se pasó, en poco más de un año, no a la defensa de la moderación salarial, sino nada menos que a postular la congelación de los salarios. Los planes de reconversión industrial siguieron su curso, avanzando en el desmantelamiento del Sector Público industrial del acero y del carbón, en tanto que para los tipos de interés aún no había llegado la hora de descender de las alturas.

A juzgar por la de frentes abiertos y la intensidad de las medidas restrictivas y antisociales, el gobierno debió interpretar que la situación política le permitía avanzar aceleradamente en sus proyectos, si bien es verdad que incurriendo en el coste de arrastrar a la economía a una profunda depresión cuyas consecuencias sociales (y políticas) finales eran imprevisibles. Mientras el resto de los países asumía la complejidad y las dificultades de la integración europea, el gobierno socialista aceleraba el cumplimiento de las condiciones de Maastricht, estrangulando la economía, fomentando las desigualdades sociales, desmontando el esquelético «Estado del Bienestar» y destruyendo los derechos y conquistas de los trabajadores. El sueño de Europa bien valía estos sacrificios.

8

CONCLUSIONES Y PERSPECTIVAS

Los capítulos anteriores se ocuparon prioritariamente de dos temas: de la integración de la economía española en la CE y de la construcción de la unidad económica europea, con la perspectiva del proyecto de unidad monetaria aprobado en Maastricht. La economía española presenta una situación muy comprometida como consecuencia en gran medida de los problemas derivados de la adhesión a la Comunidad. E, igualmente, el proyecto de Maastricht pasa por momentos muy delicados, el cual, no obstante, sigue dominando la política comunitaria y condicionando la política económica en muchos países, tanto porque los gobiernos se resisten a reconocer su inviabilidad en los términos y plazos previstos como porque les rinde servicios, permitiendo adoptar políticas de ajuste y austeridad que se corresponden con la alternativa que la doctrina neoliberal aún dominante propugna para superar la nueva recesión económica. Este capítulo final del libro pasa revista a la compleja situación de la economía española tras la entrada en vigor del Mercado Único y a los obstáculos que surgieron en la aplicación del Tratado de Maastricht, columbrando las perspectivas, ciertamente poco halagüeñas, que tienen la economía española y la unidad monetaria europea.

8.1. *Callejón sin salida*

Culminadas las sucesivas etapas del desarme arancelario previsto en el acuerdo de adhesión a la CE y culminada básicamente la implantación del Mercado Único, la economía española se encuentra en una posición en extremo difícil, por los desequilibrios y carencias que arrastra y por la recesión en que se encuentra sumida. La política económica cuenta con estrechos márgenes para afrontar la situación, que se ven reducidos aún más por el propósito del gobierno de cumplir los requisitos de Maastricht y no despegarse del núcleo de países que pueden llevar a cabo la unidad monetaria, cualquiera que sea el precio a pagar.

A lo largo de las páginas de este libro se ha tratado de poner de manifiesto que el capitalismo español no estaba en condiciones de soportar una apertura exterior tan rápida como la asumida con el acuerdo de adhesión a la CE y el desarrollo del Acta Única. Más de veinte años había costado que el saldo del comercio exterior de los productos no energéticos arrojase un superávit como el registrado en 1984 y 1985, y en cuatro años se retrocedió a una posición adversa equiparable a la que existía al principio de los años setenta, después de una década de un intenso crecimiento. Desde los primeros momentos de la incorporación a la Comunidad, la balanza de pagos registró un cambio drástico como consecuencia fundamentalmente del crecimiento de las importaciones y, desde entonces, persistieron unos déficits comercial y de balanza por cuenta corriente cuantiosos, que revelan un profundo desequilibrio del sector exterior que no se ha logrado corregir a pesar del abatimiento de la economía en los últimos tres años. En esa evolución, sin perjuicio del impacto de la intensa recuperación de la demanda que tuvo lugar en los primeros años de la entrada en la CE y de los efectos de una cotización sobrevalorada de la peseta durante los últimos tiempos, fue un factor decisivo el desarme arancelario y el desmantelamiento de otras barreras proteccionistas. La magnitud del déficit de la balanza por cuenta corriente —el 3,2% del PIB en 1992— en unas circunstancias de economía deprimida es una pesada rémora que pone de manifiesto, por un lado, la debilidad del tejido productivo para soportar el marco abiertamente competitivo del Mercado Único e impide, por otro, la adopción de una política económica expansiva, como reclama la situación económica y social.

A pesar de los ajustes y reconversiones que se acometieron en el sector industrial antes de la entrada en la CE para prepararlo a las nuevas circunstancias competitivas, con efectos desoladores sobre el empleo, y pese al empuje de la inversión durante la recuperación económica pasada, la industria española no ha cerrado la brecha que la separa del nivel de productividad de los principales países europeos, manteniendo muchas de las deficiencias estructurales que la caracterizaron en el pasado —dependencia tecnológica, pequeña dimensión, débil autofinanciación, volcada al mercado interior, etc.—. Y lo que se afirma de la industria puede hacerse extensivo a otros sectores y al conjunto de la economía, aunque sea el sector industrial el más concernido en lo que respecta a la competitividad y al comercio exterior. El aparato productivo español sigue sin tener entidad y solidez suficientes para desenvolverse en el espacio competitivo del Mercado Único, siendo en la actualidad, tras las transformaciones que han tenido lugar en la última década, más frágil si cabe y más vulnerable que en el pasado a los cambios cíclicos y la competencia exterior.

La economía española necesita lograr un sensible crecimiento, no ya para aproximarse a los niveles de renta europeos, sino para sostener y alentar un proceso de capitalización intenso que fortalezca su aparato productivo. Y es en este punto donde surge una de las principales con-

Gráfico 8.1.

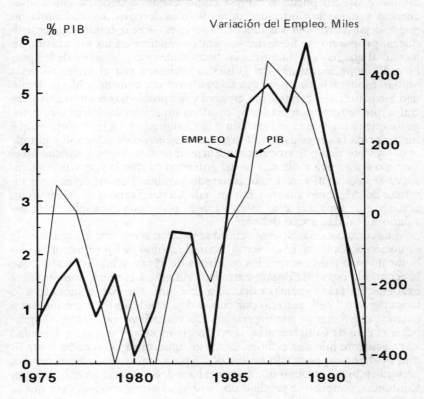

tradicciones de la situación económica en que ha desembocado la integración europea. Mejorar la competitividad en su aspecto esencial, la productividad, exige adoptar una política expansiva, que se ve impedida, entre otras razones, por el agudo déficit exterior provocado por la apertura exterior. Y también por los riesgos de que una evolución a contracorriente de la economía española, en un marco tan competitivo y dado el compromiso de mantener la estabilidad del tipo de cambio de la peseta, ocasione un retroceso de la competitividad porque se amplíen los diferenciales de inflación con respecto al resto de los países.

Esta contradicción no deja de ser también dramática desde el punto de vista social, considerando que el empleo depende en grado extremo del crecimiento económico. La tasa de paro en el país dobla la media europea y el estancamiento económico y las precariedad en el empleo hacen que las cifras crezcan a un ritmo inquietante, aproximándose a las 3.500.000 personas. Ninguna política puede considerarse acertada y ningún proyecto puede admitirse como válido si tienen como consecuencia generar tan estremecedores niveles de paro. La economía no puede dejar de cumplir sus funciones sociales —crear empleo, generar riqueza, proporcionar bienestar— para convertirse en un mecanismo siniestro al que hay que sacrificar las necesidades y aspiraciones de los pueblos. El empecinamiento del gobierno socialista por el proyecto de la unidad monetaria europea raya en lo aberrante, considerando la debilidad estructural del capitalismo español y los problemas económicos y sociales que se han acumulado. Se puede comprender la defensa intransigente que se hizo de la integración a la Comunidad, en la medida en que fue reducida la capacidad para negociar el acuerdo de adhesión y grande el interés político por vincularse a Europa, pero no tiene justificación el empeño entusiasta y obstinado del gobierno en que la construcción europea se hiciese al ritmo más acelerado posible. Fue un defensor a ultranza del Mercado Único y fue un paladín del Tratado de Maastricht, actuando de espaldas a las miserias de la economía española y a la desoladora realidad social del país.

Las consecuencias de esta actitud se dejaron sentir con gravedad en la evolución económica. El gobierno español fue uno de los primeros en elaborar un plan para cumplir los requisitos de Maastricht, dispuesto a que la economía española llegase entre las primeras a la meta, aunque fuese exangüe. La fase expansiva del ciclo económico se había agotado a lo largo del año 1989, pero no por ello se dejaron de adoptar medidas restrictivas que forjaron una depresión cada vez más preocupante. Al aprobarse el Plan de Convergencia, la economía mostraba una gran debilidad y era evidente que una política de ajuste agudizaría la recesión hasta límites peligrosos, pero ello no fue óbice para mantener firme el rumbo, persiguiendo un objetivo que comenzaba a desvanecerse en el horizonte. Contumaz, tampoco se produjo un cambio de orientación una vez que se confirmó la profundidad inquietante de la crisis, puesta de relieve por todos los indicadores económicos, el ascenso espectacular del paro y el fracaso sin paliativos de las previsiones gubernamentales contenidas en el Plan de Convergencia. En el transcurso de unos meses las previsiones habían saltado por los aires y ni una sola de las estimaciones para el año en que fue elaborado se cumplieron, arrojando el año 1992 unos resultados que describen una profunda depresión combinada con acusados y enraizados desequilibrios[1]. Por otro lado, después de la crisis del SME de

---

1. Frente a un crecimiento previsto del PIB del 3%, fue del 1%. En el caso de la inversión, se previó un aumento del 3,2% y resultó una caída del 2,7%. Las desviaciones a la baja se repitieron en el caso del consumo privado y las exportaciones, mientras que las importaciones crecieron más que lo previsto. De ese modo, de un déficit de la balanza por cuenta corriente estimado del 2,9% del PIB se pasó al 3,2%. El empleo cayó en un 1,9% frente al 0,6% de aumento previsto, en tanto que el paro aumentó

septiembre de 1992 y de las devaluaciones de la peseta, se restauró de nuevo como un objetivo fundamental garantizar la estabilidad de la peseta, recurriéndose a una elevación de los tipos de interés, como si el camino de Maastricht estuviese despejado y no hubiese otros problemas de los que ocuparse. Se cerraron los ojos a la crisis monetaria que atraviesa la Comunidad, en un intento de no enterarse de que la inestabilidad monetaria en que se encuentra sumido el SME es la prueba irrefutable de que no están dadas las condiciones para llevar a cabo la unidad monetaria.

En suma, a pesar de los estragos internos de la política económica y de las dudas razonables que surgían sobre la viabilidad del Tratado de Maastricht, el gobierno siguió impertérrito aplicando la misma política y declarando que no era posible modificar los objetivos. Más aún, el progresivo agravamiento de la crisis suscitó un reforzamiento de la política de austeridad y nuevos escarceos interpretativos sobre sus causas y remedios. Al Real Decreto-Ley de abril que recortó abruptamente las prestaciones por desempleo, le siguió un riguroso Presupuesto para 1993, en el que por primera vez se impuso una reducción drástica del poder adquisitivo de los funcionarios. Se apoyó un recorte de los salarios tan riguroso como fuese posible en la negociación colectiva, después de que se hubiera descubierto de nuevo que los salarios crecen en exceso y que son los responsables de la falta de competitividad de las empresas. La ofensiva no descuidó tampoco el mercado de trabajo y se lanzó un ataque para suprimir la autorización administrativa para facilitar y abaratar los despidos colectivos, como si el empleo dependiese de una flexibilidad que había alcanzado cotas inaceptables. Ante la complejidad de la situación, cuando la economía (y el país) hacen agua por todas partes, el gobierno socialista, sin reflejo alguno, plegado a los intereses patronales, pero ya sin servirlos correctamente, no tiene otros remedios que seguir proponiendo disminuir los salarios reales, recortar los gastos presupuestarios, privatizar las empresas públicas rentables y considerar ineludible flexibilizar aún más el mercado de trabajo. Una broma de mal gusto, si no fuera por la dramática situación en la que se ha colocado al país.

Maastricht sigue amparando una política económica y social perversa que, justo es decirlo, no encuentra la oposición política y sindical que merece. Los sindicatos, después de una respuesta manifiestamente insuficiente al recorte de las prestaciones al paro —la huelga general de media jornada del 28 de mayo—, incumplieron sus amenazas de convocar una nueva huelga general en otoño si no se retiraba el Real Decreto-Ley (que acabó en Ley a los pocos meses) y entraron en un período de confusión que fue aprovechado por el gobierno para imponer medidas impensables hacía poco tiempo. Atrapados entre la alternativa de entrar a

mucho más de lo pronosticado, hasta situarse la tasa media del año en el 18,4% (20,1% en el último trimestre del año), dos puntos por encima de lo calculado por el gobierno. El déficit público, por último, fue del 4,4% del PIB, cuatro décimas más de lo previsto. Como se suele escribir en las novelas, cualquier parecido entre la realidad y las previsiones del Plan de Convergencia para 1992 fue mera coincidencia.

negociaciones, en las que no pueden sacar nada en limpio, y el temor a emprender las movilizaciones y la lucha consecuente que requiere la política gubernamental, se paralizaron, mientras que el gobierno —y la patronal subida al carro— avanzó implacablemente en su política, debilitando al movimiento obrero, ya bastante castigado por la crisis industrial, los cierres de empresas, los expedientes de regulación de empleo, la precariedad de los contratos y el paro.

En esa paralización tiene mucho que ver la posición que los sindicatos mantienen ante el proyecto de unidad monetaria. Incapaces de romper con el clima envolvente a favor de la integración europea, ilusionados con algunas baratijas del Tratado, obviando la confrontación objetiva de intereses entre el capital y el trabajo que establece el marco de la Europa del Mercado y la moneda únicos y pasando por alto los costes de la política económica y social exigidas para cumplir las condiciones de convergencia, los sindicatos dieron su apoyo al proyecto de Maastricht, aunque fuese bajo la fórmula de un «sí crítico», maniatándose para hacer proposiciones económicas alternativas y perdiendo legitimidad para luchar contra las medidas del gobierno. Con independencia de sus consecuencias, fuera de algunos matices y admitiendo que el gobierno endureció su política hasta el extremo permitido por las relaciones de fuerza, es preciso reconocer que es éste el que interpreta correctamente la política necesaria para adecuarse a las exigencias de Maastricht.

Las condiciones y los ritmos a los que se llevó la integración en la CE son la causa fundamental de los problemas que padece la economía española y del callejón sin salida en el que rápidamente se entra al analizar cualquier alternativa de política económica que no cuestione las relaciones internacionales vigentes. No obstante, la aceptación y la preeminencia dadas a todo lo relativo al Tratado de Maastricht agravaron las contradicciones y han dejado a la política económica sin otra salida que provocar una depresión desoladora, que no resuelve los problemas de la convergencia monetaria y amplía las divergencias reales con Europa. Lo grotesco del caso es que Maastricht está lejos de ser un proyecto viable, por lo menos en los plazos y cobertura previstos, por no afirmar que Maastricht fue un mal sueño sobre la construcción europea, que se desvaneció en contacto con la realidad.

8.2. *Recesión económica y crisis del SME*

Durante el año transcurrido desde la cumbre de Maastricht a la cumbre de Edimburgo, entre diciembre de 1991 y 1992, una serie de acontecimientos dejaron tan maltrecho el proyecto que han surgido serias dudas de que pueda llevarse a cabo y de que trace una senda practicable para la integración europea (si es que algunos países no han puesto en tela de juicio la unidad monetaria como estrategia de su política). En la última cumbre se salvó formalmente el Tratado, pero hasta el último momento no pudo descartarse un fracaso que lo hubiese enterrado y, en todo caso, no se hizo más que esconder bajo la alfombra los múltiples problemas y disenciones que impiden su avance. Del aparente éxito de Maastricht, se instaló en pocos meses en la CE una crisis de confianza sobre la unidad económica europea, que llegó a hacer mella incluso en el entusiasmo del jefe del gobierno español.

Como si todos los elementos adversos se hubieran conjurado, después de la firma se sucedió una cadena de obstáculos que ponen de manifiesto la precipitación con la que se actuó y la existencia de discrepancias entre los países mucho más profundas que lo que se hizo creer a la opinión pública. Tales obstáculos responden a las dificultades objetivas de la unidad monetaria, a las contradicciones que encierra el proyecto y al hecho de que a partir del referéndum en Dinamarca escapó de las esferas políticas y burocráticas, dejando de ser, como hasta entonces, un tema ajeno a las preocupaciones de los pueblos europeos.

El primer hecho que perturbó los propósitos de los gobiernos fue el empeoramiento de la situación económica en la mayoría de los países comunitarios a lo largo de 1992, en algún caso agravada por los intentos por cumplir precipitadamente las condiciones de convergencia. Como demuestra la trayectoria de la integración europea, ésta avanza en las etapas de expansión económicas y se frena en las de recesión. El compromiso de construir un Mercado Único para 1993 y los primeros planes para la unidad monetaria recibieron un fuerte impulso durante la segunda parte de la década de los ochenta, coincidiendo con una fase expansiva del ciclo, pero las primeros pasos hacia esa unidad tenían que haberse dado con las economías en retroceso, siendo uno de los motivos del desánimo que cundió sobre la construcción europea en 1990 y 1991 el cambio cíclico hacia la depresión sufrido por las principales economías europeas. La adversa evolución económica no debía paralizar el proceso de unidad monetaria, porque se corría el riesgo de provocar reacciones que hicieran desandar parte del camino recorrido, y al mismo tiempo debía impulsarse la integración para contribuir a resolver la crisis. Los acuerdos de Maastricht fueron una respuesta política y voluntarista a ese bache en la construcción europea y a las nuevas circunstancias económicas. Desde su firma, el porvenir de la unión monetaria y el desenlace de la actual crisis quedaron indisolublemente unidos, pero con un resultado distinto al buscado: el proyecto monetario contribuyó a hundir la economía europea y el agravamiento de la situación económica añadió nuevas complicaciones al proceso de integración.

Maastricht es una rémora para superar la crisis porque implica imponer políticas restrictivas y porque más que un dato del futuro se ha convertido en una incógnita que ensombrece las perspectivas económicas. La mayoría de los gobiernos siguen tratando de hacer caso omiso de los obstáculos, interesados como están en utilizar Maastricht como coartada para aplicar políticas de ajuste y austeridad. Uno a uno, intentan poner a su país en las mejores condiciones para cumplir los requisitos de convergencia y para formar parte del núcleo de los que iniciarán la unidad monetaria, resultando que colectivamente todos extienden y profundizan la recesión, con lo cual, aparte de provocar males sociales innecesarios, será más difícil la implantación de la moneda única, porque a medida que se prolongue la crisis económica, aumentará la resistencia a un proyecto harto discutible en cuanto a su oportunidad, sus ritmos, sus consecuencias, sus objetivos y la naturaleza del modelo social que acabará imperando en Europa.

Los gobiernos acordaron impulsar la unidad monetaria en Maastricht a sabiendas de que el contexto económico era poco propicio para dar pasos sustantivos en dicha unidad, con la pretensión de que facilitase la implantación de las políticas de ajuste y austeridad para afrontar la nueva crisis y con la esperanza de que sirviese de estímulo a las economías, disipando las dudas y reticiencias que sobre el proyecto europeo habían aparecido. Sin embargo, los acontecimientos posteriores a la reunión de Maastricht echaron por tierra las pretensiones y expectativas de los gobiernos. El empeoramiento de la situación económica fue sensible, profundizándose la depresión, ampliándose las divergencias entre países y ocasionando la recesión un gran impacto sobre el paro —al final de 1992 la tasa de desempleo en la CE era del 10% de la población activa—. La inquietud prendió tanto en las autoridades comunitarias como en algunos gobiernos, alarmados por la evolución económica y social de sus países y la trampa en que estaban cogidos. La Comisión Europea es consciente de que la unidad monetaria no puede levantarse sobre una Europa asolada por el paro, y los gobiernos británico e italiano dieron objetivamente la espalda al proyecto para concentrarse en sus problemas internos, aprovechando la crisis del SME para ganar cotas de autonomía y librarse del dogal que representa.

Es muy aventurado hacer pronósticos sobre el desenlace de la actual recesión económica, contando además con el inquietante momento político que vive el continente europeo tras la caída de los regímenes del Este. Sin embargo, con respecto al tema de la influencia de la evolución económica en el proceso de integración europeo, se debe tener en cuenta que la recuperación económica que se geste en la década de los noventa no tendrá la misma intensidad que la de la década pasada, por muy diferentes motivos.

En primer lugar, porque la economía norteamericana, atenazada por profundos desequilibrios, no está en condiciones de desempeñar el papel de potente locomotora que ejerció en la anterior recuperación de la economía internacional. En segundo lugar, porque a lo largo de la última década se agudizaron los desequilibrios económicos a escala internacional, lo que representa un freno a las políticas expansivas. En tercer lugar, porque se ha producido un endeudamiento creciente de todas las economías y de los sectores dentro de ellas —los Estados, las empresas, las familias—, que limitan las posibilidades de recuperación de la demanda. En cuarto lugar, porque la esfera financiera a escala mundial y en todos los países ha tenido un desarrollo hipertrófico y descontrolado, que representa un factor de gran inestabilidad por los riesgos de que una crisis financiera —recuérdense por ejemplo los *crash* bursátiles de 1987 y 1989— arrastre a las economías a una depresión como la acontecida en los años treinta. Por último, el fracaso del neoliberalismo como solución a los problemas económicos y sociales ha enrarecido el clima de las relaciones internacionales, como lo demuestran el bloqueo de las negociaciones de la Ronda Uruguay y los aires proteccionistas que se han levantado en Estados Unidos. Por todo ello, cabe concluir que si el Tratado de Maastricht lograse superar la carrera de obstáculos en que se ha convertido, no encontrará en el período previsto para su paulatino desarrollo una situación económica equivalente a la que tuvo lugar en la segunda mitad de la década de los ochenta, tan propicia a la integración europea.

El segundo acontecimiento que complicó la senda de Maastricht fue la crisis del SME: el más grave de los desastres sufridos por el Tratado en su corta vida porque demostró al mismo tiempo la inviabilidad del proyecto y lo aberrante que sería llevarlo a cabo. Como ha quedado expuesto en las páginas dedicadas a la unión monetaria, antes de implantarse la moneda única, los países deben estar en condiciones de garantizar la estabilidad de los tipos de cambio de sus monedas, y de ahí el requisito de Maastricht de pertenecer al SME en la banda estrecha dos años antes de la unificación. Las desigualdades de los países en cuanto a nivel de desarrollo, equilibrios económicos, grado de competitividad, desajustes sociales, etc., acaban expresándose en el tipo de cambio, de modo que resulta imposible, como la experiencia lo demuestra decisivamente, que economías muy diferentes puedan mantener a largo plazo la paridad de sus monedas.

Si en el pasado, como muestra la historia del SME, no fue posible mantener por mucho tiempo una estructura de paridades fijas entre las monedas europeas, a pesar de los esfuerzos que a ello se dedicaron y a pesar de los mecanismos de cooperación que el propio sistema contempla, es un ejercicio contra la razón erigir un proyecto que descansa en la estabilidad absoluta de los tipos de cambio sin haber cambiado previamente las circunstancias, es decir, conservándose las grandes diferencias entre las economías. Por ello, desde el momento en que el proyecto de Maastricht significa fundir los tipos de cambio de las monedas europeas de un modo irrevocable, cuando las economías mantienen y mantendrán contrastes sustanciales entre ellas, cabe juzgarlo como inviable. No obstante, si a pesar de esta enorme objeción se decidiera imponer la unidad monetaria según el Tratado, o sea, sin haberse alcanzado previamente una grado de convergencia y cohesión altos entre los países y sin la existencia de un presupuesto común, las consecuencias serían que las diferencias reales entre los países se ampliarán, potenciándose el crecimiento de los países ricos en detrimento de los más atrasados. Éstos acabarán socavados por la competencia exterior y tendrán que mantener a sus economías en una continuo estado de postración para compensar por esa vía la competitividad que pierden por su retraso: una perspectiva ciertamente lóbrega que justifica por sí sola el rechazo del Tratado de Maastricht.

Las tensiones dentro del SME no desaparecerán, contando con los desajustes económicos entre países, la hipertrofia de los mercados financieros y las facilidades para la especulación. En tanto subsistan estas tensiones, el Tratado de Maastricht estará permanentemente puesto en cuestión, delatando la falta de condiciones para culminar la unidad monetaria. Ante esta situación, que crea gran inquietud en todos lo medios de la CE, están surgiendo diversas respuestas que pueden agruparse en dos alternativas. La primera, que hay que calificar de ingenua y tozuda, es la que propone acelerar la unidad monetaria para evitar, según dicen sus defensores, las campañas especulativas contra las monedas y las convulsiones en el SME. Evidentemente, si hubiera unidad monetaria no existiría especulación en los mercados de cambios europeos, pero sería, por decirlo coloquialmente, como matar al perro para acabar con la rabia (de algún modo, la especulación revela la inadecuación de la estructura de paridades). Esta alternativa significaría huir hacia adelante ante los problemas que presenta la unificación monetaria, y viene a reconocer paradójicamente la precipitación con la que se está actuando: como la realidad no se ajusta a las pretensiones de los gobernantes, éstos, en el ejercicio de su poder, decretan cómo ha de ser. Tendría consecuencias desastrosas para los países más atrasados de la Comunidad, porque a los perjuicios que pueden vaticinarse si tiene lugar la implantación de la unidad monetaria en las fechas previstas, se sumarían los derivados de la falta de convergencia en los momentos presentes.

La otra opción que se maneja es la de avanzar definitivamente hacia la unión monetaria a dos velocidades, acelerando incluso los ritmos previstos. La unión deberían formarla los países en condiciones de soportar sus implicaciones, dándoseles un período de transición más largo a los países en peor situación económica y con mayores problemas sociales (el presidente Delors ha llegado a declarar que una economía como la española con una tasa de paro superior al 20% no podrá vincularse a la unión monetaria). Esta salida es más sensata, aunque significa que el Tratado de Maastricht deja de cumplirse. Con ella se elimina la objeción de las acusadas divergencias entre las economías comunitarias, aunque no desaparece totalmente (el franco francés, una de las principales y más firmes monedas europeas, no ha escapado a presiones para ser devaluado contra el marco), en la medida en que subsisten diferencias apreciables entre los países que pueden iniciar la unidad monetaria, cuyo interés por el proyecto, por otro lado, se reduce ya que una unión monetaria amplia y desigual brinda más oportunidades de depredar a los países más débiles.

En todo caso, las tensiones que recorrieron al SME a partir del referéndum en Dinamarca, el grado de agitación alcanzado ante los resultados inciertos del referéndum en Francia, las convulsiones que condujeron en el mes de septiembre de 1992 a las devaluaciones de la peseta, la libra y la lira, la retirada provisional de estas dos últimas divisas del SME y la inestabilidad permanente que han vivido los mercados cambiarios desde entonces, con nuevas devaluaciones, vinieron a confirmar, más pronto y con mayor rotundidad de lo esperado, las dificultades objetivas de la unidad monetaria. El SME, como vehículo que debía conducir a las monedas europeas relativamente cohesionadas hasta Maastricht, imponía una disciplina que resultó irresistible para algunos países y ha sido un mecanismo demasiado frágil para soportar las fuertes tensiones que se dan en el seno de la CE, potenciadas por un contexto financiero en el que la desrregulación de los mercados y la movilidad extraordinaria de los capitales han dado a la especulación carta de naturaleza, cobrando una intensidad que no puede ser combatida ni siquiera por los gobiernos en estrecha colaboración.

8.3. *De Maastricht a Edimburgo*

Las vicisitudes políticas y sociales del Tratado levantaron nuevos obstáculos a su desarrollo. Como pudo conocerse después, las discrepancias entre los países firmantes fueron más agudas que lo que los gobiernos dejaron traslucir en el intento de insuflar aliento al proyecto. Sin embargo, a raíz del rechazo del pueblo danés, las disensiones se hicieron más abiertas y, sobre todo, Maastricht dejó de ser un asunto ajeno a los ciudadanos europeos, entablándose en muchos países debates duros que pusieron de manifiesto que el proyecto de unidad monetaria y en general las pautas de la construcción europea tenían más oposición que la que dejaba entrever el entusiasmo europeísta que propagaban los medios oficiales y sus sectores afines.

El caso de Francia resultó paradigmático por los resultados de la consulta —una victoria mínima de los partidarios de Maastricht—, por la línea divisoria de las dos posiciones entre partidos, clases sociales y sindicatos —ambiguas y de difícil interpretación necesariamente— y por los argumentos utilizados, que iban desde la defensa de posiciones nacionalistas a la denuncia de las consecuencias económicas del Tratado, pasando por sus carencias sociales y democráticas. La oposición se extendió a capas sociales diversas, que incluyeron principalmente a los trabajadores y los campesinos, pero incorporó también a sectores del capital europeo, que juzgaron el proyecto precipitado o contrario a sus intereses. Los pueblos pasaron a interesarse por lo que urdían sus políticos, surgiendo debates en el seno de todas las sociedades y tomas de posición enfrentadas que fueron en detrimento del Tratado, al reavivar las disensiones internas en los países, al percibirse las graves consecuencias que tendría en alguno de ellos la aplicación de planes de convergencia y al detectarse importantes carencias democráticas y sociales. La participación y reacciones de los ciudadanos ensombreció las perspectivas de la unión monetaria, como lo prueba el hecho de que los problemas monetarios surgieron a raíz del referéndum de Dinamarca y la crisis del SME se desató los días previos al de Francia. Maastricht había perdido el estado de gracia e iba acumulando un lastre que lo hacía cada vez más problemático.

Entre los obstáculos, no fueron los de menor entidad los de carácter legal derivados del rechazo danés y del retraso en su aprobación por el Parlamento británico. El Tratado sólo podía tener validez si era ratificado por los doce países firmantes, por lo que la renuncia danesa abría una situación legal compleja, que fue subsanada en Edimburgo al precio de tener que reconocer que al menos para ese país su aplicación será parcial, hecho que trató de evitarse por todos los medios para impedir que surgiera un Maastricht «a la carta», que habría destrozado la letra y el espíritu del acuerdo[2].

Y, por si faltaran problemas, Maastricht dejó pendientes la cuantificación y distribución de un aumento de los fondos estructurales y la creación de un fondo de cohesión, aprobados como una exigencia de los países atrasados para reducir, aunque fuese mínimamente, las diferencias de capacidad económica y nivel de renta entre los países comunitarios. Las propuestas de la Comisión Europea, conocidas como el «Paquete Delors II», contemplaban un crecimiento del Presupuesto comunitario desde el 1,2% del PIB de la CE fijado en 1988 al 1,37% en 1997 y la aprobación, con carácter transitorio, entre 1993 y 1997, de un aumento de los fondos estructurales que doblarán su cuantía, a repartir entre las regiones cuyo nivel de renta fuese inferior al 75% de la media comunitaria, y la constitución del nuevo fondo de cohesión social, a distribuir entre los países con una renta *per cápita* inferior al 90% de la media de la CE (los beneficiarios fundamentales serán en ambos casos el Estado español, Portugal, Grecia e Irlanda). Los conflictos sobre el tema fueron continuos hasta que llegó la cumbre de Edimburgo, y en ella las disputas cobraron la virulencia de los más agudos conflictos presupuestarios de la historia de la CE, habiéndose alcanzado un acuerdo que frustró las expectativas y esperanzas de los países atrasados[3] (entre ellos el Estado español, que quiso mantener una posición dura condicionando la aprobación de los

---

2. Así, Dinamarca impuso que la «ciudadanía europea» no sustituyera de ninguna manera a la «ciudadanía nacional». Se le exceptuó de participar en la moneda única y de participar en la política de defensa común y se reservó el derecho de tener su propia política medioambiental, más estricta que la comunitaria.

3. El acuerdo distó de lo que habían sido las propuestas iniciales de la Comisión. Para empezar, los desembolsos comunitarios no se realizarán en cinco años sino en siete. El fondo de cohesión quedó reducido a 15.000 millones de ecus, poco más de un tercio de lo previamente programado, y los fondos estructurales sufrieron igualmente un recorte drástico. Los fondos requieren de aprobación previa, condicionada al seguimiento de los planes de convergencia. En el caso español, el más beneficiado del fondo de cohesión, la aportación comunitaria representará entre el 0,21% del PIB en 1993 y el 0,37% en 1999. A nivel más general, el presupuesto de gastos de la Comunidad no llegará al 1,37% del PIB en 1997 sino que se limitará al 1,27% en 1999. Finalmente, en Edimburgo no se aprobó una revisión solicitada por los países pobres de fijar las aportaciones al presupuesto comunitario en función del PIB en lugar del IVA, por considerarse que los países atrasados, como ocurre en las familias de bajos ingresos, tienen una propensión al consumo mayor, lo que hace regresivas las contribuciones sobre la base de un impuesto que grava el consumo.

CONCLUSIONES Y PERSPECTIVAS

fondos al porvenir de Maastricht, hasta que se le colocó en su papel subordinado[4]). Por la cuantía relativamente insignificante de los fondos y por su carácter transitorio no puede esperarse que contribuyan de forma apreciable a la convergencia real en el seno de la CE y distan de compensar los estragos que en las economías débiles causarán los diferentes grados de competitividad entre los países comunitarios.

Al tiempo que la profundización del proceso de integración encontraba cada vez mayor resistencia, se dieron algunos pasos en la extensión de la unidad económica europea, aunque no sin causar más fricciones en la Comunidad. En mayo de 1992, la CE y los países de la EFTA acordaron crear a partir de enero de 1993 el Espacio Económico Europeo (EEE)[5], un marco en el que prevalecerán las normas del Mercado Único en lo que se refiere a la libre circulación de mercancías (a excepción de los productos agrícolas), servicios, capitales y personas. Y en Edimburgo se acordó iniciar las negociaciones para la adhesión plena a la CE de Austria, Suecia y Finlandia, pasando por encima de la opinión de los países más atrasados (entre ellos el Estado español) que rechazaban la ampliación de la Comunidad hasta que no estuviese ratificado el Tratado de Maastricht, temerosos de que con la ampliación de la CE se complicase la negociación y asignación de los recursos presupuestarios y conscientes de que, cuanto más se amplíe la CE hacia el norte y el este europeo, más difícil será tratar de cohesión y más marginales y periféricas quedarán sus economías.

La cumbre de Edimburgo fue dura, imponiéndose en todos los temas polémicos la opinión de las grandes potencias europeas (Alemania en primer lugar, seguida de Francia), que doblegaron cualquier oposición, como la que pretendió levantar el jefe del gobierno español. Edimburgo permitió que Maastricht sobreviviera, pero no se apagaron ninguno de los focos de conflicto ni se despejó ninguna de las incógnitas que atenazan el futuro de la construcción europea. Transcurrido poco más de un año de la firma del Tratado, lo que parecía ser un objetivo natural —la moneda única como clave de bóveda del Mercado Único— empezó a resentirse como una aventura descabellada, y lo que se ofreció como un proyecto acabado terminó siendo una chapuza. Nuevamente están por redefinirse los objetivos, los ritmos, el alcance, la extensión y las fórmulas políticas de la integración europea. Los tiempos económicos son difíciles, se avecinan cambios políticos importantes en los países europeos

---

4. Algunas anécdotas de la prensa sobre la cumbre revelan las fricciones y el modo en que concluían. El País relató así la disputa sobre los fondos de cohesión: «Pero jugó (González), al menos, una decente partida de póker llevando muy malas cartas, y eso se lo reconocieron tanto la diplomacia como la prensa del Reino Unido. El juego terminó cuando Helmut Kohl, el dueño de los ases, interrumpió de mal humor la enésima objeción del jefe del gobierno español: "Eso es lo que vamos a hacer". Y punto. González dijo que bueno, la propuesta sobre la mesa fue aprobada y se fueron a abrir el champán».

5. Los países de la EFTA son Austria, Suiza, Suecia, Noruega, Finlandia, Islandia y Liechtenstein. La crisis institucional de la CE —las desgracias nunca vienen solas— se complicó con el resultado negativo del referéndum en Suiza, lo que impidió la entrada en vigor del EEE en la fecha prevista.

occidentales, no es posible la estabilidad en los países del Este y el neoliberalismo como doctrina brilla por sus fracasos, de modo que están abiertas todas las alternativas. Entre ellas, no puede descartarse una marcha atrás en el largo y tortuoso camino recorrido por los países de la CE desde el Tratado de Roma, y ello explica la preocupación y urgencia que existe en la Comunidad por llegar cuanto antes a Maastricht.

BIBLIOGRAFIA

Albarracín, J.: «La política económica y el empleo», en *Reflexiones sobre política económica*, Popular, Madrid, 1990.
Albarracín, J.: «La extracción del excedente y el proceso de acumulación», en *La reestructuración del capitalismo en España 1970-1990*, FUHEM, Madrid, 1991.
Albarracín, J.: *La onda larga del capitalismo español*, Economistas Libros, Madrid, 1987
Albarracín, J. y Montes, P.: *El Plan de competitividad: más de lo mismo*. Informe presentado a las direcciones de CC.OO. y UGT. Ponencia del seminario celebrado por los dos sindicatos con ocasión de la negociación del Pacto de Competitividad, 1991.
Albarracín, J. y Montes, P.: *El estado de la crisis y los interrogantes de la salida*. Cuadernos de Economía nos. 57/58. Ponencia presentada a las III Jornadas de Economía Crítica. Barcelona, febrero de 1992.
Albarracín, J. y Montes, P.: *Los acuerdos de Maastricht y el Plan de convergencia*. Informe presentado a las direcciones de CC.OO. y UGT. Publicado en la revista *Nuestra Bandera*, julio 1992.
Albarracín, J. y Montes, P.: «La industria española en el marco de la integración europea»: *Gaceta Sindical*, número monográfico sobre «Reflexiones en torno a la política industrial», julio 1992.
Albarracín, J. y Montes, P.: *El sueño liberal engendra monstruos. La izquierda y Europa*, Izquierda Unida, Madrid, 1992.
Albarracín, J. y Montes, P.: «¿La única salida posible?»: *España Económica* (enero 1991).
Albi, E.: *Europa y la competitividad de la economía española*, Ariel, Barcelona, 1992.
Alonso, A.: *España en el Mercado Común: del Acuerdo del 70 a la Comunidad de Doce*, 1985.
Argandoña, A. y otros: *El Sistema Monetario Europeo como opción para la política económica española*, Círculo de Empresarios, Madrid, 1987.
Attina, F.: *Introducción al sistema político de la Comunidad Europea*, Centro de Estudios Constitucionales, Madrid, 1992.
Bonet, E.: *Introducción al acta única europea: Europa un espacio sin fronteras*, ESIC, Madrid, 1988.
Bron, P.: «Las etapas y la dinámica de la integración europea»: *Imprecor* 67 (abril 1989).

Buesa, M. y Molero, J.: *Estructura industrial de España*, FCE, Madrid, 1988.
Cecchini, P.: *Europa 1992: una apuesta de futuro*, Alianza, Madrid, 1988.
Collado, J. C.: *Efectos del Mercado Único sobre los sectores productivos españoles*, Instituto de Estudios Económicos, Madrid, 1992.
Comisiones Obreras: *Acerca de los problemas de la economía española*, Madrid, 1989.
Comunidades Europeas. Comité Económico y Social: Dictámen *La cohesión económica y social*, Bruselas, 1992.
Comunidades Europeas: *Tratado de la Unión Europea*, Luxemburgo, 1992.
Comunidades Europeas: *Las finanzas públicas de la Comunidad Europea: el presupuesto europeo tras la reforma de 1988*, Luxemburgo, 1989.
Comunidades Europeas. Comisión: *Etapas de Europa: cronología de la Comunidad Europea*, Luxemburgo, 1987.
Comunidades Europeas. Comisión: *Las instituciones de la Comunidad Europea*, Luxemburgo, 1989.
Comunidades Europeas. Comisión: *La política agraria común de Europa al inicio de los años noventa*, Luxemburgo, 1989.
Comunidades Europeas: *Social Europe. Special Edition*, 1990.
Desantes, M. y otros: *España y Portugal en las Comunidades Europeas: el Tratado de adhesión y los intercambios comerciales*, Tecnos, Madrid, 1986.
Doutriaux, Y.: *La politique regionale de la CEE*, PUF, París, 1991.
Etxezarreta, M. y otros: *La reestructuración del capitalismo en España, 1970-1990*, FUHEM, Madrid, 1991
European Economy 2 (marzo 1979): «European Monetary System».
European Economy 12 (julio 1982): «Documents relating to the European Monetary System».
European Economy 39 (marzo 1989): «International Trade of the European Community».
European Economy 40 (mayo 1989): «Horizontal mergers and competition policy in the European Community».
European Economy 44 (octubre 1990): «One market, one money».
European Economy 41 (julio 1989): «Economic convergence in the Community: a greater effort is needed».
Eurostat (Oficina Estadística de las Comunidades Europeas): *Europa en cifras*, Luxemburgo, 1992.
Fernández, G. y otros: *El sector exterior y la incorporación de España a la CEE: análisis a partir de funciones de exportaciones e importaciones*, Ministerio de Economía y Hacienda, Madrid, 1989.
Fundación 1.º de Mayo: *Ciencia y cambio tecnológico en España*, Madrid, 1990.
Gabriel, C.: «La crisis de Europa»: *Viento Sur* 3 (junio 1992).
Gabriel, C.: «Antes y después de Maastricht»: *Viento Sur* 1 (febrero 1992).
Gabriel, C.: «Los peligros sociales del Acta Única»: *Inprecor* 66 (febrero 1989).
Gabriel, C.: «La Carta Social Europea»: *Inprecor* 73 (diciembre 1989).
Gamir, L. y otros: *Política Económica de España*, Guadiana, Madrid, 1972.
García Delgado, J. L. (ed.): *España, economía*, Espasa Calpe, Madrid, 1989.
Gómez Uranga, M.: «La internacionalización de la industria española: un proceso acelerado», en *La reestructuación del capitalismo en España 1970-1990*, Madrid, 1991.
González i Calvet, J.: «Crisis, transición y estancamiento. La política económica española 1973-82», en *La reestructuración del capitalismo en España 1970-1990*, Madrid, 1991.

BIBLIOGRAFIA

González-Páramo, J. M.: *El papel del sector público español en el proceso de integración económica en Europa*, Universidad Complutense, Madrid, 1992.
Gual, J. y otros: *Impacto del mercado único en los sectores industriales españoles*, Fundación de Estudios de Economía Aplicada, Madrid, 1990.
Gutiérrez, A.: *Los aspectos sociales de la construcción europea*, Instituto de Cuestiones Internacionales y Política Exterior, Madrid, 1992.
Helmont, J.: *Options europeennes 1945-1985*, CE, Luxemburgo, 1986.
Herrero, J. L.: «Las relaciones de trabajo», en *La reestructuración del capitalismo en España 1970-1990*, Madrid, 1991.
Keynes, J. M.: *Ensayos de persuasión*, Crítica, Barcelona, 1988.
López Garrido, D.: *Libertades económicas y derechos fundamentales en el Sistema Comunitario Europeo*, Tecnos, Madrid, 1986.
López Garrido D.: *El Tratado de Maastricht*, Madrid, 1992.
Mandel, E.: «Consecuencias sociales de la crisis»: *Imprecor* 49 (junio 1986).
Mandel, E.: «El sistema monetario europeo»: *Imprecor* 55 (septiembre 1987).
Mandel, E.: *Ensayos sobre el neocapitalismo*, Era, Méjico, 1971.
Mandel, E. *La crisis*, Fontamara, Barcelona, 1975.
Martín Seco, J. F.: «Sector público: ingresos, gastos y financiación», en *Reflexiones sobre política económica*, Madrid, 1990.
Meade, J. E.: *Problemas de una unión económica*, Aguilar, Madrid, 1957.
Molina, M. J.: *España y la economía del Mercado Común*, Ceura, Madrid, 1987.
Moneda y Crédito (Madrid) 194 (1992): «Sobre inversión extranjera».
Montes, P.: *El marco internacional de la economía española. Acerca de los problemas de la economía española*, Comisiones Obreras, Madrid, 1989.
Montes, P.: «El comercio exterior en el cuatrienio 1986-89»: *Información Comercial Española* 684-685 (septiembre 1990).
Montes, P.: «Apertura e integración de la economía española: de la adhesión a la CEE al Mercado Único», en *Reflexiones sobre política económica*, Popular, Madrid, 1990.
Montes, P.: «La integración en la CEE en el proceso de internacionalización del capitalismo español», en *Reestructuración del capitalismo español: 1970-1990*, Madrid, 1991.
Muñoz, R.: «Distribución de la Renta», en *Reflexiones sobre política económica*, Madrid, 1990.
Navarro, M.: «La política de reconversión industrial en España»: *Información Comercial Española* n°. 665.
Navarro, M.: *Política de reconversión: balance crítico*, EUDEMA, Madrid, 1990.
Nieto, J. A.: *Introducción a la economía de la Comunidad Europea*, Siglo XXI, Madrid, 1990.
Noel, E.: *Las instituciones de la Comunidad Europea*, CE, Luxemburgo, 1988.
Papeles de Economía Española 25 (1985): «La nueva CEE. Perspectiva desde España».
Papeles de Economía Española 41 (1989): «Integración en la CEE y política económica de los 90».
Pérez-Campanero, J.: *España ante la unión económica y monetaria en Europa*, Fundación de Estudios de Economía Aplicada, Madrid, 1991.
Pérez-Campanero, J.: *El estado de la integración económica y monetaria en Europa*, Fundación de Estudios de Economía Aplicada, Madrid, 1991.
Polo, C. y otros: *An analysis of Spain's integration in the EEC*, Universitat Autónoma de Barcelona, Bellaterra, 1990.

Pou, V.: *España-Comunidad Europea: después de la adhesión*, IESE, Barcelona, 1990.
Roca, J.: «La distribución de la renta entre las clases sociales», en *La reestructuación del capitalismo en España 1970-1990*, Madrid, 1991.
Ros, J.: *Política económica española (1959-1973)*, Blume, Barcelona, 1979.
Sánchez Padrón, M.: «El cambio tecnológico», en *La reestructuración del capitalismo en España 1970-1990*, Madrid, 1991.
Sardá, J.: *Escritos (1948-1980)*, Banco de España, Madrid, 1987.
Sardá, J.: *La crisis monetaria internacional*, Ariel, Barcelona, 1968.
Sbragia, A.: *Euro-politics: institutions and policymaking in the «new» European Community*, Brookings Institution, Washington, 1992.
Schmitter, P.: *The European Community as an emergent and novel form of political domination*, Instituto Juan March de Estudios e Investigaciones, Madrid, 1991.
Scitovsky, T.: *Teoría económica e integración de la Europa occidental*, Aguilar, Madrid, 1964.
Secretaría de Estado para las Comunidades Europeas: *Las negociaciones para la adhesión de España a las Comunidades Europeas*, Consejo Superior de Cámaras Oficiales de Comercio, Industria y Navegación de España, Madrid, 1985.
Segura, J. y otros: *La industria española en crisis 1878-84*, Alianza, Madrid, 1989.
Sevilla, J. V.: *Economía política de la crisis española*, Crítica, Madrid, 1985.
Silva de la Puerta, R.: «El Acta Única Europea»: *Noticias/CEE* (julio 1992).
Subdirección General del Presupuesto Comunitario: *Relaciones financieras España-CEE*, Ministerio de Economía y Hacienda, Secretaría de Estado de Hacienda, Madrid, 1989.
Tamames, R.: *Formación y desarrollo del Mercado Común Europeo*, Iber-Amer. Madrid, 1965.
Tamames, R.: *La Comunidad Europea*, Alianza, Madrid, 1987.
Tamames, R.: *El Mercado Común Europeo: una perspectiva española y latinoamericana*, Alianza, Madrid, 1982.
Tratado de adhesión de España a las Comunidades Europeas, Tecnos, Madrid, 1986.
Velasco, L.: «Economía internacional, sector exterior e integración en la CEE», en *Reflexiones sobre política económica*, Madrid, 1990.
Viladomiu, L. y Rosell, J.: «La Reforma de los Fondos Estructurales de las Comunidades Europeas: de los objetivos a la realidad»: *Boletín I.C.E.* n°. 246.
Viñals, J. y otros: *La economía española ante el Mercado Único europeo: las claves del proceso de integración*, Alianza, Madrid, 1992.
Yannopoulos, G.: *European integration and the Iberian economies*, Macmillan Press, Londres, 1987.
Zufiaur J. M.: «El sindicalismo español en la transición y en la crisis»: *Papeles de Economía Española* 22 (1985).

INDICE

Contenido 7

Introducción 11

Parte I
LA ECONOMIA ESPAÑOLA EN LA EUROPA DEL LIBRECAMBIO

1. DEL TRATADO DE ROMA AL ACTA ÚNICA 19
   1.1. Naturaleza de la integración 20
   1.2. La unión aduanera 22
   1.3. La política agrícola común 25
   1.4. El Presupuesto comunitario 27
   1.5. La ampliación del Mercado Común 30
   1.6. Los problemas monetarios 34
   1.7. El Sistema Monetario Europeo 37
   1.8. El neoliberalismo en escena 39
   1.9. La CE antes de la incorporación española 43

2. LA APERTURA EXTERIOR 45
   2.1. Una panorámica general 45
   2.2. El Plan de Estabilización 48
   2.3. Apertura y evolución económica en los años sesenta 51
   2.4. El Acuerdo Preferencial con la CE 55
   2.5. Las exportaciones alivian la crisis 57

3. EN LAS PUERTAS DE LA CE 61
   3.1. Un desarrollo rápido y primario 62
   3.2. Cambio de decorado: la crisis económica internacional 66
   3.3. Movilización política, paralización económica 67
   3.4. La crisis industrial 68
   3.5. Los socialistas toman el tren de la CE 70
   3.6. Contrastes 77

4. LA ENTRADA EN LA CE 81
   4.1. Nuevo hito en la apertura exterior 82

4.2. El acuerdo de adhesión 83
4.3. Los efectos sobre el comercio exterior 87
4.4. Las causas del déficit comercial 92
4.5. Los cambios en la balanza de pagos 98
4.6. Los flujos presupuestarios 103
4.7. La incorporación al SME. 105
4.8. Las consecuencias de la integración 108

Parte II
LA CONSTRUCCION DE LA EUROPA NEOLIBERAL

5. EL MERCADO ÚNICO EUROPEO 117
   5.1. Un nuevo paso en la integración 118
   5.2. El Acta Única 119
   5.3. Libertad para las mercancías, servicios y capitales 121
   5.4. Los complementos 123
   5.5. El significado del Acta Única 126
   5.6. Contradicciones 128

6. HACIA LA UNIDAD MONETARIA 133
   6.1. La estabilidad de cambios y el Mercado Común 134
   6.2. El papel del SME 136
   6.3. Un mercado, una moneda 139
   6.4. El Tratado de Maastricht 142
   6.5. La Europa de Maastricht 145
   6.6. Las condiciones de convergencia 150
   6.7. La Europa social que no pudo ser 154
   6.8. La Unión Europea 156

7. ANTE EL MERCADO ÚNICO Y LA UNIDAD MONETARIA 159
   7.1. Europa, telón de fondo 160
   7.2. Situación después de la integración 161
   7.3. La competitividad, un problema relativo y complejo 165
   7.4. El Pacto de Competitividad 170
   7.5. La versión oficial y los objetivos reales 172
   7.6. El pacto salarial 175
   7.7. Ruptura y giro en la política económica 177
   7.8. El Plan de Convergencia 179

8. CONCLUSIONES Y PERSPECTIVAS 187
   8.1. Callejón sin salida 187
   8.2. Recesión económica y crisis del SME 192
   8.3. De Maastricht a Edimburgo 197

Bibliografía 201

Índice 205